HWYLIAU LLAWEN

D1638556

Hwyliau Llawen

Hunangofiant Dilwyn Morgan
gan Tudur Huws Jones

Diolch i Tudur am y sesiynau therapi, i Daf Morgan
am y llun sydd ar y clawr ac i Wasg Carreg Gwalch.
Diolch hefyd i fywyd am ei holl
anturiaethau – gobeithio fod mwy i ddod.

Argraffiad cyntaf: 2013

ⓗ Dilwyn Morgan / Gwasg Carreg Gwalch

Rhif rhyngwladol: 978-1-84527-468-9

Mae'r cyhoeddwr yn cydnabod cefnogaeth ariannol
Cyngor Llyfrau Cymru

Llun clawr: Daf Morgan
Cynllun clawr: Eleri Owen, Pwllheli

Cyhoeddwyd gan Wasg Carreg Gwalch,
12 Iard yr Orsaf, Llanrwst, Conwy, LL26 0EH.
Ffôn: 01492 642031 Ffacs: 01492 641502
e-bost: llyfrau@carreg-gwalch.com
lle ar y we: www.carreg-gwalch.com

I Owen Morgan Gruffudd Hughes,
ac i bawb arall – diolch am eich amynedd.

Pennod 1

Dyfroedd Dyfnion

Dydd Mercher, 28 Mehefin, 2000
46° 20' N 11° 08' W rhwng Plymouth ac Ynysoedd yr Azores

Diwedd y byd. Dwi wirioneddol yn meddwl 'mod i'n mynd i farw yn fa'ma. Wela i 'mo fy nheulu na fy ffrindiau na'r hen gi bach byth eto. Dwi erioed wedi teimlo mor ddigalon â hyn yn fy mywyd. Mae'n rhaid i mi droi'n ôl, dyna'r unig beth i'w wneud o dan y fath amgylchiadau.

Mae'r 'hwyliwr profiadol' ynof fi'n deud mai dyna ddylwn i wneud; mae synnwyr cyffredin yn deud mai dyna ddylwn i wneud; mae fy nghorff yn deud mai dyna ddylwn i wneud, a rŵan mae fy nhad yn deud mai dyna ddylwn i wneud, ac mae o wedi marw ers blwyddyn. Fel petai hynny ddim yn ddigon, mae Hi ar y cwch hefyd, ac mae Hi'n codi ofn arna i braidd. Dwi wedi bod yn cuddio yn lle dod ar y dec i lywio ... a rŵan mae Hi wedi cuddio un o fy sgidia ac wedi yfed fy mhanad i. Be ddiawl wneith Hi nesa?

Arhoswch am funud bach ... dwi 365 milltir allan yn y môr a does 'na neb arall ar y cwch 'ma heblaw fi ... i fod ... Be sy'n digwydd i mi? Be goblyn sy'n mynd ymlaen?

Ia, rhyw bethau fel hyn oedd yn mynd drwy fy meddwl ar 28 Mehefin, 2000. Dwi'n gwybod hynny, achos mi lwyddais i gadw cofnod ohonyn nhw yn fy nyddiadur.

Hwylio ar fy mhen fy hun i Ynysoedd yr Azores oeddwn i – y groesffordd chwedlonol honno ym Môr yr Iwerydd – mewn cwch hwylio o'r enw *Jemima Nicholas*. Roedd hi'n daith o ryw 2,400 o filltiroedd yno ac yn ôl, ond fel y digwyddodd pethau fe deimlodd fel taith lawer hwy na hynny. Llawer *iawn* hwy hefyd.

Mae gen i gyfaddefiad i'w wneud yn y fan yma. Dwi'n hwyliwr profiadol, wedi hwylio mewn ras rownd Prydain, wedi gwneud ras y Tri Chopa o'r Bermo i Fort William fwy nag unwaith, ac ar ben hynny mi fues i ar y môr am gyfnod fel swyddog yn y Llynges Fasnachol, ond wyddoch chi be? Dwi ofn dŵr. Ydw wir. Ofn boddi. Dwi'n dychmygu ei bod hi'n ffordd ofnadwy i fynd. Dwi'n gallu nofio, ond ddim yn dda iawn, a dwi'n cael dim pleser o nofio chwaith. Fedra i ddim meddwl am unrhywbeth mwy diflas, a deud y gwir. Yn rhyfedd iawn, o bob un capten llong y dois i ar eu traws pan oeddwn i ar y môr, doedd 'na ddim un yn medru nofio. Does 'na'm pwynt os ydach chi i fod i fynd i lawr efo'r llong mae'n siŵr, nag oes? Ond er fy holl brofiad, doedd 'na ddim byd wedi fy mharatoi i am yr hyn roeddwn i'n mynd drwyddo fo ar y *Jemima Nicholas!*

Oedd, roedd fy nhad wedi marw'r flwyddyn cynt, ond dyna lle roedd o'n berffaith glir yn dreifio Ffyrgi Bach wrth ochr y cwch.

'Ti isio rwbath i'w wneud, hogyn,' oedd ei unig sylw ynglŷn â fy antur fawr.

Mi welais i bobol eraill oedd yn bendant wedi gadael y fuchedd hon hefyd – rhai ers blynyddoedd lawer. Ac ar un adeg mi welais fŷs dybl decar. Diawl, mi oeddwn i bron â gofyn i'r dreifar am docyn sengl adra i Garnfadryn!

Ac fel y deudis i, roedd Hi ar y cwch hefyd. Wn i ddim pwy ddiawl oedd Hi chwaith, ond roeddwn i'n teimlo'i phresenoldeb drwy'r amser, a doedd o ddim yn deimlad braf.

Roeddwn i'n teimlo 'mod i'n dechrau drysu, ond roedd 'na eglurhad syml dros yr holl weledigaethau a drychiolaethau 'ma, a doedd o'n ddim byd i'w wneud â chyffuriau nac alcohol. Roedd hwn yn berffaith gyfreithlon, ac yn rhad ac am ddim.

Os mai cysgu cwsg y cyfiawn oedd Ellis Wynne, y Bardd Cwsg, pan gafodd ei weledigaethau rhyfedd, wel *diffyg* cwsg oedd yn gyfrifol am fy ngweledigaeth i. Mae'n rhaid 'mod i'n dipyn mwy o bechadur na fo felly.

Mi ges i bwyllgor hir iawn efo fi fy hun (dydi hynny ddim yn arwydd da iawn chwaith, nac'di?), ac roeddwn i o fewn trwch blewyn i droi'n ôl. A deud y gwir, mi *wnes* i droi'n ôl un waith pan oedd y tywydd yn arw iawn, ond dim ond am gwpwl o oriau barodd hynny, achos roedd y Dilwyn Pengaled yn mynnu deud 'Na! Dal i fynd'. A'r Dilwyn Pengaled enillodd y dydd.

Roedd popeth wedi dechrau mor dda pan adewais i'r Mayflower Marina yn Plymouth dridiau ynghynt, ac mae'r dyddiadur yn brolio fod y noson gyntaf 'wedi mynd yn ddidrafferth iawn'. Ond cyn hynny mae 'na gofnod arwyddocaol sy'n deud:

> Dydd yn troi yn nos yn fuan iawn. Methu ymlacio, byth a beunydd yn symud o gwmpas, bwyta dim, dal yn nerfus braidd. Golau Eddystone wedi diflannu erbyn canol nos.

Ac i wneud iawn am y 'noson ddidrafferth' honno, yn sydyn reit, o fewn ychydig oriau, mi ges i siâr blwyddyn o drafferthion technegol – un peth ar ôl y llall – a'r rheini chwaraeodd hafoc efo fy nghwsg, ac efo fy meddwl.

Mae 'na 1,200 milltir o fôr rhwng Plymouth a'r Azores – dipyn o daith a finna'n hwylio ar fy mhen fy hun bach am y tro cyntaf! Ond fel mordaith, mae hi'n un o'r teithiau clasurol i hwylwyr unigol fagu profiad.

Ond be wnaeth i Dilwyn Morgan benderfynu gwneud mordaith o'r fath, fe'ch clywaf yn holi? Mi fydda i'n gofyn yr un peth i mi fy hun yn aml hefyd, a dwi byth yn cael ateb call, ond ar Alan Wynne-Thomas y mae'r bai i gyd. Gewch chi wybod pam yn nes ymlaen ...

Ar ôl gadael yr ysgol mi fues i ar y môr am bedair blynedd, fel darpar swyddog efo'r Peninsular and Oriental Steam Navigation Company – P&O i chi a fi. Ond, yn eironig am wn i, wnes i ddim dechrau dysgu hwylio tan ar ôl i mi lyncu'r angor (term llongwrs am roi'r gorau i forio a dod yn ôl i'r lan ydi hwnna), ac ar Lyn Tegid yr oedd hynny. Mi ddysgais hwylio ar y môr dan arweiniad yr enwog Richard Tudor, Pwllheli, wrth gymryd rhan yn ras y Tri Chopa. Ac mi ddois i adnabod Alan Wynne-Thomas ar y ras arall y soniais amdani, o amgylch Prydain, wedi ei noddi gan Teacher's Whisky (ych a blydi fi!).

Mi ddaeth Alan a finna'n ffrindiau'n syth, a fo a'm perswadiodd fy mod i'n deip fasa'n gwneud yn iawn mewn cwch ar fy mhen fy hun. Dwi ddim yn siŵr iawn be oedd hynny'n ei ddeud amdana i chwaith, ond dyna fo. Roedd Alan yn hwyliwr profiadol, er mai rygbi oedd ei brif faes o ran chwaraeon. Roedd o wedi chwarae yn safle'r bachwr i Faesteg, y Saracens ac Otago yn Seland Newydd yn ei ddydd.

Cafodd ei eni yng Nghaerfyrddin a'i fagu yng Nghaerdydd, ac roedd o'n ddyn busnes llwyddiannus, yn arbenigo mewn meddalwedd cyfrifiadurol yn y maes iechyd. Roedd o'n berchen ar gwch hwylio o'r enw *Jemima Nicholas*, oedd wedi ei enwi ar ôl ei hen hen nain. Ia, honno. Y bladras ddewr o ddynes a rwystrodd ymosodiad y Ffrancwyr yn Abergwaun yn 1797.

Roedd Alan wedi cystadlu yn ras y Vendée Globe o amgylch y byd yn 1993, mewn cwch wedi ei noddi gan

Gyngor Dinas Caerdydd. Trodd y cwch drosodd yn ymyl Tasmania a thorrodd Alan ei asennau a dioddef anaf i'w ysgyfaint (*punctured lung*) yn y fargen, felly fe ddaeth ei ras i ben mewn ysbyty yn Awstralia. Roedd o hefyd yn un o sylfaenwyr yr Half Crown Club – clwb unigryw ar gyfer hwylwyr sydd wedi cystadlu yn ras enwog yr Ostar – yr Observer Single-handed Trans-Atlantic Race, a gafodd ei sefydlu yn 1960. Mae o wedi croesi Môr Iwerydd 11 o weithiau i gyd, dair gwaith ar ei ben ei hun. Unwaith mi aeth allan o'i ffordd i helpu cystadleuydd arall a oedd mewn trwbwl a'i gwch yn suddo, ac o'r herwydd mi gollodd yr hawl i alw'i hun yn gystadleuydd unigol yn y ras honno. Oedd, roedd Alan yn dipyn o foi rhwng pob dim.

Un diwrnod mi gefais alwad ffôn ganddo fo, yn deud bod *Jemima* yn Plymouth a bod croeso i mi ei defnyddio hi unrhyw bryd y dymunwn. Awgrymodd y daith i'r Azores am ei bod hi'n berffaith i fagu hyder hwyliwr unigol dibrofiad, ac mi lwyddodd i'm perswadio y gallwn wneud y daith. Faswn i byth yn anghofio'r profiad, medda fo.

Roedd y cena yn llygad ei le yn hynny o beth o leia!

Y cynllun gwreiddiol oedd i Alan gystadlu yn ras yr Ostar ar draws yr Iwerydd; i minnau hedfan allan i'r Unol Daleithiau ato fo ac i'r ddau ohonon ni ddod â *Jemima*'n ôl i Plymouth. Ond yn anffodus, hanner ffordd drwy'r fordaith allan, cafodd ei ddal mewn storm fawr ac mi dorrodd offer hunan-lywio'r *Jemima*, felly roedd yn amhosib iddo fo gario 'mlaen, ac mi drodd yn ôl.

Yr union broblem honno – offer hunan-lywio yn gwrthod hunan-blwmin-lywio – oedd un o'r trafferthion technegol y soniais amdanynt uchod, ac a ddaeth yn ôl i greu problemau anferthol i mi ar y ffordd i'r Azores.

Mae'r offer yn cadw'r cwch ar ei gwrs ac yn caniatáu i'r hwyliwr wneud pethau hanfodol eraill: pigo'i drwyn, mynd i'r tŷ bach, bwyta a chysgu. Y math yna o beth. Hebddo, roedd rhaid llywio'r cwch fy hun am gyfnodau maith. Mi dynnais y peth yn ddarnau i drio'i gael o i weithio, ac mi lwyddais am sbel, ond doedd o ddim yn ddibynadwy. Mi rigiais system lywio fy hun wedyn, efo llinyn a lastig yn sownd yn y llyw! Ia, dwi'n gwybod. Mae 'na dwtsh o'r Heath Robinson yndda i weithia! Mi oedd o'n gweithio'n tsiampion – pan oedd y gwynt o'r cyfeiriad iawn. Ond doedd o ddim yn datrys y broblem yn y tymor hir, a deud y gwir.

27 Mehefin
Wedi cysgu 2 × 15 munud yn y 36 awr ddiwethaf. Anodd cadw cownt o faint yn union dwi'n gysgu – sach gysgu yn dal yn ei sach heb ei defnyddio.

Yn ystod y nos roeddwn yn gweld mellt o'm cwmpas ar hyd y gorwel i'r de. Ac fel mae hi'n gwawrio, cawodydd trwm iawn o law – mellt a tharanau yn agos iawn – iawn iawn hefyd. Ofn garw iddynt fy nharo.

Yn ystod y nos mi laniodd gwyfyn ar y cwch, ac mi wnaeth i mi feddwl sut ar y ddaear oedd peth mor dila yn gallu hedfan allan 150 o filltiroedd o'r tir i ganol y môr? Ond, wrth gwrs, fel'na'n union mae creaduriaid o'r fath wedi poblogi pob cornel o'r byd bron. Do, mi ges i ambell i gyfnod i feddwl am bethau bach dibwys fel'na, ond fel arfer roedd gen i faterion llawer mwy difrifol ar fy meddwl.

27 Mehefin
Electrics i gyd off!! Methu tanio'r injan i ail jarjio'r batris.

Cymanfa Ganu Capel Tegid y Bala (*Caniadaeth y Cysegr* yn 40 oed) oedd ar fai. Wrth wrando ar y canu bendigedig, mi wagiodd y peiriant casetiau holl fatris y cwch. Fedrwn i ddim hyd yn oed danio'r injan i ail-gyflenwi'r batris, ac mi fues i heb bŵer am ddiwrnodau wrth i'r felin wynt bwrpasol wneud hynny. Hei ho!

28 Mehefin
Dwi ddim yn cofio cysgu ers tro byd, na bwyta chwaith, ond mae'n rhaid fy mod i. Wedi torri 'nghalon braidd ac yn methu meddwl yn glir iawn – cael trafferth canolbwyntio ar y siart. Dwi ddim am droi'n ôl – no wê!

I wneud sefyllfa ddrwg yn waeth, mi farwodd y gwynt ar y trydydd diwrnod hefyd!

29 Mehefin
O Arglwydd, dyro awel ... dim gwynt a dwi'n sâl – bendro, stumog, cur pen, malaria, *sleeping sickness*, peils, *staggar*, ylsyrs, 'fannodd, conjynctifeitis ... iw nêm it, aif got it! Tynnu'r hwyliau i gyd i lawr a chysgu am bedair awr! Breuddwydio'n uffernol. Wedi drysu pwy oedd wedi marw a pwy oedd ddim a ballu. Mae 'mhen i 'di chwalu a rhaid pwyllo a cheisio meddwl yn glir.

Dwi'n fwytwr harti fel arfer, ac roeddwn i wedi bod yn byw'n reit dda am ddiwrnod neu ddau ar ddechrau'r daith, ond rhywsut mi gollais fy archwaeth am fwyd hefyd.

Un bali peth ar ôl y llall! Does ryfedd 'mod i'n teimlo'n ddigalon, nag oes? Roedd o fel bod rhywun wedi pwyntio bys ata i a deud, 'Reit mêt, dy dro di ydi hi rŵan i gael yr holl anlwc sy'n bosib ei gael ... he he, ti'n mynd i'w chael hi rŵan boi ... ho, ho ho!'

Ac yna mi ddaeth y storm ...

O do! Gêl ffôrs 8–9, a'r tonnau'n uwch – llawer uwch – na mast y cwch.

30 Mehefin

Gwynt yn codi a chodi – riffio a thynnu hwyliau ers oriau. Gwaith anodd – dim nerth – dim amser i fwyta – Pro Plus yn unig. Meddwl 'mod i wedi cyrraedd pen y daith, mae hi mor wyllt. Mae hi'n ofnadwy o dywydd. Methu gwneud penderfyniadau cywir. Does 'na neb yn barod i helpu. No wê dwi'n troi yn ôl i neb, beth bynnag fo'r gost! Cwsg ac effro ar unwaith. Lle mae pawb na fasan nhw'n helpu?

Dwi ddim yn siŵr be oedd yn mynd drwy fy meddwl i ar y pryd, ond yn amlwg roeddwn i'n ffwndro braidd. Pwy ddiawl oeddwn i'n feddwl oedd i fod i helpu, a finna ar fy mhen fy hun, yng nghanol y blwmin môr? Ond dwi'n amau mai esiampl arall o effeithiau diffyg cwsg ydi hyn eto, achos y noson honno – a finna dros hanner ffordd i'r Azores erbyn hynny – mi sgwennais hyn:

Y broblem fwya – heblaw am y b***** Autohelm – ydi blinder. Yn y 24 awr ddiwethaf dwi wedi cysgu 2 × 15 munud. Mae symud yn anodd, a'r dwylo a'r traed wedi chwyddo, ond eto fedra i ddim eistedd yn llonydd. Y galon yn agos iawn at yr wyneb – petha bach yn fy ngwneud yn ddigalon.

Erbyn hyn roedd gen i gwmni arall ar y cwch – dwy golomen a godais ar fy hynt rywle ym Mae Biscay, ac mi gawsant eu bedyddio'n John ac Alun. Mi oedd y ddwy (neu'r ddau?) efo fi am ddiwrnodau – yr holl ffordd i ben y daith – yn clwydo ar y rigin ac yn bwyta uwd a Corn Flakes! Roeddan nhw wedi dod yn eitha dof ar ôl dipyn, ac mi oedd yn braf cael eu cwmni. Ond rhaid i mi gyfaddef 'mod i'n teimlo braidd yn wirion pan ddaliais i fy hun yn sgwrsio efo nhw. Wir yr, rŵan. A phroblem arall ges i oedd llenwi ffurflenni glanio o flaen swyddogion y tollau yn yr Azores. '*Any pets?*' oedd un o'r cwestiynau. Oedd John ac Alun yn anifeiliaid anwes i mi erbyn hynny, ta be? Ar lawer ystyr, roeddan ni'n llawer iawn mwy na dim ond ffrindiau.

Roedd fy nwylo'n boenus ar ôl yr holl lywio a'r halen, a 'nhraed wedi chwyddo fel balŵns hefyd, Duw a ŵyr pam.

2 Gorffennaf

Diwrnod bendigedig – llosgi yn yr haul braidd. Y dwylo'n uffernol, gorfod gwisgo menig rŵan (y babi). Gallu gwneud penderfyniadau – hyd yn oed golchi llestri a thacluso i gael *Jemima* yn ôl yn *shipshape*.

Disgwyl y bydd y gwynt 'i yn newid cyfeiriad tua 100 milltir o'r ynysoedd, felly byddaf yn gorfod bod wrth y llyw wedyn heb doriad am tua 24 i 36 awr. Pethau i'w cael wrth law: dillad cynnes, bwyd, dŵr, bwced pi-pi.

Gwrando ar y tapiau drwy'r dydd (y felin wynt yn gwneud ei gwaith). Hiraeth mawr! Gobeithio fod pawb adra yn gallu fy nhracio ar y we. Mi fasa hynny'n hwb i'r galon. Mae gwrando ar Elwyn Jones, Llanbedrog yn canu: 'Bydd yn wrol paid â llithro, er mor dywyll yw y daith ...' yn hwb hefyd.

4 Gorffennaf

Mae llywio yn mynd yn fwy a mwy o straen. Fedra i ddim dibynnu arni i gadw ei chwrs bellach ac mae 'na o leiaf ddau ddiwrnod i fynd. Mae angen canolbwyntio rŵan fel dwi'n nesu at yr ynysoedd.

Dros nos: Storm arall, yn syth o lle dwi isio mynd.
Rhaid tacio 'nôl a 'mlaen drwy'r nos. Ond mae'n
anodd heb yr Autohelm. Electrics off eto, a methu
charjio'r batris am ryw reswm. Dau gwch arall o
gwmpas ond does gen i ddim goleuadau, felly rhaid i
mi gadw o'r ffordd. Pethau'n gwella – o leia dwi'n
mynd i'r cyfeiriad iawn, er 'mod i'n *delirious* isio cysgu.
Gweld pobol a phethau ym mhobman!

Yna, o fewn golwg i'r Azores, mae'r cofnod ysgytwol
canlynol:

5, 6 & 7 Gorffennaf

Y mae'r tri diwrnod yma'n gymysglyd iawn. Gwn fy
mod wedi bod ar y llyw am y rhan fwyaf o'r cyfnod.
Dwi'n gwybod hefyd i mi fwyta tun o bys a thun o
pineapple rings gan fod y tuniau ar y dec wedi eu hacio
â chyllell. Roedd yn rhaid i mi dynnu'r hwyliau i lawr
gan fy mod yn methu eu trin oherwydd bod fy nwylo
wedi chwyddo wrth lywio. Dwi'n amcangyfrif i mi
fynd 36 awr ar y llyw heb gwsg, er fy mod wedi
ffeindio fy hun ar fy mhengliniau wrth y llyw. Nid
oeddwn yn gallu stopio am fy mod yn rhy agos at yr
ynysoedd.

O ddifri'n meddwl mai hwn fyddai tranc DM.

Ond er yr holl anawsterau, mi gyrhaeddais borthladd Ponta
Delgada ar Ynys São Miguel am hanner dydd, dydd Gwener,
7 Gorffennaf.

Naw ynys folcanig ym Môr Iwerydd ydi'r Azores, ac
maen nhw tua 1,000 o filltiroedd i'r gorllewin o Lisbon. Felly
rhyw deimlad Portiwgeaidd sydd i'r lle, oedd yn fy atgoffa o
dde America, o 'nyddiau ar y môr. Mi ges fy holi gan

swyddogion y tollau ar ôl glanio, rhag ofn fy mod i'n cario cyffuriau neu rwbath felly. Merch smart iawn oedd un ohonyn nhw ond es i ddim yn rhy agos ati am fy mod i'n drewi, ac yn yr un dillad ers diwrnodau. Ychydig iawn o Saesneg oedd ganddyn nhw, a llai fyth o Bortiwgaleg gen i, ond mi ddaethon ni drwyddi rywsut.

Roedd o'n deimlad braf cael fy nhraed ar dir a theimlo fy mod wedi cyflawni rwbath, ond oherwydd fy stad emosiynol fregus, dwi'n meddwl mai ffonio adra y diwrnod hwnnw i siarad efo Nia, fy ngwraig a fy merch, Siwan Elenid, oedd un o'r pethau anoddaf i mi orfod ei wneud erioed.

Wyddwn i ddim ar y pryd, ond doedd yr antur ddim drosodd o bell ffordd, a byddai'r fordaith adra yr un mor helbulus ... os nad gwaeth!

Pennod 2

Trwyn am Adra / Hôm Jêms

Roedd cyrraedd yr Azores yn deimlad gwych ... o edrych yn ôl, hynny ydi. Ar y pryd doeddwn i ddim mewn stad feddyliol na chorfforol i fedru mwynhau'r profiad yn iawn. Ar ôl ffonio adra, 'molchi a newid dillad, cysgu oedd y peth cyntaf wnes i'r pnawn hwnnw. Mi gysgais drwy'r nos hefyd, ond roedd fy mhen i'n dal i feddwl 'mod i ar y môr mawr. Mi barodd hyn am ddiwrnodau dwi'n siŵr – methu cerdded yn iawn a methu defnyddio fy nwylo, oherwydd y chwydd. Diawl o beth oedd methu gafael mewn cyllell a fforc yn iawn, a finna'n edrych ymlaen at gael bwyd call. Mi wnes i ystyried gadael y cwch yno a dal awyren adra, achos 'mod i mewn cymaint o stad, ond dwi'n greadur penderfynol ac mi ddois ataf fy hun ar ôl aildanio'r batris.

Roedd pob man wedi cau ym marina São Miguel am ryw reswm, felly doedd 'na ddim llawer i'w wneud yno – ond roeddwn i'n ysu am gael mynd adra beth bynnag. O leia ges i afael ar foi oedd yn deud y gallai drwsio'r hunan-lywiwr, ond bod angen gordro partiau; a fasa'r rheini ddim yn cyrraedd o Lisbon tan ddydd Mawrth.

'Iawn,' medda fi. Be arall wnawn i ond cytuno efo fo 'te? Ond pan ddaeth y partiau doedd y bali peth yn dal ddim yn gweithio. Roedd hyn yn newyddion torcalonnus i mi, achos roedd gen i hiraeth am adra! Ia, babi mawr 'te? Dwi'n 6' 2" a thua 15 stôn, a dwi wedi wynebu petha llawer mwy brawychus ar gaeau rygbi gogledd Cymru yn fy nydd, ond roeddwn i isio fy nheulu, ac isio bod adra. Roedd y fordaith allan wedi fy siglo (yn llythrennol ac fel arall), ac roeddwn i'n reit ddigalon rhwng pob dim.

O wel, doedd dim amdani ond archebu system

Autohelm arall, a derbyn y ffaith na fyddai'n cyrraedd tan ddydd Mercher, yn ôl y boi.

Mae twristiaeth yn bwysig iawn i'r ynysoedd, ac er bod digon i'w weld yno doedd gen i fawr o awydd actio'r twrist. Mae Ponta Delgada yn ddinas reit fawr efo tua 65,000 o bobol yn byw ynddi, ac mae yno adeiladau hen ac urddasol, ond ar wahân i gerdded rownd yr ardal o gwmpas y marina a siopa am bethau angenrheidiol, mi dreuliais i'r rhan fwyaf o'r amser yn tacluso'r cwch a'i wneud o'n barod am y fordaith adra – neu'n cysgu. Mi oedd fy nhroed chwith yn dal wedi chwyddo'n ofnadwy, felly fedrwn i ddim cerdded yn bell iawn p'run bynnag.

Roeddwn i'n cadw golwg ar ragolygon y tywydd hefyd, a doedd pethau ddim yn argoeli'n dda iawn. Roedd 'na bwysedd uchel dros yr ynysoedd a'r rhan fwyaf o Fôr Iwerydd – mi fyddai'n rhaid i mi dacio i'r gogledd i chwilio am y gwynt felly.

Yn y cyfamser roeddwn i'n mynd yn wirion bost yn methu disgwyl cael ailgychwyn ar fy nhaith. Doedd gen i fawr neb i sgwrsio â nhw, ar wahân i ambell un ar y marina a'r dyn trwsio'r Autohelm, ond doeddwn i ddim yn teimlo'n unig chwaith. Diolch i'r drefn, erbyn dydd Gwener roedd yr offer newydd wedi cyrraedd ac wedi'i osod, ac yn well byth, roedd o'n gweithio, felly o'r blydi diwedd roeddwn i'n cael mynd!

Mi oeddwn i'n dal i deimlo'n flinedig ofnadwy, ac yn reit wan hefyd, ac ella y dylwn i fod wedi cymryd ychydig mwy o ddyddiau i ddod ataf fy hun yn iawn. Ond fel y deudis i, dwi'n greadur penderfynol, ac roedd yr ysfa i fynd adra yn gryfach na dim. Doedd hynny ddim yn golygu nad oeddwn i'n poeni ro'm bach am y daith chwaith.

Roeddwn wedi gosod nod i mi fy hun o hwylio adra mewn deg diwrnod – dau yn llai nag a gymerodd hi i mi gyrraedd. I be 'dwch? Hen fyrrath gwirion. Dyma be sgwennais i yn y lòg:

Dydd Mercher, 12 Gorffennaf

21.00 Dwi'm yn siŵr ydw i'n edrych ymlaen @ 10 diwrnod ar y môr – gawn ni weld. Rhagolygon y tywydd yn sâl – H mawr [*high*]. Rhaid fydd anelu am y gogledd drwy'r amser.

Roedd angen hwylio o leia 120 milltir y dydd i gyflawni'r nod yr oeddwn wedi'i osod i mi fy hun, felly roedd gen i berffaith hawl i deimlo'n boenus, neu'n amheus, ynglŷn â'r daith. Arna i roedd y bai am falu awyr efo rhyw nod, yn lle jest gafael ynddi a gwneud y gorau medrwn i, heb roi mwy o bwysau arna i fy hun. Ond mae'n hawdd deud hynny wrth edrych yn ôl.

Roedd yn rhaid bod wrth y llyw nes yr oeddwn wedi clirio'r ynysoedd, ac mi oedd fy nhroed chwith yn dal fel ffwtbol, ond o leia mi ges i wynt da wrth gychwyn oddi yno. Ond erbyn y bore roeddwn i'n teimlo'n sâl eto. Mae'n amlwg fod y batris yn dal yn uffernol o fflat – fy rhai i, nid rhai'r *Jemima* y tro yma. Rhaid trio cysgu ... rhaid trio cysgu ... dyna oeddwn i'n ddeud wrtha i fy hun, drosodd a throsodd. Ac mae'n rhaid fy mod wedi llwyddo i orffwys ychydig, achos mi sgwennais dudalen gyfan yn y lòg yn sôn am y casetiau oedd gen i efo fi. Dim ond pedwar ohonyn nhw oedd gen i – un efo'r Strymdingars ar un ochr a chaneuon Ems gan Bryn Fôn ar yr ochr arall; un efo caneuon pop Saesneg arno; un yn llawn o ganeuon clasurol (yn cynnwys Elwyn Jones, Llanbedrog) ac un arall efo Cymanfa Ganu Capel Tegid y Bala arno – hwnnw y soniais amdano eisoes. Duw a ŵyr pam, ond mi sgwennais yn y lòg fod yn rhaid cael system rota ar eu cyfer: 'er mwyn sicrhau gwrandawiad teg'! Y cwbl oedd y system chwyldroadol wych 'ma oedd y byddai'r casét oedd yn y peiriant yn mynd yn ôl i gefn y ciw unwaith roeddwn wedi gwrando arno fo, a bod yr un nesaf ar y silff yn cymryd ei le yn y peiriant, a'r un nesa ar ôl hwnnw yn dod i flaen y ciw! Syml doedd? Ond mae'n rhaid bod fy mhen mewn tipyn o stad os oedd yn rhaid i mi sgwennu hyn i gyd yn y llyfr o dan y pennawd mawreddog: System Lyfrgellu Tapiau. Be? Ar gyfer pedwar casét? Ydi, mae unigrwydd a diffyg cwsg yn gwneud pethau rhyfedd i feddwl dyn.

Gyda llaw, mi fues i'n aros ar Ynys Enlli un tro efo Ems (Emyr Huws Jones) a Mici Plwm. Roeddan nhw'n cysgu mewn un llofft a finna mewn llofft arall, ond roeddwn i'n methu'n glir â chysgu ar y noson gynta – y cysgodion yn codi ofn arna i braidd, mae'n rhaid cyfaddef, ac felly mi ofynnais a gawn i gysgu yn y gwely sbâr yn eu llofft nhw. Roedd pawb yn pi-pi yn ei botel blastig ei hun, am fod codi i fynd i'r tŷ bach ym mhen draw'r ardd ganol nos yn boen, heb sôn am fod yn arswydus. Mae hi fel bol buwch yno, heb fath o olau heblaw golau'r goleudy bob hyn a hyn. Beth bynnag, ar yr ail noson, wyddoch chi be oedd y diawlad wedi'i wneud i mi? Torri tyllau bach yng ngwaelod fy mhotel pi-pi. Y canlyniad anorfod oedd fy mod i'n piso ar ben fy nhraed. Ych a fi! Tric gwael 'te? Doniol 'fyd. Dyma fi'n dechrau crwydro, sori. Yn ôl at y fordaith.

Gan fy mod i'n gorfod tacio i'r gogledd i chwilio am y gwynt, roedd hi'n teimlo fel nad oeddwn i'n mynd fawr nes at adra. Naw deg tri a hanner o filltiroedd wnes i ar y diwrnod cynta, felly roeddwn i ar ei hôl hi'n barod o safbwynt y nod o 120 milltir y dydd.

Roeddwn i'n synhwyro eisoes fod hon yn mynd i fod yn siwrna anodd:

Dydd Iau, 13 Gorffennaf
Yn amlwg heb ddod i ganol yr H (pwysedd uchel), felly dal arni, a'r hen deimlad annifyr o hwylio heb

fynd yn llawer nes at adra yn parhau. Mae hyn yn mynd i fod yn galed.

Ond mi gefais ddiwrnod da wedyn, a gwneud 152 milltir!

Os medraf gadw hwn i fynd byddaf adra nos Wener!!

Roedd fy meddwl yn dal i chwarae triciau rhyfedd, ac mae 'na un cofnod yn y lòg yn deud:

Problem: Pan dwi'n deffro ar ôl nap nos, dwi'n panicio oherwydd dwi'm yn cofio lle ydw i, pa gwrs dwi i fod i'w lywio, y pellter oddi wrth beryglon etc.

Ateb: O hyn ymlaen sticio nodyn ar y mast efo rhestr o bethau arno fo, er enghraifft manylion y cwrs, pa hwyliau sydd i fyny, ydi'r injan yn mynd ac ati, gyda'r cofnod olaf – Enw: Dilwyn Morgan.

Roeddwn i'n gwneud yn rhyfeddol o dda o ran milltiroedd, ac roeddwn i mewn hwyliau reit dda, er bod fy nhroed yn dal fel balŵn. Wrth lwc, tra oedd y tywydd yn iawn, roeddwn yn dal i allu symud o gwmpas, ond roedd hyd yn oed gwisgo esgid wedi mynd yn boenus, ac roedd fy nghyflenwad o Paracetamol bron â gorffen.

Dydd Gwener, 14 Gorffennaf
Mae 'na arwyddion calonogol fy mod i bron â chyrraedd drwy'r pwysedd uchel. Aw, mae 'nhroed i'n brifo yn ofnadwy. Y dyddiau nesa yma fydd rhai anodda fy mywyd, dwi'n meddwl. Mi fuaswn yn rhoi rwbath am un alwad ffôn adra!

Dydd Sadwrn, 15 Gorffennaf

Troed yn brifo, dwi'n methu symud!! Dim gwynt. Stryglo i gadw'r cwch yn symud hefyd. Wedi cymryd y dabled lladd poen olaf. Gwynt yn codi rhywfaint o tua 140°, methu deall pam. Mae'n rhaid bod y pwysedd uchel 'ma'n cyrraedd Prydain bron. Amcangyfrif y byddaf yn Plymouth erbyn bore Gwener. Gobeithio dy fod ti a Jac yn tracio, Siw, dwi'n dod adra! [fy merch, Siwan Elenid, ydi'r Siw, a'r ci ydi Jac!]

Mi wellodd fy hwyliau eto wrth weld fod y pwysedd uchel yn gostwng.

Dydd Sadwrn, 15 Gorffennaf eto

Mae'r baromedr wedi disgyn tipyn go lew, arwydd fy mod yn symud allan o'r High. Disgwyl y bydd y gwynt yn mynd o'r de-ddwyrain i'r gogledd-ddwyrain (sef y cyfeiriad dwi isio mynd). Beryg y bydd 'na dywydd garw fel dwi'n nesáu at Plymouth. Bechod 'swn i'n gallu ffonio Mam i edrych sut dywydd 'di'n Garn. Os oes 'na L [pwysedd isel] yn eistedd ar ben hyn, yna gellir disgwyl gwyntoedd cryfion yn nes ymlaen.

Yn rhyfeddol, ac er gwaetha'r holl broblemau a'r trafferthion technegol, mi lwyddais i ffeindio amser i ddarllen yn ystod y daith. Do, wir i chi. *Thrillers* Saesneg. Mi wnes i fwynhau *At Close Quarters* gan Gerald Seymour yn arw, ac yn ôl y dyddiadur mi ddechreuais *The Runaway Jury*, John Grisham, yn syth ar ei ôl o. Ond does 'na ddim sôn am hwnnw wedyn. Mi oedd 'na reswm da am hynny, a gewch chi weld pam yn y man.

Roeddwn i'n reit hyderus erbyn hynny, ond er gwaetha'r

tinc optimistaidd yn fy llais yn y cofnod diwetha, yn hwyrach yr un diwrnod roeddwn i'n cwyno am ddiffyg gwynt eto! A'r un peth wedyn ...

Dydd Sul, 16 Gorffennaf

Dim gwynt. Tawel heb awel! Rhyngddach chi, fi a'r wal, a phawb arall sy 'ma, dwi'n bancio ar fore Sadwrn, tua 10, fel amser cyrraedd Plymouth. Gorfod mynd i mewn i'r *emergency first aid* i chwilio am rywbeth at y boen yn fy nhroed. Dim gwynt a dim digon o ddiesel i ddefnyddio'r injan yn ormodol. Cachu! Troed fel balŵn – pam, dwi ddim yn gwybod. Cymryd 2 × *codine phosphate*. Dwi ond yn gwneud 3 not, ac ar y raddfa yma mi gymerith 11 diwrnod a chwe awr i gyrraedd Plymouth. Nid yw hyn yn opsiwn! Rhaid codi'r cyflymdra. Dim gwynt byth. C'mon y b...... chwytha! Llenwi potel efo dŵr poeth a'i rhoi ar y droed i edrych os wneith y gwayw dorri, fel 'sa Nain yn deud ers talwm.

Hwrê, dwi wedi cyrraedd 45° N. Yn amlwg dwi wedi cyrraedd rhywle lle mae 'na newid. Llawer o gewyll cimychiaid o gwmpas – rhai wedi torri'n rhydd. Mae hynny o wynt sy 'na yn dechrau troi am y gogledd. Dwi am fynd hefo fo am sbel. Os troith o ddigon i'r gogledd dwi am gael Pot Noodle i ginio, mae gen i ddau ar ôl.

Yna ...

Stwffia dy Bot Noodle. Dim gwynt. Rhaid galw pwyllgor diesel a *mileage* heno am 18.00. Fedar hyn ddim cario 'mlaen. Cachu Mot.

Siarad efo llong *Amaphyst* a basiodd yn agos. Holi

am y tywydd. Mae o am fy ngalw fi eto am 18.00. Gallaf benderfynu wedyn be i'w wneud. Dwi wedi rhoi fy mryd ar gyrraedd fore Sadwrn.

Chlywis i byth ddim byd gan y mwnci mul. Penderfynu defnyddio 50% o'r diesel sydd ar ôl. Wedyn? Wn i ddim!

Dydd Llun, 17 Gorffennaf

Dim gwynt – Dim gwynt – Dim gwynt ... Am adael i'r injan fynd dros nos, wedyn fydd gen i ddim diesel!

Cael fy neffro am 04.00. Gwynt!!

Ond *false alarm* oedd o ...

Dal ddim gwynt. Ceisio defnyddio'r injan i fynd o gwmwl i gwmwl, yna defnyddio'r gwynt. Petawn i ond yn cael un diwrnod efo saith not mi faswn i'n ôl ar yr amserlen. Cychwyn tacluso a glanhau bore 'ma – unrhyw beth i godi calon. Pobi bara i ginio.

Mae'r diesel yn mynd yn brin, ond mae cyrraedd Plymouth erbyn tua 10 fore Sadwrn wedi mynd yn bwysicach na dim. Dwi am ei wneud o, i ddangos fy mod i'n gallu!

Dal ddim gwynt, ond dwi am gymryd siawns a defnyddio'r diesel i gyd gan obeithio y daw 'na wynt wedyn. Be tasa'r injan yn pacio i fyny?

Rhaid i mi arafu am dipyn bach, dwi'n methu meddwl yn glir. Gadael iddi fynd lle lecith hi am ryw awr neu ddwy er mwyn i mi gael egwyl. Dwi 'di blino!

Am drio hwylio hefo hynny o wynt sydd 'na, i geisio arbed diesel ar gyfer yr ymdrech olaf am adra. Wedi blino yn ofnadwy!

Dydd Mawrth, 18 Gorffennaf

Mae heddiw wedi bod yn ddiwrnod hir a phrysur. Dwi'n gweithio'n galed i gadw'r cwch yn symud er mwyn cyrraedd fore dydd Sadwrn, ond dwi'n teimlo'n ofnadwy o flinedig a gwan – ac yn dal efo un esgid ac un droed giami.

Gwynt o'r diwedd! Bomio mynd. Pam na fedr hwylio fod fel hyn o hyd? Iahŵ! Pan fydd pob dim yn iawn – hynny ydi, yr hwylio'n berffaith – mae'n teimlo'n hollol ddistaw i mewn yn *Jemima*, fel tasa hi ddim yn symud. Teimlad braf.

Chwythu'n gyson ers oriau. Wedi blino. Bob man yn brifo heddiw. Dwi'n cael fy chwythu i'r gogledd braidd. Bendigedig taswn i'n mynd i Iwerddon ... neu Bwllheli!! Dim ond 360 milltir o Gorc ydw i! Peint o Guinness fasa'n dda. Ond tydw i ddim am newid cwrs rŵan. Methu rhagweld be mae'r tywydd 'ma am wneud yn yr oriau nesa.

Dechreua feddwl am bacio dy betha Siw, mae Plymouth yn galw.

Ond fel yr ydach chi eisoes wedi sylwi, gall pethau newid yn sydyn iawn ar y môr.

Mercher, 19 Gorffennaf

Ar ôl cael fy hel i'r gogledd am 24 awr, ers 11.30 heno dwi'n gallu gwneud y cwrs dwi isio'i wneud. Felly'r tir cyntaf y byddaf yn ei weld fydd Ynysoedd Scilly (Scilly Billies). Ar nodyn mwy personol, dwi'n flinedig ond yn dechrau edrych ymlaen at lanio. Dal i fethu cael ond un esgid am fy nhroed. Mae'r droed chwith yn dal yn boenus uffernol.

04.30. Damio! Wedi cysgu ers 01.00 a rŵan mae'r

gwynt wedi diflannu. Rhaid gweithio'n galed i wneud yr amser i fyny. Aw! Mae 'nhroed i'n brifo'n waeth ar ôl bod yn cysgu neu eistedd yn llonydd. *Aha, a touch of arthritis I fear, Dr Finlay.*

05.00. Go damit! Dwi'n nesu at Gorc yn ofnadwy. Tac i drio, neu mi fydda i yn Iwerddon. Efallai y codith y gwynt o'r cyfeiriad iawn pan ddaw'r machlud. (Ew! barddonol.)

Dwi isio bwyd ond does 'na ddim byd blasus ar ôl yn y cwpwrdd. Bêcyn, wy (2), sosej (2), pwdin gwaed, tomatos (tun), o, a myshrwms 'di ffrio a bara 'di ffrio. Dyna fasa'n dda rŵan.

Dal i bydru am adra. Disgyn ychydig bach ar ôl yr amserlen ond dwi'n dal ati. Blinedig iawn. *O tragedy – toilet blocked!*

Hwrê. Toiled yn gweithio eto. Roedd yn rhaid ei dynnu'n ddarnau. Falf wedi blocio. Dwi'n falch mai dim ond fi sydd ar y cwch 'ma.

Dechrau poeni. Dim gwynt eto, a hynny sy 'na o'r cyfeiriad anghywir.

Roedd gen i amryw o broblemau, oedd, ond y poen mwyaf oedd nad oedd llawer o ddiesel ar ôl, a dim syniad gen i ble i fynd i chwilio am wynt. Be tasa'r injan yn chwythu 'i phlwc?

Un ateb posib oedd stopio yn y Scillies i gael diesel, ond roedd y baromedr yn disgyn – ella fy mod i allan o'r *High*. Yn y cyfamser roeddwn i'n tacio, tacio yn ôl a blaen, yn mynd i nunlle. Mi sylwais fod y baromedr yn codi pan oeddwn i'n mynd i'r de, felly penderfynu cadw i'r gogledd am bedair awr. Roedd yr injan yn dal i fynd, yn llyncu diesel bob gafael, ond roeddwn i wedi penderfynu, doed a ddelo, fy mod yn ei diffodd am 18.00.

18.00. Dim gwynt. Diffodd yr injan. Rhaid aros. Y
planio i gyd yn ofer. Dipyn o gic a deud y gwir.
Checio'r olew, y dŵr a'r diesel a phenderfynu y gallaf
roi pum awr ar yr injan ac wedyn dyna hi. Amen.

Roedd gen i 325 milltir i fynd, ond yn teimlo fel nad oeddwn
i'n mynd yn ddim nes at y lan. Roedd o'n goblyn o deimlad
annifyr. Rhwystredig, digalon, blin a blinedig. Felly'r
oeddwn i'n teimlo.

Iau, 20 Gorffennaf

Dwi newydd dreulio diwrnod mwyaf uffernol fy
mywyd. Mae'n braf ond does dim gwynt, dwi
300 milltir o adra a does gen i ddim diesel. Dwi jest yn
ista yma. Dwi erioed wedi bod mor flin. Does 'na
ddim llawer o obaith o gyrraedd dydd Sadwrn os na
newidith y tywydd. Blydi *glass* yn codi eto – mae hyn
mor uffernol!

09.30. Dwi'n dal yma. Yn llythrennol yn yr un lle.

Doedd hynny ddim yn wir, wrth gwrs – roeddwn i fymryn
yn nes at adra wrth reswm pawb, dim ond fy mod yn
ddigalon iawn wrth sgwennu yn y lòg. Mi glywais wylwyr y
glannau Falmouth ar y radio, ac roedd hi'n braf clywed llais
rhywun arall mae'n rhaid deud. Mi fedrwn gael rhagolygon y
tywydd rŵan, yn lle ceisio dyfalu drwy'r amser. Ond doedd
y newyddion ddim yn dda. Doedd 'na ddim disgwyl i'r
tywydd newid am amser go hir. Damia!

Erbyn hyn roedd fy stad feddyliol i'n reit fregus.
Roeddwn i'n cael rhyw hen deimlad o banicio am ryw
reswm, Duw a ŵyr pam, achos dwi'n un reit cŵl fel arfer.
Ond roedd hwn yn deimlad annifyr iawn, ac roedd peryg
iddo fo effeithio ar fy mhenderfyniadau ac yn y blaen, felly

mi wnes ymdrech arbennig i sadio fy hun. O edrych yn ôl, diffyg profiad oedd o a gormod o feddylfryd rasio ac isio cyrraedd pen y daith cyn gynted â phosib. Mi faswn i wedi mwynhau fy hun yn well taswn i wedi ymlacio a disgwyl am y gwynt, yn lle poenydio fy hun.

> 17.00. Reit, cyfnod o wylofain a thorri calon drosodd. Mae gen i job i'w gwneud. Mae'n anodd, ond dwi'n mynd am Plymouth, *flat out*.

Ond wnaeth fy ysbryd ddim codi'n uchel iawn chwaith, mae'n amlwg:

> 18.00. Dyma'r gwaethaf dwi wedi'i deimlo. Dwi 'di hwylio'n galed ers hanner nos neithiwr, a dwi ddim nes at adra. Dwi'n teimlo'n uffernol. Ail baced o Pro Plus wedi gorffen rŵan. Rhaid i mi gael cysgu.

Mae'r cofnodion yn y lòg yn llawn gwrthgyferbyniadau – yn anobeithio un munud, yn llawn gobaith a phenderfyniad y munud nesa. Ac er 'mod i'n cwyno drwy'r adeg nad oeddwn i'n mynd yn nes at adra, mae'r ystadegau'n deud stori wahanol. Mi oeddwn i'n nesáu, ond roedd o'n waith caled.

> Dwi wedi hwylio 128 milltir, ond dim ond wedi mynd 94 milltir yn nes at adra. [Hyn oherwydd y tacio, wrth gwrs, sef dilyn cwrs *zig-zag* pan oedd y gwynt o'r cyfeiriad anghywir, neu'n gwrthod bali chwythu o gwbl!] Mae'n edrych yn debyg y bydd hi'n nos Sul / Llun arna i'n cyrraedd.

Yr un oedd y patrwm y diwrnod canlynol:

Dydd Gwener, 21 Gorffennaf

Wedi hwylio 136 milltir yn y 24 awr ddwytha, ond dim ond 84 milltir yn nes at adra.

Diwrnod diawledig. Yr unig beth da ydi 'mod i wedi gallu rhoi esgid am fy nhroed chwith (y tro cyntaf ers gadael yr Azores).

Gobeithio y bydd pawb yn iawn yn Plymouth – dwi ddim yn hwyr eto, nac'dw! Mae hyn 'di difetha'r cwbl. Blydi gwynt! Dwi'n hwylio 5–6 not ond yn mynd i ddiawl o nunlla. Hwylio 207 milltir ers hanner dydd ddoe, ond dim ond 69 milltir yn nes at adra. Dwi am ddal i hwylio i'r de i chwilio am batrwm tywydd gwell.

Dwi wedi hwylio 134 milltir ers 06.00 ddoe, ond dwi ond 62 milltir yn nes.

Mae'r oriau yn mynd yn hirach bob gafael ond fedra i wneud dim heb i'r tywydd droi. Gobeithio nad ydw i'n creu gormod o drafferthion i'r genod.

Mae wedi bod yn ddiwrnod hir, a siom o'r mwyaf yn ôl y lòg milltiroedd. Mi ddyliwn i fod o fewn golwg Plymouth ond dwi 195 milltir i ffwrdd o hyd.

Gorfod cadw pen clir a pheidio â mynd i banic. O ran iechyd dwi'n iawn, ond dwi'n poeni am bobol eraill – Nia a Siw a'r blwmin ci.

Trio cadw fy hun yn brysur a pheidio meddwl am gyrraedd. Taswn i'n cael newid tywydd mi fasa'n codi fy ysbryd. Mae hwnnw yn isel iawn, iawn.

Gwynt tu cefn i mi fasa'n ddelfrydol, ond be ges i? Wel, y peth diwetha roeddwn i isio. Storm ddiawledig a honno'n chwythu'n syth o gyfeiriad Plymouth. Grêt!

Dydd Sadwrn, 22 Gorffennaf

183 milltir i fynd. Pan dwi'n tacio nesa am 6.00 mi fydd pob milltir wedyn yn nes at adra, felly dwi'n disgwyl cyrraedd Plymouth o gwmpas 9.00 nos fory.

Noson hegar iawn. Gwynt 30 not, dŵr ym mhobman. Dim lleuad ac yn dywyll fel y fagddu. Am fy mod yn hwylio i'r gwynt, mae 'na lot o luchio o gwmpas a bangio a ratlo.

Bwyd yn dechrau prinhau. Dwi ddim awydd dim byd o dun byth eto. Ar ôl cyrraedd Plymouth, caffi ar y stryd fawr lle mae'r brecwast mwya yn y byd: bêcyn × 4, wy × 2, sosej × 1 (deiet), pwdin gwaed × 2, tomato × 1, bîns × 1 (un llwyth, nid un ffeuen wrth reswm!) O! A tatws 'di ffrio.

01.00. Newydd wneud y Cup a Soup olaf, a be ddigwyddodd? Mi gollais i o ar y llawr. Ddudis i ei bod hi'n ryff do! Edrych ymlaen at 06.00 i mi gael troi ei thrwyn hi am adra. Mi faswn i'n tacio rŵan ond mae'n ormod o dywydd ac mae'n dywyll fel bol buwch.

01.30. Er mor dywyll, er mor wlyb, dwi wedi tacio. Rhaid aros rŵan i weld be ydi'r cwrs newydd. Mae gen i ddigon o lefrith am ddwy baned. Be am gael un rŵan i'r diawl!

9.30. Jest y peth. Gêl yn syth o Plymouth. Dwi'n cael fy nhaflu fel corcyn o gwmpas. Pob dim yn wlyb. Er 'mod i'n anobeithio unwaith eto, fedra i ddim jest deud 'dyna fo, digon yw digon'. Mae'n RHAID i mi ddal i fynd. ETA (*estimated time of arrival*) yn ôl i fore Llun. Heb gysgu ers 10.00 bore ddoe.

Gwylwyr y Glannau Falmouth yn galw. Gofyn iddyn nhw adael i Nia a Siw wybod fy mod yn ocê. Rhoi bore Llun fel ETA ac mae hynny'n gwneud i mi deimlo'n well, er ei bod yn Gale Force 7 eto. Ryff blant bach, ryff!

14.00. Dwi erioed wedi gweld cymaint o donnau. Mae 'run fath â skateboardio i fyny ac i lawr wal tŷ. Anodd gwybod os ydw i dros y gwaetha.

15.00. Gale Force 8. Anhygoel! Welis i erioed ffasiwn dywydd. Mae cythral o olwg ar *Jemima* – hwyliau wedi torri ac yn y blaen. Mi barodd am ryw dair awr.

Roedd y tonnau yn llawer uwch na mast y cwch ar adegau. Be sy'n rhyfedd ydi fy mod wedi cael cyfnod o ofn uffernol, a'r adeg honno mi dynnais yr hwylia i gyd i lawr a chau fy hun yn y caban. Wedyn mi basiodd y cyfnod ofnus ac mi ddaeth 'na deimlad o herio'r môr a fy Nuw. Dwi go iawn yn cofio gweiddi: 'Tyrd i fy nôl i os wyt ti'n ddigon o foi.' Wrth i'r storm barhau roedd 'na deimlad o orfoledd ac o wir fwynhau wedyn. Doeddwn i ddim yn hwylio i unrhyw gyfeiriad penodol, dim ond cadw *Jemima* a finna'n saff.

Roedd diffyg cwsg yn broblem unwaith eto. Roeddwn i'n araf yn ymateb i bob 'argyfwng' newydd oedd yn dod i'm rhan. Doeddan nhw ddim yn betha rhy ddifrifol, diolch byth, dim ond trafferthion oherwydd y storm. Fedrwn i ddim tacluso chwaith, am ei bod hi'n dal yn ryff ofnadwy. Roeddwn i o ddifri'n meddwl na welwn i byth 'mo Plymouth, ac roedd y rhagolygon yn addo mwy o wyntoedd cryfion.

O na, fedra i ddim wynebu gêl arall. Plîs!

Dydd Sul, 23 Gorffennaf

07.00. Cythral o noson ryff. Dwi'n methu gwneud yr un filltir am adra. Fydda i ddim yno tan ddydd Mercher o leia ar y sbîd yma. Penderfynu mynd i'r gogledd o'r Scillies i edrych ga i well lwc arni. 105 milltir i fynd. Y rhybuddion gwyntoedd cryfion newydd ddod i ben, diolch i Dduw!

16.15. Gweld tir am y tro cyntaf. Ynysoedd Scilly.

20.00. Dal i symud yn ara deg. Llawer iawn o longau MAWR o gwmpas, felly dim cysgu heno.

Diffyg diesel oedd fy mhoen mwyaf eto, ond penderfynu dal i fynd tan oeddwn i'n sych wnes i. Duw a ŵyr be wnawn i wedyn, cofiwch, doeddwn i ddim wedi meddwl am hynny, neu ddim isio meddwl amdano.

19.00. Gweld y goleuadau enwog i gyd – Wolf Rock, Seven Stones a Longships. Yr un pwysicaf i mi fydd golau'r Lizard, lle byddaf yn newid cwrs am Plymouth.

22.00. Gweld golau'r Lizard. Tua naw awr i Plymouth. Diod o sgwash cyraints duon poeth i ddathlu. Does gen i ddim byd gwell. Llongau ym mhobman. Dwi'n teimlo'n llawn bywyd – adrenalin siŵr o fod.

Mae'r llanw am fod hefo fi am y pedair awr nesaf o leiaf (mae'n dda bod rhywbeth). Dwi'n gweld goleuadau pentrefi arfordir Land's End ond roeddwn i'n clywed arogl y tir ymhell cyn ei weld – arogl melys, hyfryd, caeau gwair. Teimlad braf, ac mae *Jemima* fel tasa hithau'n clywed oglau cartref.

Dydd Llun, 24 Gorffennaf
00.35. Llongau yn agos – gweld un boi yn smocio ar fwrdd un. ETA Plymouth 10.30 am. Deffra Siw!

04.45. Llanw yn fy erbyn rŵan, ETA 13.00, ond mi

fydda i'n gallu galw ar y VHF tua 9.00, gobeithio, i Siw gael rhoi'r champagne *on ice!*

08.00. 20 milltir i fynd. Mae'n anodd credu. Teimladau cymysg, heb gysgu'n iawn ers 72 awr. Cychwyn tacluso'r cwch, ac mae'n edrych reit sbriws unwaith eto. Mi wna i 'molchi a newid i ddillad glân, wel rhyw fath o lân, rŵan.

Dwi'n edrych ymlaen at weld y trŵps.

11.30. Cyrraedd Plymouth.

12.00. Clymu'n sownd. 12 blydi diwrnod!

Roedd cyrraedd Plymouth yn deimlad dryslyd gan 'mod i wedi blino cymaint. Roedd 'na ryddhad amlwg o gyrraedd, tristwch fod yr antur drosodd a gorfoledd 'mod i wedi cyflawni'r hyn roeddwn i wedi gobeithio'i wneud. Y Dilwyn Pengaled eto. Roedd Nia a Siw yno'n fy nisgwyl, ond wyddoch chi be? Ges i ddiawl o row ganddyn nhw wrth lanio am fod yn hwyr! Ond dwi'n meddwl eu bod nhw'n falch o 'ngweld i go iawn. Poeni oeddan nhw, mae'n siŵr.

Mi gymerodd hi wythnosau lawer i mi ddod yn ôl i batrwm cysgu call ar ôl y daith. Faswn i'n ei wneud o eto? Be am gychwyn fory ...?

Pennod 3

Chwarae Plant (Chwarae efo Tân)

Mae gan Benrhyn Llŷn gysylltiad agos â'r môr ers canrifoedd. Wel, mae hynny braidd yn amlwg, tydi! Penrhyn ydi o wedi'r cwbl. Mae o dri chwarter ffordd i fod yn ynys, neno'r tad, felly wrth gwrs fod ganddo fo gysylltiad agos â'r blwmin môr. Ond 'dach chi'n gwybod be dwi'n feddwl, tydach! Onid un o'r ardal oedd Huw Puw ei hun – boi'r Fflat hwnnw? Ia, ac ar ôl i mi 'laru yn yr ysgol, fe ges inna fy nenu gan y môr mawr hefyd.

Nid ryw hen Largo o longwr yn llawn straeon am bellafion byd a'i ryfeddodau a'm perswadiodd i chwaith, cofiwch. Na, doedd o ddim mor rhamantus â hynny. Dyn trwsio telifishiyns blannodd yr hedyn yn fy meddwl i. (Roedd o hefyd wedi bod ar y môr yn ei ddydd.) Roeddwn i yn y chweched dosbarth yn Ysgol Botwnnog ar y pryd, yn 16 oed ac wedi pasio saith Lefel O. Mi fethais i Ffrangeg a Lladin a phethau defnyddiol felly, ond doedd gen i fawr o awydd cario 'mlaen yn yr ysgol p'run bynnag. Mi o'n i wedi bod yn rhencian am sbel 'mod i isio mynd i'r môr.

Isio mynd yn beilot hofrenyddion oeddwn i'n wreiddiol, ond y neges roeddwn i'n ei chael gan swyddog gyrfaoedd yr ysgol oedd bod hynny y tu hwnt i'm gallu. O sbio'n ôl, hwyrach na ddylwn i fod wedi gwrando, ond dyna fo.

Dwi'n cofio'r hen deledu oedd ganddon ni adra yn iawn. Stella oedd ei henw hi (ocê, enw'r gwneuthurwr oedd hwnnw, mae'n siŵr, ond mae 'na ryw elfen ramantus yndda i weithia!). Dwi'm yn amau nad oedd teledu lliw wedi dechrau cyrraedd erbyn hynny, ond du a gwyn oedd ein Stella ni. Dwi'n cofio bod ganddi fotymau pwyso-i-mewn eifori (naci, dim y stwff go iawn siŵr!), ac roedd hi'n honglad o beth fawr, fel roeddan nhw i gyd bryd hynny.

Nodwedd arall o dechnoleg y dydd oedd bod y bali peth yn gwrthod gweithio o bryd i'w gilydd. Felly, doedd o ddim syndod i mi pan ddois i adra o'r ysgol un diwrnod a gweld Henry David Williams o Roshirwaun ym mol y teledu yn newid rhyw falfiau neu rwbath. Roedd Henry'n ysgrifennydd Cymanfa Undebol Llŷn os dwi'n cofio'n iawn, ond Harri Telifishiyn oedd o i bawb yn yr ardal am mai dyna oedd ei waith o.

Mi oedd Mam yn gwneud panad a chacan i bawb oedd yn dod acw – mae hi'n dal i wneud – a phan ddaeth hi'n amser am hoe fach, mi ddechreuodd Dad holi Harri am ei amser ar y môr, fel *radio operator*. Dyna sut roedd o'n gallu trwsio telifishiyns wrth gwrs, ac roeddwn inna'n glustia i gyd yn gwrando arno'n sôn am ei hanesion. Dwi ddim yn cofio'n union be oedd ei anturiaethau erbyn hyn, dim ond ei fod wedi bod yn gweithio efo cwmni o Lerpwl; ond o'r funud honno mi benderfynais nad oeddwn i'n mynd yn ôl i'r ysgol. Mi oeddwn i wedi llyncu ei stori go iawn, a doedd 'na ddim troi'n ôl.

Ond cyn mynd â chi i bedwar ban byd, dwi'n meddwl y bysa'n well i chi gael clywed dipyn am fy milltir sgwâr, fy nghefndir, fy magwraeth a ballu. Mi ges i fy ngeni ar 17 Tachwedd, 1957, yn fab i Hugh Thomas Morgan ac Eleri Wen Morgan (née Jones). Roedd teulu 'Nhad yn dod o Rhosddu, Dinas, Llŷn, yn wreiddiol, a theulu Mam o ardal Stiniog – Penrhyndeudraeth yn ddiweddarach, achos roedd ei thad yn dreifio un o drenau'r chwarel ar y lein fach. Roedd un ochr o deulu Mam yn dod o Borth-y-gest ac roedd 'na lawer o'r rheini yn gapteiniaid llongau yn yr oes a fu. Ond yn Ty'n Pwll, Garnfadryn roeddan ni'n byw. Tyddyn chwe acer ydi o, ac mi brynodd Mam a Dad y lle am £500 yn 1958. Mae'r anfoneb yn dal acw gan Mam. Mae gen i un chwaer – Gwawr – sydd bedair blynedd yn iau na fi.

DAD

Bu Dad yn gweithio rownd ffermydd Pen Llŷn fel gwas ffarm, ac yna efo'r Comisiwn Coedwigaeth yn un o dîm oedd yn gofalu am eu coedwigoedd yn ardal Llŷn. Dyn caib a rhaw – ffosiwr – oedd o, ac roedd o wrth ei fodd yn cadw'r lle'n daclus. Mi oedd Dad yn dynnwr coes hefyd. Un tro mi ddaeth dyn o'r pencadlys i'w goruchwylio nhw am y diwrnod, ac roedd ganddo fo ddyffl côt newydd sbon amdano. Dyma fo'n hongian y gôt ar fachyn yn y cwt, ac i ffwrdd â fo allan i weithio. Ond be wnaeth 'Nhad ond deud fel hyn wrth fy Yncl Wil:

'Yli, Wil, mae Eleri wedi prynu hon ond ma' hi'n rhy fach i mi, felly mi gei di hi.'

'Duwcs, diolch 'ti 'rhen foi,' medda hwnnw, a'i rhoi hi amdano'n syth, a mynd allan i weithio.

Mi ddaeth hi'n amser mynd adra, a dyma'r boi o'r pencadlys yn mynd i'r cwt i nôl ei gôt. Wrth gwrs, doedd hi ddim yno.

'*Someone's stolen my coat*,' medda fo. '*Where's it gone?*' Allan â fo eto, a be welodd o reit o'i flaen, yn brysur yn teneuo coed, ond Yncl Wil yn ei ddyffl côt orau. Ei rhoi hi'n ôl fu'n rhaid i Yncl Wil wneud, bechod, a hwnnw wedi gwirioni efo'i gôt newydd hefyd!

Gŵr Anti Leus, chwaer fy nhad, oedd Yncl Wil, ac roeddwn innau'n fêts garw efo un o'u meibion nhw, fy nghefndar Henry Hughes – Henry neu Harri Llechwadd – am mai Llechwedd y Bryn oedd enw'u tŷ nhw, sydd hanner ffordd i fyny'r Garn. Mi gewch chi glywed llawer mwy amdano fo, a'r drygau roeddan ni'n wneud efo'n gilydd, yn nes ymlaen.

Pan oeddwn i'n fach roeddwn i wrth fy modd cael mynd efo Dad i wneud *fire watching* fel roedd o'n ei alw fo – sef eistedd yn y fan yn gwatsiad rhag ofn i rywun gynnau tân!

Mae'n swnio'n beth gwirion i'w wneud erbyn heddiw, ond doedd 'na ddim ffonau symudol na dim byd felly ar y pryd, ac felly roedd yn rhaid bod yn fwy gwyliadwrus mae'n siŵr. Roeddwn i wrth fy modd yn cael mynd yn y fan fforestri efo fo.

Mi fu Dad ar y cyngor plwy am gyfnod hefyd, ond roedd o'n un parod iawn i ddeud ei ddeud, ac mae gen i ryw deimlad na wnaeth o ddim para'n hir. Mi oedd o'n reit bengaled, neu felly fyddai Mam yn deud weithia beth bynnag! Ei ddiddordebau oedd chwarae snwcer a thrin y car. Roedd o'n mynd bob nos Fercher i ganolfan Llaniestyn – yr hen ysgol gynradd – am gêm, wedi molchi a shefio a gwisgo'i ddillad gorau. Roedd o hefyd yn mynd rownd y teulu ryw unwaith y mis – ei frodyr a'i chwiorydd, ei gefndryd a'i gyfnitherod. Mae 'na ormod ohonyn nhw i'w henwi, rhag ofn i mi bechu rhywun!

Mi fu 'Nhad farw yn 1999, yn 74 oed, adeg Eisteddfod Genedlaethol Ynys Môn. Fe'i cafwyd o'n eistedd ar gadair yn y bathrwm. Mi aeth yn sydyn, mae'n amlwg, ac roedd hi'n goblyn o sioc i bawb, ond yn enwedig i Mam, gan mai hi ddaeth o hyd iddo fo.

MAM

Cochan ydi Mam, ac mae ganddi'r tempar i fynd efo'r gwallt, yn dal i fod! Gwraig tŷ a gwraig ffarm oedd hi, ond dwi'n ei chofio hi'n gweithio mewn rhyw fwyty yn y Warren, Aber-soch am flynyddoedd hefyd. Caffi oedd o dwi'n siŵr, ond *restaurant* roedd hi'n ei alw fo. Croesawu pobol wrth iddyn nhw ddod i mewn oedd hi, a'u harwain nhw at eu bwrdd, ond mae'n anhygoel i mi sut oedd hi'n gwneud hynny achos roedd ei Saesneg hi mor sâl – ac mae o'n dal yn sâl hyd heddiw! Mi fu hi'n gweithio yn Butlin's, Pwllheli, am ychydig hefyd.

Doedd Dad byth yn gwneud rhyw lawer efo'r anifeiliaid – Mam oedd yn edrych ar eu holau nhw fwya, a Dad yn gwneud unrhyw waith trwm fyddai angen ei wneud. 'Run fath efo'r fusutors. Mam oedd yn gwneud pob dim oedd ei angen efo derbyn y bwcings ac yn y blaen. Roeddan nhw'n gwneud eu bwyd eu hunain wrth gwrs.

Mae Mam – sydd dros ei 80 a newydd gael clun newydd – yn dal i fyw yn Nhy'n Pwll ac yn dal i gadw rhyw 20 o ddefaid o hyd. Pan fydd hi isio'u symud nhw o un cae i'r llall mae hi'n arwain y ffordd ac mae'r defaid yn ei dilyn hi'n ufudd, fel Jacob gynt. Doedd Mam byth yn mynd i unlle pan o'n i'n fach, ond pan es i i ffwrdd ar y môr, mi ddechreuodd gael gwyliau i lefydd fel Sbaen a Chreta efo'i chwaer, Anti Marian. Doedd Dad ddim yn mynd. Tua'r un adeg y dechreuodd Mam regi dwi'n amau. Chlywais i erioed mohoni hi'n rhegi pan oeddan ni'n blant, ond ar ôl i ni dyfu, a hyd heddiw, mae'r iaith wedi mynd dipyn mwy lliwgar. Mae hi'n dipyn o gês, heb sylweddoli hynny yn aml iawn.

GWAWR

Mae Gwawr a finna'n ffrindia gorau, er fy mod i wedi trio'i lladd hi fwy nag unwaith. Mi driais ei boddi hi yn Aber-soch un tro. Methu wnes i, achos bod Mam wedi fy nal i. Yr unig beth oedd hi'n ei glywed yng nghanol cannoedd o bobol ar y traeth oedd: 'Paid, Wiwin! Paid, Wiwin!' Dyna be oedd Gwawr yn fy ngalw fi ar y pryd. Y cwbwl o'n i'n wneud oedd dal ei phen hi o dan y dŵr i weld pa mor hir y bysa hi'n gallu dal ei gwynt!

Mi oeddan ni'n chwarae lot efo'n gilydd. Roedd hi'n coelio unrhyw beth roeddwn i – y brawd mawr – yn ei ddeud wrthi; ac os oedd 'na rwbath peryglus i'w wneud, mi oeddwn i o hyd yn perswadio Gwawr i gael go arni. Mi oedd gen i foped bach Honda pan oeddwn i tua 14 oed, ac mi rois i hi ar gefn hwnnw un tro a'i phwyntio hi i lawr ein lôn ni, a deud wrthi sut i agor y throtl. Iawn, i ffwrdd â hi rêl boi, ond doeddwn i ddim wedi deud wrthi sut i'w stopio fo nag oeddwn? Felly mi aeth ar ei phen i'r ffos! Wnaeth hi ddim brifo ... wel, dim yn ormodol dwi'm yn meddwl.

O'r diwrnod y gadawodd hi'r ysgol tan y dydd heddiw, mae Gwawr wedi bod yn gwneud yr un swydd yn union, yn gwneud yn union yr un peth ddydd ar ôl dydd. Mae hi'n gweithio efo Cyngor Gwynedd fel Swyddog Cyswllt Ardal ym Mhwllheli, yn derbyn cwynion gan y cyhoedd a gweithredu arnyn nhw. Sut mae hi'n gallu gwneud yr un peth ddydd ar ôl dydd, wn i ddim. Mae hi'n hollol groes i mi, achos dwi'n lecio cael newid, a dwi erioed wedi sticio at ddim byd yn hir iawn. Mae hi'n briod efo Adrian, ac mae ganddyn nhw ddau o blant – Ilan a Malen. Mae Malen newydd gael dau gap i dîm pêl-droed dan 19 Cymru, a theithio i Lithiwania efo nhw. Does gan Ilan ddim i'w ddeud wrth chwaraeon – technoleg a gajets a ballu ydi'i bethau fo. Mae o yn y coleg ym Mangor, yn astudio datblygiad plant.

NEINIAU A THEIDIAU

Rhieni Mam oedd Ernest a Margaret Jones, ac atyn nhw y byddwn i'n mynd ar fy ngwylia bob tro pan oeddwn i'n fach. I Ruthun gynta ac wedyn i Lanelwy, ac mae gen i atgofion melys iawn o hafau hirfelyn tesog yn aros efo nhw. Cyn hynny roedd Taid yn dreifio trên ar lein fach Ffestiniog – trên chwarel oedd hi bryd hynny, nid un i deithwyr fel ydi hi heddiw – ac ar ôl iddo gael gwaith yn ffatri wydr Pilkington's yn Llanelwy mi symudon nhw i'r ardal honno. Roedd Taid yn ddyn llond ei groen, a Nain yn ddynes fach, a dwi'n meddwl mai ei hiwmor hi yr ydw i wedi'i gael. Doeddech chi byth yn siŵr oedd hi o ddifri ai peidio, ac un fel'na ydw i i raddau.

O Borth-y-gest roedd Nain yn dod, ac roedd nifer o'i

theulu hi wedi bod ar y môr. Dwi'n difaru na faswn i wedi holi mwy amdanyn nhw tra oedd hi'n fyw. Roedd hi wastad yn sôn am capten hwn a chapten llall – ei brodyr, ei thad a'i thaid, oedd oll yn llongwyr ar hen longau Porthmadog. Bob dydd Sul yn Llanelwy, mi fydda Taid yn deud: 'Wel, Margaret, dwi'n mynd â'r ci am dro rŵan.' Wnes i ddim sylweddoli i ddechra, ond doedd y ci ddim yn symud cam o'r tŷ. Côd gan Taid am fynd am beint i'r Legion ar bnawn Sul oedd o. Ddim isio dangos hynny o fy mlaen i oedd o mae'n debyg. Roedd Nain yn gweithio mewn caffi bach yn Llanelwy, ac mewn siop grefftau hefyd, a thrwy ryw ryfedd wyrth, crefftau oeddan ni'n eu cael yn bresantau Dolig ganddi hi yn amlach na pheidio! Hoff beth Nain oedd jymbl sêls – roedd hi'n gasglwraig o fri cyn bod sôn am unrhyw *Dickinson's Real Deal* a rhaglenni tebyg. Roedd hi'n hel unrhyw beth oedd yn ei barn hi'n fargen – platiau, llyfrau, lluniau, recordiau – mae'n siŵr mai jync fasa rhywun yn ei alw fo heddiw, ond dwn i'm chwaith. Dwi rwbath tebyg – nid fy mod i'n hel unrhyw beth penodol, ond am fy mod i'n ei ffeindio hi'n anodd taflu dim byd, sy'n dipyn o broblem o ran cael lle i gadw pethau. Pan es i â Nia i weld Taid a Nain am y tro cynta mi dynnodd Taid fi i un ochr a deud ei bod hi'n edrych braidd yn denau, ac y bysa'n well i mi roi dipyn o *flaked maize* iddi i'w thwchu hi! Bwyd i besgi gwartheg oedd hwnnw.

Ychydig iawn dwi'n gofio am Taid a Nain ochr fy nhad. Dwi ddim yn gwybod hanes Taid o gwbl. Doedd 'na byth lawer o sôn amdano fo, felly dwi'n cymryd ei fod o wedi marw dipyn cyn i mi gael fy ngeni. Cof plentyn sydd gen i o Nain Dinas, sef Katie Morgan. Mi fu hi farw pan oeddwn i'n dal yn yr ysgol gynradd, felly does gen i ddim cymaint o atgofion amdanyn nhw. Mi fydd yn rhaid i mi dyrchu i'w hanes nhw ryw ddiwrnod.

Pentref bach reit yng nghanol Llŷn ydi Garnfadryn, neu Garn fel rydan ni'n ei alw fo. Fel mae'r enw'n awgrymu, mae o yng nghysgod Carn Fadryn – y bryncyn neu'r graig sydd i'w gweld yn glir o bob cyfeiriad yn Llŷn fwy na heb – 'fel mwdwl gwair mawr ar ganol y penrhyn,' chwedl Gruffudd Parry, fy hen athro Saesneg yn Ysgol Botwnnog, yn ei gampwaith *Crwydro Llŷn ac Eifionydd*. Yn ddaearyddol, mae'r pentref wedi'i leoli rhwng Tudweiliog ar arfordir gogleddol y penrhyn, a Llanbedrog ar yr arfordir deheuol, ac mae pentrefi bach Llaniestyn, Dinas, Rhydyclafdy a Botwnnog o'i gwmpas. Ardal dawel, wledig a gwladaidd ydi hi, efo rhwydwaith o lonydd cul yn plethu ymysg ei gilydd, a lle delfrydol i dyfu i fyny.

Mae 'na fryngaer o'r Oes Haearn ar ben Carn Fadryn, ac olion castell diweddarach y mae Gerallt Gymro'n sôn iddo gael ei adeiladu gan Rhodri a Maelgwn, meibion Owain Gwynedd, yn 1188. Dwn i ddim am hynny. Mae 'na hanes i'n tŷ ni hefyd cofiwch, a choflech uwchben y drws i nodi mai yno ges i fy ngeni. Na, dwi'n tynnu'ch coes chi rŵan. Ond mae 'na lechan yno, wir yr, yn deud mai yno y ganed Ieuan o Lŷn, y cenhadwr a'r emynwr.

Roedd y tŷ 'cw'n fychan iawn pan o'n i'n blentyn. Cwt sinc oedd y gegin, yn sownd yn y bwthyn, a thoiled yn nhop yr ardd oedd yr unig doiled oedd ganddon ni ar un adeg. Mi wellodd pethau yn nes ymlaen, pan gawson ni estyniad.

Yn y llofft bach, fel roedden ni'n ei galw hi, roedd Gwawr a finna'n cysgu. Croglofft oedd hi, efo grisiau bach cul yn mynd i fyny iddi. Prin y medra i fynd i fyny yno heddiw. Roedd Mam a Dad yn cysgu yn y siambar; wedyn pan godwyd yr estyniad mi gawson ni ddwy lofft arall, a chegin a stafell molchi newydd.

Reit, mae'n amser gwneud cyfaddefiad: mi losgais i dŷ haf unwaith, neu felly maen nhw'n deud. Darllenwch fwy ac mi gewch chi'r cyfaddefiad yn llawn.

Roeddan ni'n cadw fusutors yn yr haf, ac fel sawl teulu arall ym Mhen Llŷn, roeddan ni'n gorfod symud allan o'r tŷ i wneud lle iddyn nhw. I gwt pren yn nhop yr ardd y byddan ni'n encilio. Tŷ Haf oeddan ni'n ei alw fo. Dwy stafell oedd ynddo fo – stafell fyw a stafell wely, ac yn ddiweddarach mi gafodd Dad afael ar hen garafán – un o'r rhai siâp wy 'na – ac yn honno roedd o a finna'n cysgu wedyn bob haf, mewn gwely dwbl, a Mam a Gwawr yn y Tŷ Haf. Mi oedd hi'n boeth a chyfyng braidd yn y garafán, ac roeddan ni'n gorfod defnyddio lle chwech allan – toiled cemegol – am fod y fusutors yn y tŷ, lle roedd yr un iawn. Dwi'n cofio fel roeddwn i'n tyfu, y diwrnod mawr yn cyrraedd pan oeddwn i'n gallu twtsiad dwy ochr y garafán efo fy nhraed a 'mhen wrth orwedd yn fy ngwely.

Mi oedd y Tŷ Haf yn handi iawn am flynyddoedd tra oeddan ni'n cadw fusutors ... nes iddo fo fynd ar dân. Doedd o'n ddim byd i'w wneud â Meibion Glyndŵr. O na! Roedd y gwirionedd yn llawer nes at adra na hynny. Fel hyn oedd hi ...

Pan ddaeth dyddiau cadw fusutors i ben, am ba reswm dwi'm yn siŵr, mi benderfynodd Dad y basa hi'n amser da i ddechrau cadw bwjis a chaneris, felly mi wnaeth o gaets mawr iddyn nhw mewn rhan o'r Tŷ Haf. Mi fydda Gwawr a finna'n mynd yno i chwarae'n aml, ac fel roedd – ac fel y *mae* – hogia, roedd 'na ryw dynfa ac awydd o hyd i chwarae efo tân. Dwi'm yn siŵr be oeddwn i'n drio'i wneud, ond roedd trio llosgi Gwawr yn rhan ohono fo, mi ellwch chi fentro. Tanio pric, chwythu arno fo nes ei fod o'n goch ac wedyn mynd ar ôl Gwawr druan efo fo. Ia, dwi'n gwybod ... od ... ond petha fel'na mae brodyr yn eu gwneud i'w chwiorydd 'te?

Beth bynnag, un noson mi glywais floedd yn datgan fod tân yn Tŷ Haf. Roedd mwg trwchus, du ym mhobman yn yr ardd. Mi achubwyd y rhan fwyaf o'r bwjis ond mi farwodd un neu ddau o'r caneris, sy'n profi eu bod nhw wedi bod yn bethau defnyddiol mewn chwareli a phyllau glo i rybuddio rhag nwy, tydi? Wnaeth o ddim llosgi i'r llawr chwaith, ac wrth lwc fu dim rhaid i ni alw'r Frigâd Dân – mwg oedd o'n fwy na dim arall, ond mi oedd 'na ddiawl o le acw wedyn, a fi oedd y dyn drwg wrth gwrs.

Ia, fi gafodd y bai! Ac er 'mod i wedi treulio blynyddoedd yn gwadu'n bendant mai fi wnaeth, mae dau a dau yn gwneud pedwar, ac mae'r dystiolaeth i gyd yn fy erbyn i braidd. Wnes i ddim *trio*'i roi o ar dân wrth gwrs, ond mae'n amlwg mai oherwydd fy esgeulustod i y digwyddodd o. Doedd 'na neb arall fedra fod wedi gwneud, nag oedd? Doedd y fusutors ddim wedi taflu matsian i mewn yn slei bach wrth basio, nag oeddan? Doedd Gwawr ddim yn chwarae efo tân, na Mam a Dad. Felly dyna ni. *The prosecution rests M'lud.*

Bu'r Tŷ Haf yno am flynyddoedd lawer wedyn, tan iddo gael ei dynnu i lawr yn y cyfnod pan oeddwn i ar y môr. Erbyn hyn mae 'na bwll pysgod yn ei le o, efo dau bysgodyn aur mawr tew ynddo fo, wedi dod o ffair Pwllheli ryw dro. Maen nhw'n reit hen bellach! Does 'na'm golwg o'r garafán siâp wy na'r toiled allan erbyn hyn chwaith, er mai yn weddol ddiweddar y cafwyd gwared â hwnnw. Mi wnaethpwyd trelar allan o'r garafán i gario bêls tu ôl i'r Ffyrgi Bach.

Oedd, mi oedd y fusutors yn rhan o'n ffordd ni o fyw ar y pryd, am ryw chwe wythnos bob haf o leia. Dwi'm yn gwybod hyd heddiw sut oeddan nhw'n bwcio'u lle acw, achos doedd ganddon ni ddim ffôn am flynyddoedd. Mae'n debyg fod popeth yn cael ei wneud trwy lythyr – sy'n synnu rhywun, achos fel deudis i, dydi Saesneg Mam ddim yn wych. Doeddan ninnau ddim yn cymysgu rhyw lawer efo'r fusutors yn blant chwaith, achos doeddan ni ddim yn gallu cyfathrebu efo nhw. Doedd ein Saesneg ni ddim digon da. Dwi'n cofio Mam yn deud 'mod i wedi bod ar goll un tro pan oeddwn i'n fach. Wedi mynd i'r tŷ oeddwn i, am mai fan'no roeddwn i wedi arfer bod, ac mi oeddwn i wedi chwalu mêc-yp un o'r merched oedd yn aros acw, yn sgwennu ar y walia a phaentio fy wyneb fel un o'r Indiaid Cochion efo'i lipstig hi.

I blentyn, mi oedd hi'n antur mynd i gysgu i'r Tŷ Haf, ond roedd hi'n braf cael symud yn ôl i'n tŷ ni hefyd. Roedd hwnnw'n ddiwrnod mawr, er y byddai 'na ogla dieithr ar y lle am ddiwrnodau. Oglau pobol eraill.

Does gen i erioed gof o fynd ar wyliau i unman efo Mam a Dad, heblaw am dripiau i Lundain at Anti Marian. Mi oeddan ni'n mynd ati hi bob haf am gyfnod pan oeddwn i'n fach – cyn dechrau cadw fusutors am wn i. Roedd rhaid i ni fod adra yn ystod y gwyliau pan ddaeth y cyfnod hwnnw.

Roedd gweld rhyfeddodau Llundain yn grêt i hogyn bach – cael mynd i'r sw, i'r maes awyr i weld yr awyrennau, gweld y golygfeydd enwog fel yr *Houses of Parliament*, Tŵr Llundain, Pont y Tŵr ac yn y blaen. Pob math o bethau fel'na. Roedd Anti Marian yn byw mewn fflat yn Kensington bryd hynny, ond mae hi'n ôl yng Nghymru erbyn hyn, ac yn byw yn Llanelwy.

Dwi'm yn cofio'r gosb am losgi'r Tŷ Haf, ond roedd 'na gymaint o wahanol gosbau, maen nhw i gyd wedi toddi'n un rhywsut. Un gosb dwi *yn* cofio'i chael oedd gorfod hongian y beic yn y beudy, oherwydd 'mod i wedi dod adra'n hwyr ar ôl bod yn pysgota efo Henry Llechwadd yn Rhydyclafdy. Ond y rheswm roeddan ni'n hwyr oedd bod 'na ryw fastyn wedi gollwng y gwynt o deiars fy meic i, a doedd ganddon ni ddim pwmp efo ni. Dwi'n cofio gweld Mam yn dod yn y Ford Anglia rownd ryw gongl yn Garn, roedd hi wedi gwylltio cymaint nes roedd ei llygaid hi'n llenwi'r ffenest

flaen. Roedd y ffaith mai pysgota ar lan afon oeddan ni wedi
gwneud iddi boeni mwy mae'n siŵr gen i. A hongian y beic
fu raid, fel y gallwn ei weld o, ond ddim ei ddefnyddio fo.
Dyna oedd y gosb.

Felly ffarmio, gweithio yn y goedwig a chadw fusutors
oedd y teulu. Cadw gwartheg oeddan ni bryd hynny –
buwch a rhyw dri bustach fel arfer, dim mwy na hynny.
Doedd gen i ddim diddordeb mewn ffarmio, ond dwi'n
cofio fel y byddai 'Nhad yn gollwng yr hen fuwch goch o'r
beudy yn y bore, a hitha'n cerdded i fyny'r bryn am Fryn
Golau, tyddyn cyfagos, i bori. Wedyn byddai'n gweiddi arni
gyda'r nos ac fe fyddai'r hen fuwch yn dod yn ôl i lawr i gael
ei godro.

I Ysgol Gynradd Llaniestyn yr es i, ac yn y blynyddoedd
cynnar mi fyddwn i'n cerdded yno, achos dim ond rhyw dri
chae i lawr o Dy'n Pwll oedd hi. Ni oedd y disgyblion olaf –
mi gaeodd yr ysgol wedyn, ac mae hi'n ganolfan gymunedol
rŵan.

Roedd 'na griw o blant Garn yno: y rhai oedd tua'r un
oedran â fi oedd Henry Llechwadd, Glyn Fron Deg,
Thomas John Williams, Tangraig Bach neu Twmbo,
Gwenda a Marian Gorffwysfa, David Williams neu David
Wi, a'i frawd iau, Wil Wi. Wedyn roedd gynnoch chi blant
Llaniestyn, ac ymhlith y rheini roedd Dewi Jones neu Dewi
Dwynant fel ydi o rŵan (ond Dewi Nymbar Wan oedd o i
ddechra am ei fod o'n byw yn rhif un, tai cownsuls
Llaniestyn), Carol Gilfach, Eddie Tai Cownsuls ac Emlyn a
Gwyndaf Stryd. Enw eu cartref oedd Stryd. Erbyn hyn ella
eich bod chi'n dallt nad oedd cyfenwau'n bwysig iawn i ni.
Dwi ddim yn cofio cyfenwau rhai o fy nghyfoedion, achos
drwy enwau eu tai roeddan ni'n nabod y rhan fwya ohonyn
nhw, ac mae'n dal felly hyd heddiw.

Mi oedd hi'n ysgol fach hapus iawn, efo dau ddosbarth – dosbarth Mr Llewelyn Evans, y prifathro (Ifas y Sgŵl) a dosbarth Miss Marian Roberts, yr athrawes – y beth ddela welais i erioed pan o'n i'n wyth oed. Hefyd, roedd 'na ddwy ddynes yn gwneud bwyd yn y gegin – Mrs Hughes, Tan Cefn a Mrs Jennie Vaughan. Mrs Hughes, Tan Cefn oedd y ddynes gyntaf i mi ei chlywed yn rhegi! Roedd hi'n rhegi'n hollol naturiol, o flaen y plant a phawb. Cês! Dynes fechan fach oedd hi, a Mrs Vaughan yn ddynes dal, dal. Yn ôl Mam roedd Mrs Hughes tua 4' 8" a Mrs Vaughan tua 6' 2". Felly, yn yr hatsh lle roeddan ni'n cael ein bwyd, y cwbl oeddan ni'n ei weld oedd bol Mrs Vaughan a chorun Mrs Hughes!

Pan oeddwn i'n fach, mi ges i'r syniad 'ma yn fy mhen fod Mrs Hughes wedi bod yn yr armi, achos roedd Dad yn deud drwy'r amser ei bod hi'n rhegi fel trŵpar!

Ei gŵr hi, Gruffudd Hughes, oedd *lengthman* y Cyngor yn ein hardal ni, yn agor ffosydd a ballu a chadw pob dim yn gweithio fel roedd o i fod. Roeddwn i wrth fy modd yn ei weld o'n dod heibio ffor'cw i weithio. Mi fyddwn i'n rhannu tun bwyd efo fo pan ddeuai heibio, a fo ddysgodd fi sut i ffrio wy ar gefn rhaw. Gwneud tân bach, glanhau'r rhaw a thynnu'r wy 'ma o'i boced, ei dorri ar ymyl y rhaw a'i ffrio fo arni. Yr wy gorau gefais i erioed yn fy mywyd. Yn aml iawn 'rhen Gruffudd Hughes oedd testun rhai o regfeydd lliwgar Mrs Hughes, Tan Cefn.

'Mae'r effin dyn 'ma'n effin hoples – mae o'n effin hyn, mae o'n effin llall!'

Yr adeg honno, roedd clywed dynes yn defnyddio iaith gref fel'na yn beth hollol ddiarth, ond fasa neb yn meddwl ddwywaith heddiw, na fasa? Mi fydda hi'n dod acw o dro i dro, a dwi'n ei chofio hi'n deud ei bod hi wedi bod yn amgueddfa Madam Tussauds yn Llundain, ac wedi dod ag un o'r delwau adra efo hi am ei fod o'n symud mwy na'r 'effin dyn 'cw'. Gruffudd druan. Ia, diawl o gês oedd Mrs Hughes, Tan Cefn.

Cerdded drwy'r caeau i'r ysgol fyddwn i, ar fy mhen fy hun, a Mam yn gwatsiad neu'n mynd â fi hanner ffordd yn y dyddiau cynnar. Roedd ganddon ni hen gorgi bach o'r enw Petra yr adeg honno, ac mi oedd honno hefyd yn fy nanfon i i'r ysgol yn y bore, ac wedyn tua 3.15 yn y pnawn roedd hi'n dod yno i fy nôl i. Mi fydda Mr Ifas y Sgŵl yn deud: 'Wel, blant, mae'n amsar mynd adra, mae ci Ty'n Pwll wedi cyrraedd.' Mi oeddwn i'n agos iawn at 'rhen Petra, ac roedd 'na grio mawr acw pan farwodd hi. Cacwn laddodd hi. Mi frathodd Petra'r cacwn, mi bigwyd hi yn ei gwddw ac mi fygodd. Doeddwn i ddim adra ar y pryd. Mam aeth â hi at y fet, ond roedd hi'n rhy hwyr i'w hachub hi.

Pan ddechreuodd Gwawr, fy chwaer, yn yr ysgol, roedd 'na dacsi'n mynd â ni yno am ryw reswm. Ni'n dau, a rhai o blant eraill Garn. Dim ond tri chwarter milltir o daith oedd hi ar hyd y lôn, a llai ar draws y caeau, ond mae'n rhaid bod 'na reswm. Car hen ffasiwn oedd o, a stepan ar hyd ei ochr o – dwi'n cofio adeg pan fyddai 'na ddim lle yn y tacsi, a byddai'n rhaid i mi sefyll ar y stepan honno a dal fy hun trwy roi fy mraich rownd y polyn!

Bertie Ifans, Bertie Siop Llaniestyn, oedd yn dreifio. Roedd o'n rhedeg y siop, yn gwerthu petrol ac yn rhedeg y tacsi, a dwi'n cofio cael fy hel o'r car ganddo fo un tro. Roedd gan 'rhen Bertie 'sniff' barhaol – roedd o'n sniffian heb feddwl ei fod o'n gwneud hynny, gaeaf neu haf, ac mae'n siŵr 'mod i wedi dechrau ei watwar o. Wnes i ddim gwneud hynny'n fwriadol, wir yr! Dwi'n ei gofio fo'n stopio'r tacsi, ddim yn bell o'r ysgol, ac yn deud: 'Reit, Ty'n Pwll ... Allan!' Cywilydd mawr! Pawb yn deud yn yr ysgol: 'O, mae Ty'n Pwll wedi bod yn hogyn drwg ac wedi gorfod cerdded i'r ysgol!' Doedd o 'mond dau gan llath neu rwbath tebyg. A'r rheswm roddodd Bertie i Mam wedyn oedd fy mod i wedi bod yn sniffian 'run fath â fo, yr holl ffordd i'r ysgol! Ond be wnaeth y plant eraill ar y ffordd adra'r diwrnod hwnnw? Ia, sniffian 'fath â Bertie. Creadur!

Yn yr haf mi fydda Ifas y Sgŵl yn deud weithia: 'Reit, mae hi'n rhy braf i fod i mewn yn fa'ma heddiw. Pawb i fynd adra i nôl ei wisg nofio ...' ac mi fydda pawb yn diflannu a dod yn ôl efo'u trugaredda a'u brechdanau. Wedyn roeddan ni'n cychwyn cerdded i Dudweiliog, ac mi fydda fo'n gwneud *shuttle service* efo'i gar, sef mynd â rhyw bedwar neu bump, a'r lleill yn cerdded – heb athro, achos roedd Miss Roberts yn aros yn yr ysgol – nes y byddai Ifas yn dod yn ôl i nôl llwyth arall. Wrth gwrs, pan oedd o'n gwneud hynny roedd o'n gadael criw ar lan y môr ar eu pennau eu hunain. Nid beirniadu ydw i o gwbl, ond fasa fo byth yn cael digwydd heddiw na fasa? Roeddan ni'n cael diwrnod ar lan y môr, yn gwneud syms yn y tywod, chwarae pêl-droed a mynd i'r môr, cyn bod yr holl beth yn digwydd eto ar y ffordd yn ôl i'r ysgol.

Mi oedd gen i wisg nofio wahanol i bawb arall – un oedd Nain wedi'i gwau i mi! Melyn a gwyrdd oedd hi, ac wrth gwrs, roedd hyn yn creu embaras mawr i mi pan oedd hi'n amser mynd i nofio, achos roedd y blwmin peth yn sugno'r dŵr i gyd 'doedd? Roedd y llanw'n mynd allan yng Nghaergybi pan o'n i'n mynd i'r dŵr. Ac ar ben hynny roedd Nain wedi pwytho rhyw damaid o blastig yn ei fforch o hefyd – pam, wn i ddim. Mi oedd hwnnw'n fy rhoi fi *off* braidd, felly doeddwn i ddim yn awyddus o gwbl i fynd i'r dŵr. Nac i ddod allan ohono fo chwaith, achos erbyn hynny mi fasa gafl y wisg nofio o gwmpas fy fferau!

Rwbath arall oedd yn destun embaras i mi braidd oedd bod bys bach un o fy nhraed yn gam ac yn tyfu dros y bys drws nesa iddo fo. Felly, ar lan y môr roeddwn i'n cuddio fy nhroed yn y tywod o hyd. Ydach chi'n cofio'r nyrsys oedd yn dod rownd ysgolion ers talwm, i jecio am chwain a llau a ballu, ac i bwnio'ch tacla chi efo pric lolipop (os oeddech chi'n hogyn)? Ia, peidiwch â chwerthin, mae petha fel'na'n effeithio ar hogia bach, siŵr iawn! Dynas ddiarth yn chwarae efo'ch pethma chi efo pric lolipop? Ylwch, dwi'n 55 rŵan a dwi'n dal i gofio'r profiad fel ddoe, felly mae'n rhaid ei fod wedi cael effaith seicolegol arna i! Wel, mi oedd 'na nyrs yn dod i'r ysgol i drio sythu fy mys bach i, ac roedd ganddi strap arbennig i'w roi'n sownd arno fo a'r bys drws nesa. Wnaeth o ddim gweithio, ac mi fu sôn am lawdriniaeth i'w dorri fo i ffwrdd a phob dim, ond roedd Mam yn erbyn hynny, a hi oedd yn iawn. Duwcs, mae'r bys bach yn dal fel'na o hyd, a dydi o'n effeithio dim arna i.

Doeddwn i ddim yn hogyn da drwy'r adeg, fel yr ydach chi eisoes wedi casglu mae'n siŵr. Mi gafodd Mam ei galw i'r ysgol un tro am fy mod i wedi tynnu cadair o dan yr athrawes (nid Miss Roberts oedd hon), a hithau'n deud bod 'yr hogyn 'ma am fod allan o drefn pan mae o'n hŷn!' Dwi'n meddwl yn siŵr mai mam Endaf Emlyn oedd hi. Ond mi oedd 'na un bennod waeth na'r lleill – mi ddaeth â'r pentref cyfan i stop a deud y gwir.

Fy ffrind gorau ar y pryd oedd Glyn Frondeg – Glyn Jones, brawd Bethan, gwraig Dafydd Iwan i chi gael ei bedigri llawn. Roeddan ni wedi'n geni o fewn deg diwrnod i'n gilydd, ond mi fu farw Glyn druan yn ifanc, yn ei bedwar degau.

Adeg y Pasg oedd hi, ac ar ôl cael stori Iesu Grist y diwrnod hwnnw, mi wnaethon ni benderfynu peidio â chwarae cowbois ac indians ar yr iard, am fod Glyn isio chwarae Iesu Grist. Un fel'na oedd 'rhen Glyn – wastad isio bod yn brif gymeriad, ac os oeddan ni'n chwarae cowbois, roedd yn rhaid iddo fo gael bod yn John Wayne bob tro.

'Iawn ta,' medda fi, 'os mai Iesu Grist wyt ti isio bod, mi fydd yn rhaid i ni dy groeshoelio di!' Un o'r Rhufeiniaid oeddwn i (wedi gorfod bod), ac mi glymais Glyn i rêlings yr ysgol efo dwy raff sgipio. Ond nid ar y tu mewn fel ei fod yn wynebu'r iard, ond ar y tu allan fel ei fod o'n wynebu'r lôn, ar ryw silff fach tua phedair neu bum troedfedd oddi wrth y llawr. Roedd pawb oedd yn pasio yn ei weld o yn fan'no, er nad oedd 'na lawer o draffig wrth gwrs. Ychydig ar ôl ei glymu fo mi ganodd y gloch, ac i mewn â ni i gyd. Pawb ond Glyn, achos wnes i ddim datod ei glymau, ac mi gafodd y creadur ei adael yn sownd. Wn i ddim faint o amser aeth heibio tan iddyn nhw sylweddoli nad oedd o yn y dosbarth, ond chymerodd hi ddim llawer iddyn nhw ei ffeindio fo wedyn, achos roedd o'n beichio crio dros y lle. Mi oedd 'na ufflon o le, wrth gwrs, a dyna'r gansan gyntaf i mi gofio'i chael – ar gefn fy llaw ac yn nhoiledau'r merched am ryw reswm. Pam oedd isio mynd â fi i fan'no, dwi ddim yn gwybod. Ond doedd hynny'n ddim byd o'i gymharu â'r ffrae ges i gan fam Glyn ar y trip ysgol wedyn. Arna i oedd y bai fod Glyn wedi gorfod cael sbectol, medda hi, ar ôl i mi roi bys yn ei lygad o wrth ei groeshoelio fo. Mi oedd hynny'n fy mhoeni i am flynyddoedd, ei fod o'n gorfod gwisgo sbectol o'm hachos i. Ond os rois i fys yn ei lygad o, wnes i ddim gwneud hynny'n fwriadol. Yr unig beth fedra i 'i ddeud ydi ei fod o'n lwcus ar y diawl nad oedd gen i goron ddrain!

Roedd Mam yn poeni amdana i bryd hynny, achos yn ystod yr un cyfnod mi laddais yr ieir acw i gyd. Y ci gafodd y bai am hynny, achos be oeddwn i'n wneud oedd eu laswîo nhw 'fath â chowboi. Wedyn roedd y ci'n dod draw a rhoi brathiad sydyn yn eu pennau nhw nes roeddan nhw'n gelain, a dyna hi. Tîm da 'te! Does dim rhyfadd fod Mam druan yn poeni amdana i. nag oes? Roedd hi'n meddwl ei bod hi wedi magu ryw Fred West o beth mae'n siŵr doedd? Mi oedd yn rhaid i'r ci fynd – hyd heddiw mae Mam yn deud mai cael ei symud i ffarm arall wnaeth o, ond dwi'n amau fod y creadur wedi cael ei roi i lawr. Nid Petra oedd hon, gyda llaw, ond rhyw gi defaid oedd ganddon ni.

Mi oeddwn i'n darllen llwyth o lyfrau pan oeddwn i'n fach – doedd 'na ddim digon o lyfrau Enid Blyton i'w cael. Roeddwn i wrth fy modd efo straeon y Famous Five a'r Castle of Adventure a'r llyfrau eraill yn y gyfres honno. Dwi'n dal yn ddarllenwr brwd hyd heddiw, ond nid gymaint ar ei llyfrau hi erbyn hyn chwaith.

Roedd Mam yn mynd â Gwawr a finna i'r Ffôr bob nos Fercher am wersi piano efo Brenda Roberts, oedd yn arbenigwraig ar roi pensal ar gefn fy llaw am nad oeddwn i'n ymarfer. A dwi'n meddwl mai hi oedd y ddynes gyntaf i wneud i mi grio am fy mod i wedi chwarae rhyw sgêl yn anghywir neu rwbath! Ond dwi'n falch iawn erbyn heddiw 'mod i wedi dal ati efo'r gwersi, ac mewn eithriad i'r arfer ella, does gen i ddim cof o neb yn tynnu fy nghoes am y peth chwaith.

Doedd 'na fawr ddim i'w wneud fin nos ffor'cw. Giang o hogia oeddan ni – Henry Llechwadd, Twmbo, David Wi, Glyn Frondeg a finna. Ni oedd yr hardcôr fydda'n mynd i bob man ac yn gwneud pob dim efo'i gilydd.

Chwarae oedd y prif ddiddordeb wrth gwrs, pan oeddan ni rhwng tua 10 a 13 oed, a chwarae pêl-droed a phethau bachgennaidd felly yn arbennig. Does gen i ddim cof o neb ohonan ni'n cael cariad achos roedd y giang yn bwysicach na hynny, ac roeddan ni'n llawer rhy ddiniwed i bethau felly ar y pryd! Dydi plant ddim cymaint felly y dyddiau yma, nac'dyn?

Mi oedd ganddon ni ryw fath o gae pêl-droed, ond tasach chi'n sbio arno fo heddiw, dydi o'n ddim byd ond cors. Doedd 'na ddim postia, dim ond cotiau ar lawr, ond mi oeddan ni'n chwarae bob nos fwy neu lai, neu felly dwi'n ei chofio hi. Y gôl oedd fy lle i gan amlaf am fy mod i chydig bach yn heglog a thrwsgwl.

Pêl ledr frown efo'r cria'n sticio allan oedd ganddon ni, ond roeddan ni wedi gweld yn rhywle fod posib cael peli du a gwyn. Bosib fod hyn adeg rhyw Gwpan y Byd neu rwbath, dwi'm yn cofio, ond roedd yn rhaid cael un o'r rhai newydd 'ma. Doedd ganddon ni ddim pres, felly roeddan ni angen syniad da. Roedd 'na ddwy siop yn Garn yr adeg honno – Siop Penbodlas a Siop Tangrisia. Anti Myra ac Anti Laura oedd yn cadw honno. Bryd hynny roeddech chi'n cael pres yn ôl wrth ddychwelyd poteli pop. Corona oedd y ffefryn, ac roedd o'n dod mewn sawl gwahanol flas – *Orangade, Cherryade, Lemonade, Limeade, Dandelion & Burdock* ac yn y blaen. Roeddan ni wedi sylwi eu bod nhw'n cadw'r hen boteli mewn cratiau mewn cwt wrth ochr y siop, yn barod i'r lori ddod rownd i'w nôl nhw. Dwi'm yn cofio pwy yn union oedd y *mastermind* tu ôl i'r peth, ond mi sylweddolon ni nad oedd y cwt wedi'i gloi, ac y gallen ni nôl poteli ohono fo a mynd â nhw'n ôl i'r siop a chael pres amdanyn nhw eto, a fyddai neb ddim mymryn callach! Ia, *The Great Corona Swindle* myn uffarn i. Dychwelyd poteli oedd eisoes wedi cael eu dychwelyd a chael pres amdanyn nhw eto. Roeddan ni i gyd yn ei wneud o yn ein tro, a phawb yn rhan o'r cynllwyn. Diawlad bach 'te! Ni'n hunain roddodd stop arni oherwydd euogrwydd. Roeddan nhw mor ffeind efo ni, a ninnau'n gwneud hyn. Arwydd cynnar o dyfu i fyny oedd o hwyrach, ond mi fentron ni chydig bach pellach wedyn.

Roedd Eddie Tai Cownsuls, Llaniestyn yn hanu o deulu sipsiwn, ac roedd ei dad o'n prynu metal sgrap. Un penwythnos mi aethon ni i lawr i Ysgol Laniestyn efo *hacksaw* roedd Dewi Dwynant wedi'i ddwyn o focs twls ei dad, a lle roedd y peipiau *overflow* plwm yn sticio allan o waliau'r toiledau, roeddan ni'n eu llifio nhw i ffwrdd a'u gwerthu nhw i dad Eddie. Ar ôl i ni hel digon o goin, i ffwrdd â ni ar fws Caelloi un o'r gloch bnawn Sadwrn i siop Martin, Pwllheli a phrynu pêl newydd ddu a gwyn. Ew, roeddan ni'n meddwl ein hunain!

Roedd mynd i Bwllheli yn goblyn o antur i ni, hogia'r wlad, bryd hynny. Dim ond bob dydd Mercher a dydd Sadwrn y byddai bỳs yn pasio ceg ein lôn ni, ac roedd pobol yn trefnu eu bywydau rownd amserlen y bysus yr adeg honno. Mi aeth y tîm i gyd i brynu'r bêl, hynny ohonan ni oedd yn aelodau. Ond mi wnaethon ni un camgymeriad mawr – doeddan ni ddim wedi neilltuo pres ar gyfer y tocyn bỳs adra, felly bu'n rhaid i ni gerdded. Ond doedd dim ots am hynny, ac mi oedd yr hen bêl honno ganddon ni am flynyddoedd. Mi godon ni dîm go iawn un tymor drwy ymuno efo criw Llaniestyn, a chwarae yn erbyn timau Rhydyclafdy, Trefor a llefydd felly. Wnaeth hynny ddim para'n hir chwaith am fod trafnidiaeth yn ormod o broblem. Doedd gan bawb ddim car bryd hynny, ac yn aml iawn doedd rhai o'r ceir ddim yn ffit i fod ar lôn.

Roedd gan Yncl Wil ac Anti Leus, Llechwadd, saith o blant – Henry, Brenda, Linda, Heulwen, Glenys, Rhian ac Arwel, i gyd yn byw mewn tŷ oedd ag un stafell fyw, siambar a llofft, cyn iddyn nhw gael estyniad a bathrwm newydd. Roedd Yncl Wil yn gweithio yn y fforestri efo Dad, a Mini oedd ganddo fo'n gar, felly doedd 'na ddim posib iddyn nhw i gyd ffitio iddo fo. Dwi'n cofio'r car hwnnw'n iawn achos mai hen racsyn o beth oedd o! Ond roedd Yncl Wil yn giamstar ar ei drwsio fo. Roedd o'n defnyddio hen duniau ac yn eu pop-rifetio nhw'n sownd i'r wings neu'r paneli os oedd 'na dyllau rhwd yn ymddangos. Rwbath i sicrhau y byddai'r car yn pasio'r prawf MOT. Roeddan ni'n cael lifft ynddo fo weithiau, ac yn meddwl dim o'r peth.

Ar wahân i bêl-droed, roedd ganddon ni gêm arall yn Garn yr adeg honno – un oedd yn para drwy'r dydd – Mohicans oedd ei henw hi. Rhyw fath o chwarae cuddiad oedd hi, ond ar raddfa fawr. Mi fyddan ni'n rhannu'n ddau griw, ond cyn hynny, yn y bore, roeddan ni'n gosod y ffiniau – wal y Garn, Madryn, Llaniestyn er enghraifft – ardal anferth. Wedyn roedd un criw'n cael panad a chacen gan Anti Leus yn Llechwadd, a'r lleill yn mynd i guddio. Doedd gan y criw oedd yn chwilio ddim syniad i ba gyfeiriad roeddan nhw wedi mynd, a chan ei bod hi'n ardal mor eang, roedd 'na adegau pan nad oeddan ni'n gweld y criw arall tan y diwrnod wedyn. Roeddan nhw wedi mynd adra ella, wedi colli diddordeb mae'n siŵr. Y drwg efo cacennau Anti Leus oedd mai cacan ffenast oeddan ni'n gael fel arfer, sef Battenburg, ac roeddwn i'n casáu marsipán! Ych a fi, am beth drwg. Ond roedd Henry wrth ei fodd efo fo. Roedd o hyd yn oed yn gwneud sandwij cacan ffenast. Ia, brechdan efo cacan Battenburg yn y canol. Sei no môr.

Wrth sôn am fwyd, y drefn arferol yn ein tŷ ni, a phob tŷ arall synnwn i ddim, oedd bod y fwydlen fwy neu lai 'run fath o wythnos i wythnos, efo ambell i amrywiad tymhorol. Roeddan ni'n cael lobsgows yn rheolaidd yn y gaeaf, a dwi'n ei gasáu o hyd heddiw am fod Mam yn arfer ei wneud o efo cig sâl – efo lot o gig gwyn i roi mwy o flas. Ych a fi! Mi oedd Gwawr wrth ei bodd efo ffa pob ar dost, ac roedd hi'n eu cael nhw bob nos fwy neu lai ar ôl dod adra o'r ysgol. Ond jest bwydydd syml, plaen oeddan ni'n gael ran amlaf, llysiau roedd Dad yn eu tyfu yn yr ardd yn eu tymor – ffa, pys, tatws ac yn y blaen. Tatws a moron, pys a swêj wedi'u ffrio fyddai ar nos Sul efo cig oer. Doeddwn i ddim yn hoff iawn o hwnnw chwaith, a dwi'n casáu cig oen oer hyd heddiw. Dwi'n cofio mwy am y fferins roeddan ni'n eu cael na'r bwyd – Bazooka Joe, Sherbert Dip, Highland Toffee a Penny Arrows.

Rhyw gemau fel'na oeddan ni'n eu chwarae, yn ogystal â gwneud pethau tymhorol fel hel cnau a choncars, chwilio am nythod adar, y math yna o beth. Chwarae diniwed. Wrth i ni fynd yn hŷn, ac wedi i ni fynd i'r ysgol uwchradd, mi oeddan ni'n lecio ffidlan efo ryw hen geir hefyd. Roedd 'na lot o'r rheini o gwmpas y lle ers talwm, yn enwedig yn Llechwadd. Hen geir Yncl Wil oeddan nhw, ond roedd pobol yn cadw hen geir o gwmpas y lle i'w defnyddio fel cytiau ieir, neu er mwyn cael partia sbâr. Patsio a thynnu darnau o un i drwsio'r llall. Trio'u cael nhw i danio oeddan ni, wedyn mynd rownd y caeau ynddyn nhw, fel rasio bangars – roeddan ni hyd yn oed yn mentro ar y ffordd fawr weithia hefyd. Diawl o hwyl. Doeddan ni'm yn meddwl am ddiogelwch wrth gwrs, dim ond mynd, a gweld pwy oedd yn gallu mynd gyflymaf i'r clawdd! Byddai llond y car ohonan ni, a phawb yn rhydd ynddo fo – dim gwregysau diogelwch siŵr iawn – pawb yn bowndian a bangio yn erbyn ein gilydd, a breichiau'n mynd i bob man. Ufflon o hwyl.

Gêm arall un tro oedd pwy allai aros hiraf ar y to heb ddisgyn, ac roedd hynny'n cynnwys mynd rownd a rownd y cae ar sbîd, neu fynd ar ein pennau i'r clawdd. Twmbo enillodd. Rhyw hen fan A35 oedd honno, a Henry'n dreifio, a ninnau methu dallt sut oedd Twmbo'n dal i fedru aros ar ei tho hi. Dyma ni'n hitio'r clawdd, gan ddisgwyl ei weld o'n fflio, ond wnaeth o ddim achos roedd ei fysedd o wedi eu cau yn y drws! Roeddan ni wedi'i glywed o'n sgrechian a gweiddi ers meitin, ond roeddan ni'n meddwl mai enjoio'i hun oedd o. Ond gweiddi oherwydd bod ei fysedd o'n sownd oedd y creadur. Doedd fiw iddo fo fflio nag oedd? Neu beryg y basa fo wedi colli'i law. Twmbo druan! Erbyn meddwl, wnaeth o ddim ennill y gêm honno chwaith, achos roedd y diawl yn twyllo 'doedd?

Doeddan ni'm yn mynd i unlle, ar wahân i'r dre weithia,

neu drip ysgol neu ysgol Sul. Mi oedd Butlin's, Pwllheli yn drip da, ond mi oeddan ni'n mynd i Rhyl hefyd, er bod fan'no'n bell. Roedd 'na edrych ymlaen ofnadwy, a dillad newydd. Mi fuon ni yn Llangollen un waith, ar y gamlas, ac roedd fan'no'n bellach byth.

I Gapel y Garn fyddwn i'n mynd. Mae o wedi cau rŵan, a dim ond mynd am fy mod i'n gorfod oeddwn i, mae'n siŵr. Ond roedd o'n rhan o'r ffordd o fyw ar y pryd, ac roedd pawb arall o'r hogia'n mynd yno, wedyn roedd o'n rhywbeth cymdeithasol 'doedd? Fan'no oeddwn i'n gweld y criw ar ddydd Sul, ac roedd 'na fabolgampau a ballu, te partis, parti Nadolig a Siôn Corn a hyn a'r llall.

Roedd yno Gyfarfod Bach hefyd – rhyw fath o steddfod oedd hwnnw, ond roeddwn i'n canu fel brân, ac ofn drwy 'nhin ynglŷn â gwneud unrhyw beth o flaen pobol yn fan'no. Y capel oedd yr unig le lle roeddan ni'n gwneud petha'n gyhoeddus. Doedd 'na ddim cangen o'r Urdd, doedd 'na'm cyngerdd ysgol na steddfod – dim ond cymryd rhan yn y capel a'r Cyfarfod Bach. Doeddwn i ddim yn ei gasáu o, ond roedd o'n fy nychryn i'n ofnadwy. Roedd yn gas gen i feddwl am y peth. Roedd hyd yn oed darllen gweddi yn codi chwys oer arna i. Ella mai diffyg cyfle oedd o yn y bôn. 'Di o'n poeni dim arna i rŵan, wrth gwrs, sy'n rhyfedd am wn i. Dwi'm yn siŵr pa bryd y newidiodd hynny. Yng Nglan-llyn mae'n debyg, pan fues i'n gweithio yno, achos roeddwn i'n gorfod siarad o flaen plant, hyfforddi, gwneud cyhoeddiadau a ballu yn fan'no. Mae rhywun yn gorfod actio'r ffŵl yn aml iawn o flaen plant, a pheidio bod yn or-ymwybodol ohono fo'i hun. Ond doedd perfformio'n gyhoeddus ddim yn dod yn naturiol, ac mi oeddwn i'n gorfod paratoi. Hyd yn oed heddiw dwi'n paratoi lot. Mae pobol yn gofyn i mi wneud pum munud mewn rhyw noson yn rhywle, ond fedra i ddim

gweithio felly. Mae'n rhaid i mi baratoi rhyw gymaint. Dwi
wedi arwain yn yr Ŵyl Gerdd Dant ac ati, ac mewn llefydd
felly fedrwch chi ddim paratoi pob dim. Mae'n rhaid ymateb
i be sy'n digwydd o'ch cwmpas chi. A dwi'n rhyw amau fy
mod i'n ymateb yn wahanol i rai o'r arweinwyr eraill. Mi
ddeudis i wrth y trefnwyr o'r dechrau na fedrwn i'm bod yn
stiff ac yn ffurfiol. Dwi'n lecio tynnu'r gynulleidfa i mewn.
Dyna pam nad ydw i byth yn cael arwain yn yr Eisteddfod
Genedlaethol mae'n siŵr braidd – mi faswn i'n tynnu
gormod o bobol i 'mhen m'wn.

Ia, ni oedd y criw diwetha yn Ysgol Llaniestyn, ac i ysgol
Pont y Gof, Botwnnog fyddai plant Garn yn mynd wedyn, ac
i Ysgol Uwchradd Botwnnog yr es innau.

Ar y bỳs roeddan ni'n mynd i fan'no wrth reswm, ac mi
ges i fy hel oddi ar hwnnw un waith hefyd, yn Rhos
Botwnnog, sydd bron i dair milltir o'r ysgol! Dipyn pellach
na phan heliodd Bertie fi o'r tacsi.

Os ydach chi'n meddwl bod 'na batrwm yn amlygu ei
hun yn fa'ma, mi ydach chi'n hollol anghywir! Doeddwn i
ddim yn hogyn drwg ... drwy'r amser. Mae rhywun yn
tueddu i gofio'r drygau yn fwy na'r pethau da beth bynnag
tydi? Maen nhw'n gwneud gwell storis yn un peth.

Yn yr achos yma, *mistaken identity* oedd y cyfan. Dwi'n
meddwl. Roedd y dreifar yn deud 'mod i wedi bod yn creu
helynt ar y bỳs, ond does gen i ddim co' o'r peth. Dwi'n siŵr
mai rhywun arall oedd wrthi! Yr unig beth dwi'n gofio am yr
achlysur ydi gweld Gwawr yn crio, bechod, am fy mod i wedi
cael fy hel i ffwrdd.

Roedd pob dim yn newydd yn Ysgol Botwnnog i ni, ac yn
dipyn o newid byd o ysgol fach Llaniestyn – y gwersi, yr
athrawon, y pynciau, popeth. A'r peth oedd yn fy mhoeni fi
fwyaf oedd y bag ysgol a'r iwnifform newydd sbon. Dim isio

sefyll allan oedd rhywun am wn i, ond roedd pawb arall yn
fform wan yn yr un cwch yn union. Dwi'n cofio neidio ar y
bag ysgol lledr browngoch 'ma wrth ddisgwyl y bỳs er mwyn
trio gwneud iddo edrych yn hŷn.

Doedd rhai hŷn na fi, fel Henry fy nghefnder, er enghraifft,
ddim yn gwneud llawer efo fi yn yr ysgol uwchradd – dydi
hogia ddim isio cydnabod rhai iau na nhw yn yr ysgol o flaen
eu cyfoedion. Doedd hynny ddim yn gwneud y tro o gwbl,
ond mi fyddwn i'n ei weld o'r tu allan i'r ysgol, pan oeddan
ni'n gwneud lot efo'n gilydd. Ymysg fy ffrindiau newydd
roedd John Elff, sef John Elfyn Griffiths, William John
Evans, neu Wil Clust, a Robert Thomas Williams, sef Bwji –
nhw oedd y mêts mwyaf. Roedd 'na ffrindiau eraill mwy
byrhoedlog, oedd yn mynd ac yn dod os oeddan ni'n ffraeo
neu rwbath, ond rheini oedd y giang sefydlog.

Roeddan ni'n cael ein gorfodi i chwarae pêl-droed yn Ysgol
Botwnnog, achos doedd 'na ddim digon o hogia i wneud tîm
fel arall, ymhlith yr hogiau hŷn o leiaf. Roeddan ni'n
anobeithiol ac yn cael cweir gan bawb! Doedd Dic Un Glust,
neu Dic Gêms yr athro Addysg Gorfforol, ddim yn coelio
mewn hyfforddiant ffurfiol, dim ond rhoi pêl i ni a deud:
'Reit, allan â chi hogia, mi fydda i allan ar eich holau chi
toc.'

Mi oeddwn i'n mwynhau chwaraeon, er mai pêl-droed
oedd y brif gêm yn y blynyddoedd cynnar. Mi gawson ni
ychydig o rygbi o tua'r pedwerydd dosbarth ymlaen, ond
fawr o hyfforddiant ar sut i daclo ac ati. Dim ond rhoi pêl i ni
a dyna fo – disgwyl i ni chwarae'r gêm. Os oedd Hughie
John Felin yn eich tîm chi doedd gan y lleill ddim gobaith,
achos roedd o'n foi mawr ac unwaith roedd o'n cael y bêl mi
oedd hi'n amen, gêm drosodd. Roedd o jest yn cerdded
dow-dow i lawr y cae a hogia bach yn hongian rownd ei
wddw fo, yn trio'i stopio fo, ond roedd hi'n amhosib.

Un o'r pethau dwi'n gofio orau am Ysgol Botwnnog ydi cân yr ysgol, ac mi faswn i'n gallu canu honno i chi rŵan, ond wna i ddim achos tydw i ddim yn soniarus iawn. Ond mi oeddan ni'n ei chanu'n aml ar wahanol achlysuron ac mewn *mass rallies* a phethau pwysig felly. Mi oedd hynny'n fy atgoffa o'r Hitler Youth, neu un o'r cyfarfodydd comiwnyddol rheini, lle mae cannoedd o bobol yn cael eu brên washio efo'i gilydd. Valerie Ellis fyddai ar y piano, a ninnau'n canu:

O Sarn ac Aberdaron, Tudweiliog, Aber-soch
O Rhiw neu o Lanengan, o ba le bynnag b'och,
Yr ysgol orau welwyd, fe wyddom ni bob un
Yw'r ysgol ym Motwnnog, (a phawb yn gweiddi
    Botwnnog!)
Hen ysgol hogia Llŷn!

Mi wnes i fwynhau'r ysgol ar y cyfan. Os oedd rhywbeth yn newydd, mi oeddwn i'n ei fwynhau o, ac mi oeddwn i'n gwneud yn reit dda yn y blynyddoedd cyntaf – neu mi oeddwn i'n meddwl fy mod i.

Doeddwn i ddim yn dda iawn am bethau fel gwaith coed, ond roeddwn i'n o lew ym mhob dim arall, ac yn y ffrwd 'A'. Doedd gen i ddim hoff bwnc, ond mi fyddwn i'n mwynhau mathemateg efo Hughes Maths a Saesneg efo Gruffudd Parry. Dwi'n meddwl mai fo oedd ffefryn y rhan fwya o'r plant, achos mi oedd o'n ddyn annwyl iawn. Does 'na'm llawer o blant fedr ddeud eu bod nhw wedi astudio *Paradise Lost*, Milton, drwy gyfrwng y Gymraeg mewn gwersi Saesneg, ond felly roedd hi efo Gruffudd Parry.

Rhannwyd y disgyblion yn dri thŷ – Mellteyrn, Meillionydd a Madryn – er mwyn cystadlu mewn mabolgampau ac eisteddfod ysgol. Ond doeddwn i'n gwneud dim byd yn gyhoeddus fel y deudis i, dim canu nac adrodd na dim byd fel'na. Wnes i erioed ddim byd yn Eisteddfod yr Urdd chwaith.

Mi fydda i'n meddwl yn ôl yn aml ac yn sylweddoli pa mor anaeddfed oeddan ni, a pha mor anaeddfed oedd y berthynas rhyngddon ni a'r athrawon. Roedd 'na gymaint o hyd braich rhyngddon ni a nhw, a dydi hynny ddim yn wir y dyddia yma. Mi oeddan ni'n ofnadwy o bell oddi wrthyn nhw rhywsut.

Mi ges i saith Lefel O, oedd ddim yn wych ond roedd o'n ocê, ac mi es yn fy mlaen i'r Chweched Dosbarth. Y broblem roeddwn i'n ei chael yn fan'no – a wna i byth faddau i'r system addysg – oedd nad oeddwn i'n cael dewis be oeddwn i isio'i wneud. Doedd y system ddim yn ddigon hyblyg. Hynny ydi, os oeddwn i isio gwneud Daearyddiaeth, ddeudwn ni, doeddwn i ddim yn gallu gwneud Bywydeg efo fo, er enghraifft. Doedd o ddim yn bosib am ryw resymau gwirion. Mi oedd o'n hollol hurt, a neb yn helpu rhyw lawer. Dwi'n cofio'r ddadl yn mynd ymlaen am sbel, ac yn y diwedd dau bwnc yn unig wnes i, Cymraeg a Saesneg. Roedd gen i lawer o amser rhydd wedyn wrth gwrs, ac oherwydd hynny mi ddechreuais i golli amynedd, a cholli ffydd braidd yn y system addysg.

Pennod 4

Y Moto-beic

Pan oeddwn i'n blentyn, gwneud ein hwyl ein hunain oeddan ni, fel mae plant wastad wedi'i wneud, yn enwedig yn y wlad. Erbyn 1973, pan oeddwn i'n 16, roeddwn i'n mynd i dafarndai i chwarae dominos a darts a ballu, ond dyna oedd hynny hefyd mewn ffordd.

Fy llysenw ydi Porc, ond does a wnelo fo ddim â moch chwaith – wel oes, ond yn anuniongyrchol. I dafarn Pen-y-bont yn Sarn Mellteyrn oeddan ni'n mynd fel rheol, a dyna lle ges i'r llysenw, am fy mod i'n bwyta lot o borc peis yno. Doedd 'na'm byd arall i'w fwyta yno, ar wahân i greision ella, ac roeddwn i'n hogyn ar fy mhrifiant doeddwn, chwarae teg? Doeddan ni'n meddwl dim am y ffaith ein bod ni'n mynd i dafarn a ninnau dan oed. Roeddan ni'n cael peint yno, oeddan, ond cymdeithasu oedd y cymhelliad, nid y ddiod. Wir rŵan! Rhywbeth i'w wneud oedd o, achos doedd 'na'm llawer o ddim arall i'n difyrru ni mewn ardal mor wledig. Dwi'm yn cofio llawer am yr un o'r locals oedd yn mynd yno, ond roedd Sarn yn lle prysur yn ei ddydd.

Roedd 'na dair tafarn yno ar un adeg – Pen-y-bont, Tŷ Newydd a'r Penrhyn Arms. Mae'r ddwy gyntaf yn dal ar agor, sy'n dipyn o syndod y dyddiau yma. Ond roedd 'na ddwy neu dair o siopau a garej yn Sarn bryd hynny hefyd, a'r cyfan oherwydd bod marchnad anifeiliaid brysur iawn yno. Roedd 'na ddawnsfeydd bywiog iawn ar nos Sadwrn ers talwm – pobol yn dod yno o bob cyfeiriad – ac roedd 'na dipyn o golbio yn aml iawn, yn ôl pob sôn. Ond fues i erioed yn un o'r rheini. Roeddan nhw cyn fy amser i mae'n rhaid, ac mae'r mart, y siopau a'r garej wedi cau bellach, mwya'r piti.

Fel y soniais i, dim ond dau fŷs yr wythnos oedd yn pasio

acw, ac os oeddan ni isio mynd i'r dre (Pwllheli) ar nos Sadwrn, roeddan ni'n gorfod mynd i Nanhoron, a oedd rhyw dair milltir i ffwrdd, i ddal y bỳs. Roeddan ni'n dal bỳs ddeg yn ôl, ac yn cerdded yr un tair milltir yn ôl – a hynny oedd yr hwyl fwya yn aml iawn, achos roedd hyn cyn dyddiau mynd ar y cwrw. Roeddan ni'n mynd i'r dre i gerdded rownd a rownd am ddwy awr, bag o jips ella, ac roedd 'na griwiau o bobol ifanc yn gwneud yn union yr un fath – pobol ym mhob man a phob man yn brysur. Mi fydda bois y dre yn cwffio'n erbyn bois y wlad weithia, ond rhyw bethau digon diniwed oedd y gwrthdrawiadau hynny a deud y gwir.

Ar wahân i ryw bethau fel'na, doedd 'na ddim byd cyffrous iawn yn digwydd o un wythnos i'r llall. Roeddwn i'n treulio lot o amser efo Henry Llechwadd, ac mi fyddwn i wrth fy modd yn mynd i'w dŷ o. Un rheswm am hynny oedd bod Anti Leus yn gwneud brechdanau efo rhyw gaws neis nad oeddwn i wedi'i gael o'r blaen – caws crawen goch roedd hi'n ei alw fo. Edam oedd o wrth gwrs.

Pan oeddwn i tua 15 oed a Henry tua 16, mi brynon ni foto-beic rhyngddon ni – BSA Bantam melyn. Dim ond pum punt gostiodd o, ond mi gawson ni fwy na gwerth ein pres allan ohono fo! Mi oedd ganddo fo *windscreen* fach ond mi dynnon ni honno i ffwrdd yn reit handi am mai rwbath i *sissies* oedd peth felly. Ac mi benderfynwyd nad oedd y lliw melyn yn gweddu i ddelwedd yr hogia chwaith, felly mi gafodd o gôt o baent David Brown coch. Mi gafodd yr helmet – dim ond un oedd ganddon ni – gôt o'r un paent hefyd. Roeddan nhw'n edrych yn dda o bell, ddeudwn ni fel'na ia? Ond roeddan ni'n meddwl ein bod ni'n rêl bois wrth gwrs, er nad oedd ganddon ni drwydded nac insiwrans na dim byd!

Doedd y beic ddim yn mynd yn gyflym iawn, ond mi oeddan ni'n mynd i bob man arno fo. Mi oedd 'na dri ohonan ni – Henry Llechwadd a finna ar y moto-beic a Dewi Dwynant ar y moped bach oedd ganddo fo. Ni oedd Hell's Angels gwreiddiol Pen Llŷn. Un noson mi benderfynon ni fynd i'r Cyfarfod Bach yn festri Dinas, rhyw filltir go lew o'r Garn, achos roedd Henry'n hawlio y basa 'na ferched smart yno! Fi gafodd wisgo'r helmet, ac roedd gen i ryw hen gôt RAF ges i ei benthyg gan Henry. Roedd ganddo fo gôt ddu reit debyg, ond doedd ganddo *fo* ddim helmet nag oedd? Am ei fod o'n poeni y byddai'i wallt o'n cael ei chwalu gan y gwynt, mi roddodd bâr o deits ei chwaer, Linda, ar ei ben, i gadw'i wallt o'n dynn! Ffwrdd â ni o'r Garn, Henry'n dreifio'r moto-beic a finna ar y cefn.

Yn sydyn iawn o rywle, ymddangosodd plisman mewn fan mini tu ôl i ni. Gweld y golau glas yn fflachio ar ochrau'r cloddiau a'r caeau wnaethon ni i ddechrau, a meddwl 'Be ufflon 'di hwn? UFO?'

Duw a ŵyr be oedd yn mynd trwy'i feddwl yntau chwaith. Dychmygwch y darlun: roedd coesau'r teits ar ben Henry wedi llenwi efo gwynt erbyn hyn ac yn chwifio yn yr awyr – o'r cefn, mae'n siŵr fod y plisman yn meddwl mai Bugs Bunny oedd yn dreifio!

Dal i fynd a dal i fynd wnaethon ni, achos doedd 'na'm lle iddo fo basio, 'dach chi'n gweld. Debyg ei fod o'n chwerthin gormod i wneud dim beth bynnag! Ond ymhen hir a hwyr stopio fu raid, a rhoi'r beic ar ei stand. Dyma'r plismon yn dod draw i holi lle roeddan ni'n meddwl oeddan ni'n mynd a hyn a llall. A thrwy gydol y sgwrs – a hyn oedd yn ddoniol – wnaeth Henry ddim meddwl tynnu'r teits oddi ar ei ben! Dim ond sefyll yn fan'no, efo sbectol ar ei drwyn, a'r 'clustiau' yn hongian i lawr ar ei frest o, yn dal i siarad efo'r plisman fel tasa fo'r peth mwya naturiol dan haul a bod dim byd o'i le!

Dechreuodd y plisman egluro ei fod o wedi'n stopio ni am nad oedd ganddon ni olau coch ar y cefn.

'O,' medda Henry yn jarff i gyd (a dwi'n dal i'w glywed o'n deud hyn hyd heddiw), 'ma' raid ei fod o newydd ffiwsio.'

'O na, Henry,' meddyliais, 'mistêc!'

Cerddodd y plisman at gefn y beic i sbio ar y golau, ac ar ôl dipyn dyma fo'n deud: 'Sgynnoch chi'm bylb yn hwn!' A dyna pryd y dechreuodd o sôn am insiwrans, leisans a faint oedd ein hoed ni, a dyna pryd y dechreuodd y tri ohonan ni deimlo'n anghyfforddus iawn. Wedyn dyma fo'n deud y byddai'n rhaid iddo fo ddod i weld ein rhieni. Wrth gwrs, mi fasa'n well ganddon ni gael ein saethu, achos roeddan ni'n byw mewn oes lle roedd hogia ifanc yn dal â rhyw barchus ofn at blisman.

Llechwadd oedd y stop cyntaf. Roedd Henry ar y moto-beic, a'r teits yn dal ar ei ben o, a finna'n gorfod mynd i mewn i'r mini fan efo'r plisman. Stopiodd y plisman wrth dalcen Gorffwysfa, lle mae'r lôn yn troi am Lechwedd y Bryn, ac wedi'n gosod ni'n dau yn erbyn y wal dechreuodd ddeud y drefn, egluro sut oedd y sgwrs â'n rhieni am fynd a ballu, a finna bron â chrio yn fan'no, yn meddwl be oedd o 'mlaen. Ond mwya sydyn dyma fo'n deud: 'Mae'n rhaid i mi fynd rŵan, dwi wedi cael galwad i ddeud bod 'na rywun yn boddi ym Mhorth Neigwl.' Ac i ffwrdd â fo i'r fan, a'n gadael ni yno.

Flynyddoedd wedyn mi sylweddolais nad oedd ganddo fo ffôn, a dwi ddim yn cofio'i glywed o'n cael neges ar y radio chwaith. Ein dychryn ni oedd ei fwriad siŵr iawn, ac mi wnaeth o uffarn o job dda arni hefyd.

Mi fu'r hen foto-beic ganddon ni am tua blwyddyn wedyn, ond roeddan ni wedi cael insiwrans a ballu erbyn hynny.

Dwi'n cofio achlysur arall pan ddaeth yr heddlu ar ein holau ni ar hyd Rhos Botwnnog, a ninnau'n taflu'r moto-beic ar ei ochr yn y grug, a chuddio. Dechreuodd Henry weiddi rwbath, a finna'n deud 'Cau dy geg y diawl gwirion!' Ond mae ganddo fo graith ar ei goes o hyd – y rheswm roedd o'n gweiddi oedd bod egsôst y moto-beic ar ei goes o, a honno'n wynias o boeth! Dwn i'm be ddiwyddodd i'r hen BSA Bantam yn y diwedd, ond mi gawson ni lot fawr o hwyl arno fo.

Pennod 5

Sŵn Hwyliau'n Codi

Ia, 'rhen Harri Telifishiyn ddaru fy mherswadio fi i fynd ar y môr, ac mi awgrymodd o gwmni y dylwn i drio amdano fo – yr hen Blue Funnel Line, sef y Welsh Navy fel roeddan nhw'n ei alw oherwydd fod cymaint â 90% o'u criwiau nhw'n Gymry ar un adeg. Fel y soniais, roedd nifer o hen deulu Nain yn forwyr. O fan'na y daeth o i mi, os daeth o o rhywle, ac er na fedra i enwi neb chwaith, roeddwn i'n ymwybodol o bobol eraill ym Mhen Llŷn oedd ar y môr hefyd.

Roeddwn i wedi colli ffydd yn y system addysg, ac mi adewais i'r Chweched Dosbarth ar ôl blwyddyn. Mi oedd swyddog gyrfaoedd Ysgol Botwnnog yn gwybod fy mod i isio mynd, ac mi oedd o wedi cael cyfweliad i mi efo cwmni gwerthu tai Huw Tudor ym Mhwllheli o bob man, ac roedd hwnnw i fod ar ddydd Mawrth, os dwi'n cofio'n iawn. Ond pan es i i'r ysgol ar y dydd Llun mi ddeudodd ei fod o wedi canslo'r cyfweliad, ac nad oedd angen i mi fynd. O sbio'n ôl – dim byd yn erbyn Huw Tudor a'i gwmni, na'r sawl sy'n dewis gwneud hynny am eu bywoliaeth – dwi'n meddwl mai dyna'r peth gorau yn fy achos i. Mi fyswn i'n hen ddyn blin a diflas iawn taswn i wedi bod yn gwerthu tai ym Mhwllheli am ddeugain mlynedd! Dwi'm yn un sy'n aros yn ei unfan yn hir iawn.

Roedd y Blue Funnel Line wedi cael ei lyncu gan gwmni llawer mwy erbyn hynny, ond rywsut neu'i gilydd mi lwyddais i gael cyfweliad yn Lerpwl efo cwmni o'r enw Ocean Fleets, i fod yn *Deck Officer Cadet*. Dwi'n cofio mynd yno efo Mam fel tasa hi'n ddoe, fel y byddai rhywun yr adeg honno yn mynd efo'i fam i bobman, er fy mod i'n 16 erbyn

hynny. Ar y bỳs yr aethon ni, achos roedd gan Dad ryw
theori fod Lerpwl yn rhy bell i fynd efo car, neu nad oedd y
car yn ddigon da i fynd mor bell. Os oedd byddai o'n mynd
yn bellach na Phwllheli, roedd Dad yn gorfod gwneud mwy
o *checks* nag oedd NASA'n eu gwneud i fynd i'r lleuad.
Roedd isio checio oel, checio oel y gerbocs, roedd isio
checio'r olwyn sbâr; ac roedd isio grîsio nipls a phethau
rhyfedd felly'r adeg honno. Mi oedd o'n ofnadwy o barticlar
felly. Ond wrth ei fodd yn cael potsian oedd o mewn
gwirionedd.

Ar ôl cyrraedd Lerpwl roedd Mam a finna'n gwahanu –
roedd hi'n gorfod aros mewn rhyw B&B a finna'n aros
mewn rhyw goleg oedd yn gysylltiedig â'r cwmni.

Roedd Lerpwl yn hollol ddiarth i mi, ond mae'n rhaid
bod ganddon ni ryw drefniant i gyfarfod yn rhywle, achos
roedd hyn cyn dyddiau ffonau symudol. Do'n i'n nabod neb
na dim yn y lle wrth gwrs, ac mae manylion y cyfweliad ei
hun yn niwlog ar y naw – mae'n rhaid nad oeddwn i'n deall
be oedd yn mynd ymlaen. Yr unig beth dwi'n gofio ydi 'mod
i wedi deffro yn y bore a darganfod 'mod i'n hwyr i'r
cyfweliad achos doedd 'na neb wedi gweiddi arna i. Ond ella
bod hynny'n rhan o'r prawf erbyn meddwl. Dwi'n cofio
iddyn nhw'n hel ni i rywle i gael prawf llygaid hefyd. *Lantern
Test* oeddan nhw'n ei alw fo, achos ar y môr mae'n bwysig
eich bod chi'n medru deud y gwahaniaeth rhwng coch,
gwyrdd a gwyn, sef lliwiau'r gwahanol oleuadau ar longau.
'Golau coch ar waliau wrth fynd heibio ...' chwedl J. Glyn
Davies. Ond diwedd y stori oedd na chefais fy nerbyn gan y
cwmni.

Mi ges i gyfweliad arall yn fuan iawn wedyn, efo cwmni
P&O yn Llundain. Doedd Llundain ddim mor ddiarth â
Lerpwl i mi achos roeddwn i wedi arfer mynd yno ers pan
oeddwn i'n ddim o beth i aros efo Anti Marian. Roedd hi'n

deud mai mêtron mewn ysgol fonedd oedd hi, ond yn ddiweddar mae hi wedi bod yn deud wrtha i ei bod wedi byw ym Malta am sbel, ac yn y Swistir am blwc hefyd, ac mae hi wedi bod yn sôn am bobol fel yr Arglwydd Newborough a byddigions eraill. Felly dwi wedi dechrau dod i amau mai sbei oedd hi go iawn! Ydw wir.

Beth bynnag, mewn lle o'r enw Beaufort House y cynhaliwyd y cyfweliad P&O, ac mae gen i fwy o gof o hwnnw am ei fod o wedi para drwy'r dydd, ac yn cynnwys pethau fel datrys problemau ymarferol: adeiladu rhyw bethau efo blocs a gweithio fel tîm i groesi 'afonydd' efo rhyw blanciau pren a rhaffau. Roedd 'na griw mawr ohonan ni a fi oedd yr unig Gymro hyd y gwn i, ac yn teimlo'n bell iawn o adra. Saesneg ofnadwy o *posh* oedd gan nifer ohonyn nhw, a finna ddim yn siŵr iawn be oeddan nhw'n ddeud hanner yr amser. Pan ddaeth hi'n amser cinio fe aethon nhw â ni i ryw westy crand, a dyna'r tro cyntaf erioed i mi ddod ar draws mwy nag un gyllell a fforc wrth fy mhlât! Rhesiad ohonyn nhw, a rhyw lwyau gwahanol. Ond o sbio'n ôl, roeddan nhw'n ein gwylio ni'r adeg honno hefyd. Roeddwn i'n ofnadwy o swil o 'nghymharu â'r lleill, neu felly roeddwn i'n teimlo. Dwi'n cofio teimlo – nid yn israddol – ond roeddwn i'n gweld y lleill yn lot mwy siaradus. Ella mai llai hyderus oeddwn i, neu jest tawedog, fel rydan ni'r Cymry'n gallu bod weithiau. Ia, yn cynnwys fi, coeliwch neu beidio. Mae gen i ddigon i'w ddeud *rŵan*.

Adra wedyn, ac ymhen rhyw wythnos mi ges lythyr i ddweud fy mod wedi cael fy nerbyn fel *Deck Officer Cadet* ac mi oedd hynny'n reit gyffrous. Ond nid mor gyffrous â derbyn telegram yn deud wrtha i am fynd i ymuno â fy llong gyntaf. Roedd honno'n foment fawr yn fy mywyd.

Mrs Morris y Post, Llaniestyn ddaeth â'r telegram acw ar ei beic. A be dwi'n gofio ydi ei bod hi isio gweld be oedd y telegram yn ei ddeud gymaint â phawb arall, ond doedd hynny ddim yn gwneud synnwyr, achos hi oedd wedi'i sgwennu fo, pan ddaeth o drwodd yn y lle cynta! Be *oedd* o'n ddeud oedd: '*Report Beaufort House for immediate depart Bombay.*' Mae'n anodd credu i neges mor fyr nodi newid mor fawr yn fy mywyd. Roedd pennod newydd ar fin agor o 'mlaen.

Pennod 6

Teithio'r Byd / Yr Antur Fawr

Cyn i mi hel fy mhac am Lundain a Bombay, roeddwn i wedi cael rhestr gan P&O o bethau angenrheidiol roedd yn rhaid i mi eu cael – yn cynnwys un iwnifform las tywyll o ddefnydd trwm ar gyfer gaeafau yn y wlad yma ac un arall o ddefnydd ysgafn gwyn, efo trowsus bach, sanau pen-glin a sgidiau gwyn a phopeth, ar gyfer y trofannau. Bu'n rhaid i Mam a finna fynd i Lerpwl – ar y bỳs eto – i'w prynu nhw mewn siop o'r enw Miller & Rayner. Roeddwn i'n cael cap pig gloyw ('machgen bach) efo bathodyn y cwmni arno fo hefyd, a chês anferthol i gario popeth. Doedd 'na ddim olwynion ar hwnnw, fel sydd ar y rhan fwyaf o gesys heddiw, felly mi fyddwn i'n damio'r bali peth yn ddiweddarach pan fyddwn i'n gorfod ei lusgo fo ar blatfforms a threnau. Roeddan nhw wedi medru cael dyn ar y lleuad, pam ddiawl na fasa rhywun wedi meddwl rhoi olwynion ar gesys yn gynt d'wch?

Pan gyrhaeddodd y diwrnod mawr, danfonodd Mam a Dad fi i Fangor i ddal y trên. Os ydach chi'n gyfarwydd â stesion Bangor, mi fyddwch yn gwybod bod y trên yn mynd trwy dwnnel reit hir ar y ffordd allan, ac mi fydda i wastad yn lecio meddwl amdanaf fy hun yn mynd i mewn i hwnnw'n fachgen ac yn dod allan yn ddyn. Ia, lecio meddwl ... ond hogyn 16 oed oeddwn i o hyd mewn gwirionedd. Roedd gadael cartref yn brofiad reit emosiynol, achos doeddwn i ddim yn gwybod pryd y gwelwn fy rhieni eto, ond cyffro oeddwn i'n deimlo fwyaf. Roeddwn i wedi bod yn sbio ar fapiau ac atlasau bob dydd ers wythnosau, a fedrwn i ddim aros i gael mynd. Roedd fy ffrindiau'n reit genfigennus dwi'n meddwl, ac yn ddistaw bach, synnwn i ddim bod Mam a

Dad yn falch o gael gwared arna i hefyd ar ôl yr holl drafferthion roeddwn i wedi eu hachosi iddyn nhw. Dwi ddim yn cofio neb yn sôn am eu teimladau ar y pryd – bosib eu bod nhw'n trio peidio. Does gen i ddim cof chwaith o neb yn rhoi rhyw gyngor doeth na dim byd felly i mi, a wnaeth Dad yn sicr ddim sôn am y *birds and the bees* efo fi. Dwi'n cofio ambell un yn deud y basa gen i ferch ym mhob porthladd a rhyw lol felly, ond fel arall, dim byd. Dim ond mynd ar y trên, a 'ta-ta' fel taswn i'n mynd i Gaer am y diwrnod.

Roeddwn i'n canlyn hogan o Forfa Nefyn ar y pryd. Georgina Moore oedd ei henw, ac roedd hi flwyddyn neu ddwy yn hŷn na fi ac yn nyrsio ym Mangor. Roeddan ni wedi bod yn mynd allan efo'n gilydd ers 'chydig o fisoedd, ond doedd 'na ddim ffarwél fawr ddagreuol efo hithau chwaith. Dim ond 'hwyl, wela' i di eto,' math o beth. Mi fuon ni'n sgwennu at ein gilydd am sbel, a gweld ein gilydd ar ôl i mi ddod adra'r tro cynta, ond yn raddol mi ddaeth y berthynas i ben yn naturiol. Plant oeddan ni o hyd wedi'r cwbl. Wn i ddim be ydi'i hanes hi erbyn hyn.

Erbyn i mi gyrraedd Llundain roedd 'na ryw broblem efo'r llong, a bu'n rhaid i mi aros mewn gwesty o'r enw Henry the Eighth Hotel (sy'n dal ar agor heddiw gyda llaw) – fi a'r saith cadét arall oedd yn mynd efo fi i Bombay: Phillip Naylor, Nigel Dabin, David Izzard, Mark Taylor, Mark Benke Smith, William Frederick Dawson a Justin Adams. Dwi mewn cysylltiad efo nhw o hyd ar Facebook, ac rydan ni'n trio cyfarfod bob rhyw dair blynedd er mwyn gweld ein gilydd yn heneiddio.

Well i mi egluro dipyn am waith *Deck Officer* yn fa'ma mae'n siŵr, tydi. Ar long mae *Deck Officers* a pheirianwyr, a does 'na'm llawer o Gymraeg rhyngddyn nhw. Wel, oes, ond mae 'na dipyn o dynnu coes rhwng y ddwy garfan, ddeudwn ni fel'na. Roeddan ni'n deud am hwyl nad oeddach chi isio llawer yn eich pen i fynd yn beiriannydd! Ond roeddan nhw'n swyddogion – *officers* – fel ninnau. Y *Deck Officers* sy'n gyfrifol am y *navigation* a'r llwytho i gyd, a'r peirianwyr sy'n gyfrifol am wneud yn siŵr fod y llong yn dal i symud.

Ar y daith gynta honno dwi'n cofio hedfan o Heathrow yn gwisgo'r lifrai llawn – yr un las drom yn cynnwys y cap pig gloyw. Roedd hi'n ganol gaeaf ac yn bwrw eira yn Llundain, a dwi'n cofio mynd yn y tacsi am y maes awyr yn poeni am hedfan, achos doeddwn i erioed wedi bod mewn awyren o'r blaen.

Ond roeddwn i'n teimlo'n rêl jarff yn y maes awyr, ac yn synhwyro fod pobol – y merched yn enwedig – yn sbio arna i o 'nghorun i'm sawdl, ac yn meddwl 'pwy 'di hwnna tybad?' Tasan nhw ond yn gwybod 'mod i'n dal i gachu'n felyn 'te?

Roeddwn i'n damio'r iwnifform ar ôl cyrraedd Bombay, achos roedd glanio yno fel glanio yn uffern ei hun. Argian, mi oedd hi'n boeth yno. Llethol. Roedd o'n mynd ag anadl rhywun, ac roeddwn i'n ysu i gael newid i fy iwnifform wen, a oedd fymryn yn fwy ymarferol mewn lle mor danbaid. Yn anffodus, bu'n rhaid i ni aros mewn gwesty ym Mombay am wythnos, achos bod y llong yn dal yn hwyr. Roedd hwnnw'n brofiad uffernol hefyd, gan fy mod i'n sâl y rhan fwyaf o'r amser – yr hen *Delhi Belly* wedi 'nghael i.

Mi welais i dipyn ar y ddinas dros y blynyddoedd, ond ar y pryd roedd 'na un o'r uwch-swyddogion yn dod efo ni i bob man, i'n gwarchod ni am ein bod ni mor ifanc am wn i, a doeddan ni ddim yn cael mynd i bob man. Ond roedd o'n goblyn o agoriad llygad 'run fath. Mumbai ydi enw'r lle rŵan, ac mae 'na dlodi yno heddiw, oes, ond bryd hynny roedd o'n waeth byth. Roedd gweld pobol yn begera ar y stryd yn dipyn o beth i mi. Roeddwn i wedi gweld rhai yn

Llundain, ond roedd rhai o drueiniaid Bombay mewn sefyllfa lawer gwaeth. Roedd mynd o le fel Garn, a'r ddau fŷs wythnosol, i le mor anferth ac mor brysur â Bombay yn sioc, oherwydd roedd y strydoedd yn berwi efo miloedd ar filoedd o bobol, ceir, bysys, sŵn, cŵn, gwres a drewdod. Roedd 'na fudreddi diawledig yno, baw dynol ar y stryd a phobol heb goesau neu freichiau yn begera yn y gwter yn ei ganol o. Doedd Pwllheli ddim ynddi!

Wedyn ar y llaw arall roedd yno lefydd crand ofnadwy, yn enwedig rhai o'r gwestai – fel y Taj Mahal Palace, lle bu ymosodiad terfysgol yn 2008.

O'r diwedd cyrhaeddodd ein llong. Y *Strathmay* oedd ei henw hi – llong gargo yn cario pob math o bethau o bianos i fwydydd – unrhyw beth fedrwch chi feddwl amdano. Mi garion ni geffyl neu ddau un tro hyd yn oed.

Dwi'n cofio'r capten yn ein croesawu ni ar ei bwrdd, a'i union eiriau o: '*Welcome to the* Strathmay. *As far as I'm concerned you are now the lowest form of marine life.*' Hynny ydi, roeddan ni'n is na'r criw ar y cychwyn, ac roedd o wedi'n rhoi ni yn ein lle yn syth.

Llwybr arferol y *Strathmay* oedd cylchdaith reolaidd rhwng India, Sri Lanka, Awstralia, Singapore a Chulfor Persia. Dyna oedd dechrau'r daith i mi ar y môr.

Ymysg y swyddogion a'r criw ar y *Strathmay* roedd 'na gapten, *first* mêt, *second* mêt a dau *third* mêt, tua 10 o beirianwyr ac ella tua 15 i 20 o griw cyffredinol a chogyddion a ballu – ac wyth ohonan ni'r cadéts, wrth gwrs, achos roedd hi hefyd yn llong hyfforddi. Roedd 'na ambell ddynes, fel gwraig y capten a gwraig y prif beiriannydd, yn ein plith hefyd.

Roeddan ni'n cael gwersi bob dydd gan gyn-gapten llong – Capten Robinson, neu Bod fel roeddan ni'n ei alw fo am mai *'you bods'* oedd o'n ei galw ni. Gwersi oeddan nhw mewn morwriaeth, *navigation*, llwytho cargo, radar – pob dim oedd yn ymwneud â'r gwaith o'n blaenau ni. Roeddan ni'n cael rhyw 'chydig o wersi iaith Hindwstani hefyd, rhai sylfaenol iawn, ac yn dysgu dipyn am brif grefyddau'r ardal – Islam a Hindŵaeth.

Wedyn, ar ôl y gwersi roeddan ni'n gorfod gwneud gwahanol dasgau, achos i fod yn swyddog mae'n rhaid i chi gael profiad o wneud bob dim ar long cyn y cewch chi ddeud wrth rywun arall am ei wneud o. Felly roeddan ni'n treulio oriau yn gwneud pethau fel tsipio (sef cnocio darnau wedi rhydu oddi ar yr hatchis efo morthwyl) a'u paentio nhw eto efo paent *red lead*. Mi fuon ni'n gwneud hynny am wythnosau dwi'n siŵr (roedd o'n teimlo felly), ond y pwrpas oedd i ni sylweddoli mor anodd oedd y gwaith. Archwilio'r badau achub oedd un o'r tasgau eraill. Roeddan ni'n gwneud yn siŵr eu bod nhw'n iawn, a bod neb wedi dwyn y stôrs ohonyn nhw – bwyd a fflêrs a rhyw geriach felly.

Mewn porthladdoedd, ni oedd yn dreifio'r craeniau ar y llong a delio efo'r bobol leol yn y dociau. Doeddan nhw ddim yn deall Saesneg a doeddan ninnau ddim yn eu deall nhw, a doedd 'na ddim cyfieithydd na dim byd felly. 'Dyma'r sefyllfa, deliwch efo hi ...' Dyna oedd agwedd P&O.

Roeddan ni'n ei chael hi'n anodd ar y dechrau. Doeddan ni ddim wedi cael llawer o hyfforddiant cyn gwneud y gwaith, wedyn mwya sydyn roeddan ni'n gorfod codi llwythi oedd yn pwyso tunelli, a'r rheini'n siglo o ochr i ochr! Dysgu ar y job oedd y ffordd orau o ddysgu am wn i, ond roedd o'n codi gwallt ein pennau ni braidd. Ches i erioed wers iechyd a diogelwch (na chlywed y geiriau hynny) tra bûm i ar y môr.

Roeddan ni'n gyrru'r *fork lifts* hefyd, wrth lwytho. Mi es i dros droed un o'r bobol leol un tro efo un o'r rheini – doedd

ganddo fo ddim bawd troed ar ôl bron iawn, y creadur, felly
dyma fi'n mynd â fo i'r lle cymorth cyntaf ar y llong. Mi ges i
uffarn o ffrae am hynny. Nid am fynd dros ei droed o, ond
am fynd a fo i'r *sick room* ar y llong! Doedd o ddim i fod i gael
mynd yno, am ei fod o'n ddu ac yn dlawd ac yn gweithio ar
y dociau am wn i. Duw a ŵyr lle roeddan nhw'n disgwyl i
rywun fynd a fo i gael triniaeth.

Roedd pob dim yn newydd i ni ar y llong – ei symudiad
hi yn y dŵr, stormydd, y gwres. Roeddwn i'n teimlo'n bell
iawn o adra, ond doedd gen i ddim hiraeth ar y pryd. Mi
ddaeth hynny yn nes ymlaen yn fy ngyrfa, fel y cewch chi
glywed, ond ar y cychwyn fel hyn roedd pob diwrnod yn
newydd, a phob dim roeddan ni'n wneud yn antur. Doedd
gen i ddim amser i hiraethu.

Doedd 'na ddim llawer o gyfleoedd i ffonio adra chwaith.
Oedd, mi oedd ganddon ni ffôn adra ond roedd ffonio'n
beth trafferthus iawn ers talwm 'doedd? Roeddan ni'n
rhannu lein efo tair ffarm arall, ac weithiau mi fyddech chi'n
codi'r ffôn a chlywed pobol yn siarad â'i gilydd, ac yn trio
peidio gwrando gormod. Felly unwaith erioed y ffoniais i
adra tra oeddwn i ar y môr, a hynny o ryw *Seaman's Mission*
yn rhywle yn Awstralia. Mi gostiodd hynny tua £3, oedd yn
dipyn o bres bryd hynny, ond nid y pres oedd y boen fwyaf,
ond y drafferth. Roeddwn i'n gorfod mynd trwy bob math o
gyfnewidfeydd, ac i ddeud y gwir, mi fasa'r hen wefus isa
wedi dechrau crynu cyn gynted ag y clywn i lais Mam neu
Dad, felly mae'n debyg mai'r gwir amdani oedd ei bod hi'n
haws *peidio* ffonio.

Y ffordd rwyddaf o gyfathrebu oedd trwy lythyr, ac mae
gen i focsiad o hen lythyrau'n dal i fod. Bob tro y bydden ni'n
cyrraedd porthladd, roedd sŵn drysau'n cau yn atsain ar hyd
y llong wrth i bobol fynd i'w cabanau i ddarllen llythyrau o
adra, ac mi fyddai pawb yn y dymps am sbel wedyn. Rhaid

cofio hefyd fod rhai o'r swyddogion i ffwrdd am ddwy neu dair blynedd ar y tro weithiau, er mwyn osgoi talu treth incwm, felly roedd llythyrau'n gallu agor y llifddorau emosiynol.

Gan ein bod ni'n dal dan oed yfed, chawson ni ddim alcohol ar y fordaith gyntaf honno – yn swyddogol beth bynnag. Ond ar ôl bod ar y môr am sbel, roeddan ni'n cael peint neu ddau weithiau. Tua dwy geiniog oedd peint ar y llong. Tuniau cwrw oeddan nhw fel arfer, a'r drefn oedd ein bod ni'n arwyddo am bob dim a thalu ar ddiwedd y mis.

Oherwydd mai cadéts oeddan ni, roedd ganddyn nhw ambell ddyfais er mwyn cadw disgyblaeth – ac i drio'n dychryn ni mewn ffordd – pethau fel arolwg gan y Capten bob bore Sadwrn. Roedd 'na dri ohonan ni'n rhannu caban: fi ar dop un o'r byncs, Mark Smith, aeth wedyn i weithio fel *Air Traffic Controller* yn Heathrow, ar wely arall, ac oddi tana' i roedd Phil Naylor – pennaeth Asiantaeth Gwylwyr y Glannau ym Mhrydain bellach. Mi fyddai'r Capten yn dod rownd i jecio bob wythnos, i wneud yn siŵr ein bod ni'n cadw'r lle yn lân – 'fel parlwr gorau' – ond waeth faint o lanhau oeddan ni'n ei wneud, roedd o bob amser yn ffeindio baw! Dwi'n meddwl bod y diawl yn dod â llwch efo fo weithia!

Doeddan ni ddim yn gorfod gwneud bwyd na golchi dillad na dim byd felly – roedd ganddon ni stiward i wneud popeth felly drostan ni fwy na heb. O ran bwyd, roeddan ni'n cael dewis oddi ar fwydlen. I frecwast roedd dewis o gipars, brecwast llawn neu dost, ac roedd gweddill y prydau'n gymysgedd o fwyd cyffredin fel basa rhywun yn ei gael mewn gwesty adra, neu fwydydd mwy egsotig fel cyris a ballu. Roedd y rheini'n dda iawn. A deud y gwir, yr unig bleser ar fwrdd y llong oedd y bwyd a'r diod, a'r ffilmiau roeddan ni'n eu gwylio bob nos bron iawn, os nad oeddan ni ar *watch*. Roedd 'na beiriant fideo ar longau P&O, oedd yn rhywbeth newydd sbon – doedd 'na neb adra wedi gweld y ffasiwn beth ar y pryd, ac mi oedd o'n declyn arbennig o bwysig. Mi fyddan ni'n ffeirio fideos efo llongau eraill pan oeddan ni mewn porthladd, felly mi welais i ddegau ar ddegau o ffilmiau, rai ohonyn nhw drosodd a throsodd.

Roeddan ni'n gorfod arbenigo ar y math o griwiau roeddan ni am weithio efo nhw, a chan feddwl y basa hi'n haws na gorfod trin docars Lerpwl mi benderfynais i arbenigo ar griwiau Asiaidd. Dyna oedd y rhan fwyaf ar longau P&O beth bynnag. Llafur rhad a dim byd arall oedd y rheswm am hynny. Ceiniogau o gyflog y mis oeddan nhw'n gael, ond roeddan nhw'n haws i'w trin am fod ganddyn nhw fwy o barch tuag aton ni a deud y gwir. Bu'n rhaid i minna ddysgu am Ramadan a rhyw bethau felly (yr ŵyl honno lle nad ydi Mwslemiaid yn cael bwyta nac yfed yng ngolau dydd am fis). Maen nhw'n cael ufflon o barti ar ei diwedd hi, dwi'n cofio gymaint â hynny.

Yn ddiweddarach yn fy ngyrfa, fe fyddwn i'n cael stiward i mi fy hun. Roedd o'n golchi fy nillad a glanhau'r caban i mi – gwneud pob dim drosta i a deud y gwir, a finnau'n rhoi ychydig o *rupees* fel tip iddo fo ar ddiwedd y mis am ei drafferth. Roedd o'n beth diarth iawn i rywun o le bach fel Garnfadryn gael rhywun yn tendiad arno fo 'doedd? Roeddan nhw'n golchi a startsio pob dim, ond dwi'n cofio gorfod cael gair yng nghlust un stiward fu gen i am ei fod o'n startsio fy nhronsys i! Oedd wir! Roedd hi'n job ei gael o i ddallt be oeddwn i'n ei ofyn hefyd. Argian, roedd fy nhronsys i'n dod yn ôl yn galed fel dwn i'm be. Dwi'n cofio eu taro nhw ar ochr y ddesg er mwyn gwneud fy mhwynt, a'r rheini'n stiff fel hardbord. Mi fasach chi wedi gallu chwarae tenis bwrdd efo nhw.

Roedd mynd i'r lan yn antur wrth gwrs, ac oherwydd mai cadetiaid oeddan ni roedd rhywun yn dod efo ni i ddangos be oedd be. Roeddan ni'n cael ein rhybuddio ein bod ni'n mynd i lefydd oedd yn naturiol yn llefydd ryff, ac i ni fod yn ofalus.

Mi fyddan ni'n mynd ar y cwrw, ond dim cymaint â hynny ar y dechrau gan eu bod nhw'n cadw llygad barcud arnon ni gadéts. Mae'n hawdd iawn datblygu problem yfed ar y môr, achos os ydach chi i ffwrdd am chwe mis a fawr o ddim i'w wneud ar y llong, a diod mor rhad, mae'n hawdd mynd i arferion drwg os na watsiwch chi. Roedd y swyddogion yn gwybod hyn ac yn gwneud yn siŵr nad oedd o'n digwydd i'r hogia ifanc.

Mi oedd 'na reolau caeth iawn ynglŷn â bod yn feddw ar *watch*. Roedd cael ein dal felly yn golygu cael ein logio – hynny ydi, roedd ein henwau'n mynd i lyfr lòg y llong. Ond roeddan ni'n cael ein logio os oeddan ni'n methu gweithio oherwydd gormod o liw haul hefyd, sy'n gymhariaeth eitha doniol dwi'n meddwl. Roedd 'na dipyn o yfed yn mynd ymlaen, a doedd y rheolau yma ddim yn berthnasol i gapteiniaid ac uwch-swyddogion mae'n raid, achos mi welais i rai oedd mor chwil doeddan nhw, yn gallu sefyll bron iawn – yn y prynhawn weithiau!

Ond yn aml iawn roeddan ni'n gorfod gweithio ar ôl docio p'run bynnag, yn dadlwytho a llwytho'r llong ac ati, felly tra byddai'r criw yn mynd i'r lan i hel cwrw a merched, roeddan ni'n gweithio'n galed.

Welis i rai o'r criw yn dod yn ôl wedi cael cweir weithiau, neu wedi cael dos o'r pocs, ond ches i erioed helynt yn unman, drwy lwc yn fwy na dim arall mae'n siŵr. Mi gawson ni ein stopio gan blismon yn nociau Fremantle, Awstralia un tro – roeddan ni'n reit swnllyd, ac yn meddwl ein bod ni mewn trwbwl pan welson ni o'n dod tuag aton ni. Chwilio am rhywle i gael bwyd yn ardal y dociau oeddan ni, a hitha'n hwyr y nos, pan ymddangosodd y plisman 'ma o rhywle a deud: '*right, you'd better come with me, guys ...* ' ac mi aeth â ni i ryw dŷ bwyta oedd yn dal ar agor. Ein helpu ni oedd o, chwarae teg iddo fo, a ninnau'n ni'n meddwl ein bod ni'n cael ein harestio i ddechrau!

Dwi'n ein cofio ni'n mynd rownd ryw sw yn Awstralia, a rhyw bethau diniwed felly, ond ar y trip cyntaf hwnnw y gwelais i Singapore am y tro cyntaf, a dod ar draws Boogie Street. Doedd fan'no *ddim* yn ddiniwed.

Roedd Boogie Street yn enwog yn ei dydd fel lle i ddynion fynd os oeddan nhw isio troi'n ferched! Roeddan nhw'n mynd i mewn fel dynion ac yn gweithio yn y stryd 'ma am saith mlynedd (dwi'n meddwl), wedyn bob hyn a hyn roedd pobol y siopau'n talu iddyn nhw gael triniaeth – rhyw nip a tyc bach – nes ar ddiwedd y cyfnod, roeddan nhw'n ferched. *Lady Boys* oeddan nhw wrth gwrs, ac mae'n rhaid deud, roedd ganddyn nhw wynebau tlws. Roedd 'na ddiawl o hwyl i'w gael efo nhw hefyd chwarae teg – yn canu a jocio a malu awyr efo pawb.

Dwi'n cofio'r llong yn cyrraedd porthladd un tro (dwi'm yn cofio'n union lle chwaith) a rhai o ferched y nos yn sefyll mewn rhes ar y cei yn disgwyl i ni ddocio.

Mi welais un yn sbio arna i, pwyntio, a gweiddi: '*Oh! You cherry boy! First time for you free! Nex' time you pay!*'

Mae'n siŵr bod 'na rai o'r criw yn mynd i 'gytiau rhwbio' (ys dywed Mici Plwm) o bryd i'w gilydd, ond fues i ddim! Ond mae hon yn un o hen straeon y môr, achos roedd merched y nos yn medru sbotio rhai fel fi oedd heb fod dramor o'r blaen yn syth bin, am ein bod ni'n rhythu arnyn nhw mae'n siŵr. Oherwydd 'mod i'n dal mor ifanc, roedd y rhain yn brofiadau mawr, ac roedd o'n ddiawl o agoriad llygad.

Mi fues i ar y *Strathmay* am tua chwe mis ar y daith gyntaf honno. Roedd o jest fel mynd ar drên mewn ffordd, achos mae pob porthladd fel stesion pan ydach chi ar y môr. Stop yn fa'ma, stop yn y lle nesaf, a phob porthladd yn edrych fwy neu lai'r un fath hefyd. Roeddan ni'n aros diwrnod neu ddau, ac yna'n mynd yn ein blaenau i'r lle nesaf – ond nid ar *cruise* oeddan ni, cofiwch. Er ein bod ni'n medru mynd i'r lan am awran neu ddwy, roeddan ni'n gorfod gweithio, ac am mai criw Asiaidd oedd ganddon ni, doedd y rheini ddim yn meddwi a ratlo cymaint â hynny chwaith, i fod yn deg â nhw.

Karachi ym Mhacistan oedd y stop cyntaf ar ôl Bombay, a dwi'n cofio ryw foi tacsi yn fan'no yn gofyn a oeddwn i isio ffeirio fy nghamera am ei chwaer o! Mi oeddwn i wedi cael camera newydd yn rhywle, ac mae'n rhaid bod hwn wedi'i ffansïo fo, felly mi gynigiodd ei chwaer i mi. Mi ystyriais yn ddwys, cofiwch, ond doedd gen i nunlla i'w chadw hi nag oedd?

I Gulfor Persia wedyn. Dwi wedi treulio dipyn o amser yn fan'no ar fy nheithiau – dwi'n siŵr bod y rhan fwya o'r llongau fues i arnyn nhw wedi ymweld â fan'no ryw ben. Ar draws wedyn i Ceylon, fel roedd hi, Sri Lanka heddiw, wedyn i lawr i Awstralia – cychwyn ym Mherth, Fremantle, Brisbane, Sydney, Melbourne ac yn ôl wedyn i Singapore, Sri Lanka ac yn ôl i Bombay cyn ailgychwyn eto. Fel yna'r oedd hi, a fawr o ddim cyffrous yn digwydd yn y rhan fwyaf o lefydd.

Roeddan ni'n gwneud cyfnodau o weithio *watches*. Gweithio yn y dydd oeddan ni i gychwyn gan mai plant oeddan ni i bob pwrpas, cyn dechrau ar y shifftiau gwahanol, sy'n chwalu eich pen chi'n gyfan gwbl. Os ydach chi'n gweithio 12 – 4 nos a bore, mae'ch diwrnod chi yn hollol wahanol i'r arfer, ac mi fedrwn i fynd am wythnosau heb weld fy ffrindiau os oeddan nhw ar shifftiau croes.

Ar ôl cwblhau fy nhymor cyntaf ar y môr, mi ddaeth hi'n amser mynd adra am wyliau bach. Mi hedfanais yn ôl o Dubai, ac roedd o'n brofiad emosiynol ofnadwy. Er nad oeddwn i wedi dioddef o hiraeth fel y cyfryw, roeddwn i wedi bod i ffwrdd am dros chwe mis, ac wrth gwrs roedd hi'n braf gweld fy nheulu eto.

Yr hyn dwi'n gofio gliriaf am ddod adra'r tro cyntaf hwnnw ydi cyrraedd stesion Bangor, a'r strach wedyn oherwydd yr holl gesys a bagiau oedd gen i. Roedd hynny'n un rheswm pam y gadewais y môr yn y diwedd dwi'n meddwl. Mi oedd yn uffarn o broblem gen i. Roeddwn i'n casáu gorfod symud yr holl fagej 'ma o gwmpas y byd! Ar y cychwyn roeddwn i mor naïf, mi fyddwn i jest yn gadael fy nghesys yn rwla rwla ar y trên heb feddwl y gallai rhywun eu dwyn nhw. Doeddwn i ddim wedi arfer edrych ar ôl fy hun mewn sefyllfaoedd felly nag oeddwn? Aeth neb â nhw, diolch byth, ond mi sylweddolais wedyn be allai fod wedi digwydd, ac roedd edrych ar ôl blwmin cesys yn boen yn dîn gen i byth wedyn. Dwi'n ein cofio ni'n dreifio adra y tro cynta hwnnw yn ein hen Ford Anglia glas – DNY 171C oedd ei rif o – a Dad yn chwerthin am fod Mam yn holi pob math o gwestiynau un ar ôl y llall. Doeddan nhw'm yn siŵr iawn lle fues i i gyd wrth gwrs, wedyn roeddan nhw isio'r hanes doeddan? A hynny cyn cyrraedd Caernarfon! Ond erbyn dallt roedd Dad yn chwerthin am fy mod wedi ateb rhai o'r cwestiynau yn Saesneg. Do myn diawl! Nid 'mod i wedi colli 'Nghymraeg, ond jest arferiad oedd deud 'Yes' a ballu weithia! S'dim rhyfedd bod Dad yn chwerthin nag oes?

Am ddiwrnodau ar ôl cyrraedd adra roeddwn i'n cerdded yn rhyfedd, fel taswn i'n dal ar fwrdd llong. Roedd hi'n anodd dod i arfer efo cerdded ar dir, a dwi'n cofio Mam yn deud 'mod i'n cerdded fel taswn i 'di meddwi pan aethon ni i Bwllheli un diwrnod.

Mi fues i adra am dri mis ar ôl y trip cyntaf hwnnw, felly roeddwn i'n ei gweld hi'n ddiawl o job dda!

Pennod 7

Troi am adra

Teitl crand fy swydd i oedd *Inter-departmental Cadet*. Y cwbl y mae hynny'n ei olygu ydi bod cwmni P&O wedi'i rannu yn wahanol adrannau: llongau nwyddau, llongau fferi, llongau pleser, tanceri olew ac yn y blaen. Roedden ni'n cael dewis un ai aros efo'r un math o long neu gael blas ar bob un, ac roedd yn well gen i'r ail ddewis. Wel, mae isio dipyn o amrywiaeth mewn bywyd 'does?

Llong cario nwyddau oedd y *Strathmay*, ac mi ges i brofiad hefyd ar danceri ac ar y llong bleser enfawr, y *Canberra*. Wnes i ddim mwynhau'r profiad hwnnw o gwbl, am sawl rheswm. Mwy am hynny yn y man.

Llong yn cario pobol o'r India a Phacistan i Gulfor Persia oedd y llong nesaf y bûm i arni ar ôl y *Strathmay*. Y *Dwarka* oedd ei henw hi – hen long o amser y British India Steam Navigation Company, ac roedd hi *yn* hen! Dychmygwch long o'r 1920au – un felly oedd hi (er nad oedd hi cweit mor hen â hynny mewn gwirionedd).

Yn Goa roedd hon yn cychwyn ei chylchdaith, ac yn teithio i Bombay ac wedyn i Karachi yn codi pobol. Tlodion oedd y rhan fwyaf ohonyn nhw, oedd wedi hel hynny allen nhw o bres i allu teithio i Gulfor Persia i weithio. Roedd y creaduriaid yn cael eu cloi mewn caetsys am ryw reswm, fel tasan nhw'n gaethweision neu'n droseddwyr. Doeddan nhw ddim yn cael mynd allan ar y deciau na dim byd felly, wn i ddim pam. Fedrwn i'm dallt y peth yr adeg honno, ac mae o'n fwy byth o destun rhyfeddod i mi heddiw. Dwi'n dal i glywed ogla'r llong – a doedd o ddim yn ogla drwg – ogla bwyd oedd o.

Mi glywais i ryw foi o'r Bala'n deud yn ddiweddar ei fod

o awydd mynd i Dubai ar ei wyliau. 'Dubai?' medda fi, 'duwcs, dwi'n cofio Dubai pan oedd o'n ddim byd ond cytiau pren a thywod.' Ac mae hynny'n berffaith wir i chi, a ffawd nifer o'r creaduriaid rheini yn y caetsys oedd cael eu cludo i Dubai i ddechrau adeiladu'r *skyscrapers* a'r adeiladau crand eraill – roeddan nhw'n weithwyr rhad. Roedd rhai yn mynd i lefydd eraill ar y ffordd hefyd, fel Kuwait a Bahrein, i weithio ac i adeiladu yn fan'no. Ond dwi'n cofio gweld y llefydd 'ma yn tyfu'n uwch ac yn uwch, efo preniau bambŵ fel sgaffaldau. Mae'n debyg nad oedd cofnodion o bwy oedd pwy, na faint oedd yn cael eu lladd wrth eu gwaith, achos roeddan nhw'n dod o'r *caste* isaf ond un. Dwi'n siŵr fod llawer un wedi marw wrth adeiladu'r llefydd 'ma. Doedd neb yn poeni nac yn gofalu amdanyn nhw.

Ar y daith yn ôl roeddan ni'n codi rhai oedd wedi bod yno'n gweithio am ddwy neu dair blynedd ella, ac yn mynd yn ôl adra. Roeddan nhw'n dod ar y llong efo'u *stereos* mawr a'u setiau teledu, wedi gwneud pres mawr ... iddyn nhw. Tua 1977 oedd hyn cofiwch – ddim mor bell yn ôl â hynny.

Roedd 'na deuluoedd cyfan yn teithio efo ni, gwŷr, plant a gwragedd, ac roedd swyddog diogelwch yn cadw golwg arnyn nhw i wneud yn siŵr nad oeddan nhw'n gwneud dim o'i le. Rhyw hen foi *ex-army* oedd o. Be oedd o'n ddisgwyl iddyn nhw wneud, dwn i ddim – ond dwi'n cofio'r diawl yn cerdded heibio iddyn nhw yn sgwario ac yn taro'i drynsiwn ar hyd ochr y caetsys. Mi oedd o'n mynd at fy nghalon i braidd, a'r rhan fwyaf o'r criw hefyd, achos roedd hwn yn eu trin nhw fel baw. Mi lwyddais i ddwyn ei drynsiwn o yn y diwedd, ac mi oedd o adra gen i am flynyddoedd!

Hen fastyn bach pwysig oedd y Capten hefyd. Dyn bach. Ac mae capten bychan bob amser yn waeth na boi mawr. Roedd pob un capten ges i yn fach ac yn sgwat, a natur bastyn ym mhob un! Roedd ganddyn nhw hawl i fod felly mae'n siŵr oherwydd yr holl gyfrifoldeb oedd ar eu 'sgwydda. Ella ei fod o'n rhan o'r job. Cadw iddyn nhw'u hunain oeddan nhw. Dwi 'di bod yn meddwl tybed oedd 'na gyrsiau yn eu dysgu nhw sut i fod yn fastynaidd?

'*Today's lecture is all about being a bastyn towards young officers ...*'

I fyny'r deciau ar y *Dwarka* (duwcs, 'di honna'n gynghanedd d'wch?), roedd 'na ran Dosbarth Cyntaf, efo paneli pren hen ffasiwn a bar bach yn y gongl. Y math o far lle basa Hercule Poirot yn teimlo'n gartrefol, efo stiward yn gweini brandi a soda neu *pink gin* a phetha crand felly, tra oedd y trueiniaid ddau ddec oddi tanon ni mewn caetsys yn bwyta reis wedi'i ferwi ac yn yfed dŵr. Y cwbwl ar yr un llong ...

Taith Nadolig i Dde America oedd fy mhrofiad ar y *Canberra*, a fu 'na erioed Nadolig mor uffernol! Tair wythnos o daith bob ochr i'r Nadolig oedd hi, ac roeddan ni'n cychwyn o Southampton efo band pres yn chwarae ar y cei wrth i ni fynd.

Dwi'n meddwl mai hwnnw oedd y Nadolig cynta i mi fod i ffwrdd hefyd, ac mi wnes i gasáu pob eiliad ohono fo. Dwi'n cofio cael cerdyn Nadolig gan Mam a Dad, ac roedd o'n deud '*For you across the miles ...*' Y peth diwetha oeddwn i isio!

Roedd yn rhaid i mi brynu iwnifform ychwanegol rŵan – un grand ar gyfer y ciniawau mawr, efo siaced fechan, *cummerbund* a dici bô. Er mai llefnyn ifanc oeddwn i o hyd, roeddwn i'n cael bwrdd bwyd i mi fy hun, fel swyddog, ond doeddwn i ddim yn bwyta fawr ddim am fy mod i mor nerfus. Fedrwn i ddim diodde'r *pomp* a'r sbloets ac yn y blaen ar y *Canberra*, a'r bobol fawr gachu oedd arni hi! Roedd rhai yn iawn, ond roedd canran uchel ohonyn nhw'n meddwl eu bod nhw'n well na ni. Roedd pobol yn brolio'u cyfoeth, ac yn chwerthin ryw hen chwerthin gwneud – *haw haw*!

Brasilia oedd y porthladd cyntaf, ac roedd amserlen o ddigwyddiadau cymdeithasol roeddan ni'n gorfod mynd iddyn nhw, er bod ganddon ni'n gwaith arferol i'w wneud hefyd, pethau fel *Captain's Cocktails*. Roeddwn i'n casáu'r rheini, oherwydd 'mod i'n gorfod malu awyr efo'r bobol fawr 'ma. Roedd y swyddogion nad oedd ar *watch* yn ymgynnull, yn eu hiwnifforms llawn, a chael gwydriad bach. Jin a thonic oedd o i fod, ond dim ond tonic oeddan ni'n ei gael, achos roedd ganddon ni fwy nag un o'r petha 'ma i fynd iddyn nhw a doedd fiw i ni fod yn chwil. Am yr un rheswm, roedd prydau bwyd yn hunllef i mi. Roedd y bwyd yn arbennig o dda, fel gwesty pum seren, ond doeddwn i ddim yn gyfforddus o gwbl. Dwi'n meddwl bod yn rhaid i chi fod o deip arbennig i ffitio i mewn ar long fel'na, a doedd o ddim i mi mae arna i ofn.

Wedi deud hynny, roeddwn i'n mwynhau'r disgos a'r cyngherddau'n iawn. Mi oeddan ni'n cael mynd i'r rheini, ond yn gorfod gadael erbyn hyn a hyn o'r gloch, ac mi gefais i ac un o'r cadetiaid eraill ein dal yn hwyr un tro. Roeddan ni wedi ffeindio ryw grŵp o ferched, fel Pan's People, oedd yn dawnsio disgo, ac mi gawson ni'n dal yn eu gwylio nhw. Mi gawson ni'n gwahardd rhag cael unrhyw gyswllt efo'r teithwyr am wythnos, dim ond caban, gweithio, caban, gweithio oedd hi i fod am wythnos. Ond mi ddaethon ni o hyd i'r *dumb waiter* – lifft i gario bwyd a nwyddau o un dec i'r llall – oedd yn mynd reit o'r top lle oeddan ni, i lawr i'r crombil at y criw. Mi oeddan ni'n mynd i lawr yn hwnnw ac yn sleifio i'r bar am beint neu dri, cyn mynd yn ôl i fyny i'n cabanau yn y bocs bach 'ma. Doeddan ni'm yn meddwl am unrhyw berygl – peint oedd yr hogia isio 'de?

Roeddwn i'n anlwcus o beidio bod ar *watch* yn ystod diwrnod Nadolig ei hun, felly bu'n rhaid i mi eistedd trwy bum cwrs wrth y bwrdd bwyd – oriau o falu cachu efo'r crach, a finna allan o fy nyfnder yn llwyr yn eu cwmni. Roedd y bwyd yn arbennig. Tydw i ddim yn cofio'n union be gawson ni i gyd, ond twrci a'r holl drimings oedd y prif gwrs.

Rheswm arall na wnes i fwynhau fy mhrofiad ar y *Canberra* oedd ein bod ni wedi colli dau o'r teithwyr rhwng Brasilia a Rio de Janeiro. Mi fuon ni'n chwilio amdanyn nhw ym mhob twll a chornel o'r llong am ddau ddiwrnod, ond doedd 'na ddim golwg ohonyn nhw. Wedi taflu eu hunain dros yr ochr oeddan nhw – ac nid efo'i gilydd chwaith, ond ar wahân. Doedd 'na ddim cysylltiad rhwng y ddau, dim ond cyd-ddigwyddiad anffodus oedd o. Mi oedd 'na awyrgylch reit annifyr am ychydig ar ôl hynny, ond wnes i ddim meddwl lot am y peth. Wnaeth o ddim effeithio arna i – hynny ydi, mi oeddwn i'n drist o glywed am y peth, ond yn gallu symud ymlaen yn reit sydyn.

Bu farw un o'r criw wedyn hefyd, a fi a chadét arall (nid un o'r wyth gwreiddiol, ond un hŷn) gafodd y gwaith o hel ei bethau at ei gilydd ar gyfer ei deulu. Doeddwn i ddim yn adnabod y boi, erioed wedi siarad efo fo, felly unwaith eto wnaeth y profiad ddim effeithio cymaint â hynny arna i. Ond anghofia i byth – un o'r pethau oedd gan y creadur yn ei wardrob oedd *inflatable doll*! Dyna'r tro cynta i mi weld peth felly. Mae hi'n dal gen i a deud y gwir, er bod 'na ambell i batsh arni hi erbyn hyn. Na, tydi hi ddim, go iawn.

Joban arall oedd yn gas gen i orfod ei gwneud oedd dal llygod mawr. Maen nhw'n dringo i fyny'r rhaffau ac yn bla ar bob llong, felly roedd yn rhaid gosod trapiau i'w dal nhw, a'u gwagio nhw hefyd. Ych a fi! Tasa'r bobol fawr gachu ddim ond yn gwybod mai un o fy jobsys i oedd dal llygod mawr!

Roedd y *Canberra* mor fawr roedd hi'n methu docio yn

Rio, a'n gwaith ni oedd cludo pobol yn ôl ac ymlaen i'r lan ar y badau achub, oedd yn dal tua 70 o bobol ar y tro. Roedd y maes awyr gerllaw, a'r awyrennau'n dod i lawr yn isel dros yr harbwr wrth lanio neu godi. Dwi'n cofio cael dipyn o hwyl drwy weiddi '*duck!*' ar y teithwyr un tro, pan ddaeth awyren heibio – ond welodd pawb 'mo'r jôc! Mi riportiodd un o'r 'ffernols fi i'r Capten, ac roedd yn rhaid mynd o flaen hwnnw wedyn am fod yn '*flippant*' neu '*blasé*'. Dwi'm yn cofio'r union air ddefnyddiodd o. Dim ond cael hwyl oeddwn i, ond fel'na oedd rhai ohonyn nhw ylwch!

Peth arall oeddan ni'n wneud oedd mynd â theithwyr am daith rownd y *bridge* i ddangos iddyn nhw sut oedd pethau'n gweithio. Duwcs, doeddwn i'm yn siŵr iawn fy hun neno'r Tad, ac roedd 'na rai teithwyr – Iancs gan amlaf – wedi bod ar ddwsinau o deithiau fel hyn o'r blaen, ac yn gwybod mwy na fi am y bali *bridge*, ac yn lecio dangos hynny hefyd!

Felly dyna chi, fy unig daith ar long bleser, a ches i ddim pleser o gwbl arni. Cafodd y *Canberra* ei defnyddio i gario milwyr adeg Rhyfel y Malfinas yn 1982, ac mi gafodd ei sgrapio yn 1997.

Tancar olew oedd y *Ardshiel*, ac roedd hi'n wirioneddol anferth. Roedd hi mor fawr fel bod yn rhaid cychwyn ben bore os oeddach chi isio mynd i'w thu blaen hi, a chofio mynd â channwyll efo chi, achos mi fydda hi wedi tywyllu erbyn i chi gyrraedd pen y daith. Roedd hi mor fawr roeddan ni'n anfon cardiau post yn ôl i'r *bridge* o fan'no, yn brolio'r tywydd a ballu. Roedd dau ben y llong yn cael gwahanol dywydd i'w gilydd. Roedd hi mor fawr roedd angen beic i fynd o un pen i'r llall.

Celwydd golau ydi'r tri cynta, ond mae'r pedwerydd yn ffaith. Berffaith wir i chi! Roedd yr *Ardshiel* o leiaf chwarter milltir o hyd, ac roedd ganddon ni ddau feic *fixed wheel* arni i fynd o un pen i'r llall! Felly tasach chi isio mynd i'r blaen i wneud rwbath, dim ond neidio ar y beic, ac i ffwrdd â chi! Roedd y llong yn cymryd rwbath fel tair milltir i wneud *emergency stop* ac yn agos i saith milltir i droi rownd mewn cylch.

Mi fues i arni am chwe mis heb roi fy nhroed ar y lan o gwbl, ac nid celwydd golau ydi hynny chwaith. Doeddan ni ddim yn docio fel y cyfryw, angori allan yn y môr oeddan ni a dadlwytho i bibellau olew neu i longau llai – felly doeddan ni byth yn mynd i'r lan nag oeddan?

Mi ymunais â'r *Ardshiel* yn Lyme Bay yn y Sianel. Dydd Sul oedd hi, dwi'n cofio. Mi deithiais i lawr ar y trên i Torquay, a chael siwrna uffernol. Rêl British Rail ar y pryd, gorfod newid ym mhob man, a finna efo'r holl gesys! Heddiw fasa rhywun ddim yn meddwl ddwywaith, dim ond neidio i'r car a mynd – mae'r oes wedi newid, ac mae ceir wedi gwella cymaint erbyn hyn, ond bryd hynny roedd y trên yn well syniad.

Y drefn oedd llwytho cargo yng Nghulfor Persia, dod â fo rownd Cape Town ac ymlaen i ble bynnag wedyn. Neu weithiau roeddan ni'n mynd â llwythi llai i wahanol lefydd ym Môr India. Un o'r teithiau hiraf oedd o Gulfor Persia i Cape Town ac wedyn i Mississippi. Wel, dwi'n deud Mississippi, ond welis i 'mo'r lan – roeddan ni tua 30 milltir i ffwrdd, a llongau llai yn dod aton ni i lwytho. Mi fues i yn Nigeria hefyd, ond eto, roeddan ni allan yn y môr felly chefais i ddim profiad o lanio, mwya'r piti. Ond roedd 'na adnoddau da ar yr *Ardshiel*, yn cynnwys campfa a phwll nofio, felly roedd 'na ddigon i'w wneud yn ein hamser sbâr. Roeddwn i chydig bach yn hŷn erbyn hynny hefyd, felly roedd y dynfa i'r bar yn gryfach, a chwrw a be oedd yn digwydd yn gymdeithasol yn bwysig iawn i mi. Ond, fel y soniais o'r blaen, byddai'n rhaid bod yn sobor pan oedd y shifft yn cychwyn. Felly'r tueddiad oedd gwneud ein shifft, peint neu ddau (neu dri neu bedwar), wedyn i'r gwely, efo bwyd yn rhywle yn y canol. Welais i ddim golwg o rai o'r hogia ar hyd y daith.

Roeddan ni'n gorfod gwisgo'r iwnifform i fwyta, ond fel arall *boiler suit* oedd y drefn, a dim ond trôns a *boiler suit* achos roedd hi mor boeth yn rhai o'r llefydd 'ma. Roeddan ni wastad yn seimllyd achos roedd 'na olew yn yr aer o gwmpas y llong o ganlyniad i wahanol awyrdyllau yma ac acw. Ond ar y llong yma eto roedd gen i stiward i edrych ar fy ôl i, ac i olchi fy *boiler suits* gwyn i! Creadur. Roedd Taff wedi'i sgwennu ar fy *boiler suits*, achos dyna oedd fy llysenw ar bob llong roeddwn i'n mynd arni. Dyna mae'r saith arall – y cadetiaid eraill oedd efo fi ar y cychwyn – yn dal i fy ngalw hyd heddiw.

Mi wnes i fwynhau bod ar yr *Ardshiel*, a mwynhau'r gwaith hefyd – y broses o wagio'r olew a llenwi, a balansio'r tanciau. Mae'n fwy cymhleth nag y bysa rhywun yn feddwl. Mae'n rhaid defnyddio nwyon arbennig i rwystro'r olew rhag ffrwydro, felly mae angen pwmpio hwnnw i mewn cyn llwytho'r olew. Roedd 'na banel anferth (fel tasach chi ar y *Starship Enterprise*) yn dangos pa falfiau oedd yn agored a pha rai oedd wedi cau. Mi fyddwn i'n agor y falfiau, symud y nwy o un tanc i'r llall os oedd angen neu roi mwy i mewn, er mwyn sicrhau fod popeth yn ddiogel. Ar ôl gwagio'r olew, roedd y tanciau'n cael eu glanhau a'u golchi efo dŵr môr bob tro. Roedd honno'n joban oedd yn cymryd diwrnodau, ac er bod y broses yn un awtomatig, roedd rhywun yn gorfod symud yr offer glanhau i fyny ac i lawr ac yn ôl ac ymlaen y tu mewn i'r tanciau. Mewn ffordd roeddan nhw'n cael eu glanhau'n ddall, felly roedd angen cadw cofnod o lle oedd wedi cael ei lanhau. Roedd modd edrych ar y cofnod hwnnw i sicrhau fod pob cornel a lefel wedi'i chael hi.

Chydig iawn o griw oedd ar yr *Ardshiel,* achos doedd 'na ddim llawer iddyn nhw ei wneud ar wahân i baentio ac ati.

Rhwng mordeithiau, roeddan ni'n gorfod mynd i'r coleg yn Warsash, a oedd yn rhan o Brifysgol Southampton. Roeddan ni'n aros mewn neuadd breswyl, lle tebyg i Neuadd Pantycelyn oedd o am wn i, ond ei fod o'n llawn o Saeson ac *engineers*!

Roeddan ni yno am gyfnod o dri mis i ddechrau, yn gwneud gwaith theori ac ambell arholiad. Roeddwn i fel unrhyw stiwdant arall yn fan'no wrth gwrs, yn cael darlithoedd yn y dydd a mynd ar y cwrw bob nos! Dyna oedd pawb yn ei wneud, ac i dafarn y Rising Sun oeddan ni'n mynd. Ia, fel hwnnw yn New Orleans, ond fasa hwn byth wedi golygu '*the ruin of many a poor boy*', achos roedd y blydi cwrw fel dŵr yno. Dwn i ddim be oeddan nhw'n roi ynddo fo, ond doedd dim llawer o ots am hynny, oherwydd er nad oedd 'na ferched yn y coleg, mi *oedd* 'na rai yn y pentref, ac i'r dafarn honno roeddan nhw'n mynd!

Mi ddysgais i amrywiaeth o bethau yn Warsash, o ymladd tân i ddefnyddio Radar a mordwyo ac yn y blaen. Roedden ni hyd yn oed yn dysgu sut i ddefnyddio secstant – yr offeryn rhyfedd yr olwg hwnnw sy'n cael ei ddefnyddio i sefydlu lleoliad trwy ddefnyddio'r haul a'r sêr. Dydyn nhw ddim yn defnyddio'r rheini'r dyddiau yma, dim ond ar adegau pan fydd popeth arall wedi methu hwyrach, ond mae'n siŵr ei fod o'n dal i gael ei ddysgu hyd heddiw. Pan oeddan ni'n dysgu sut i'w ddefnyddio, doeddan ni ddim hyd yn oed yn cael defnyddio cyfrifiannell – roedd rhaid gwneud popeth efo llyfrau logarithms. Er mai ond am y 1970au rydan ni'n sôn, roedd 'na syniad ar y pryd y byddai rhywun yn mynd yn ddiog ei feddwl wrth ddefnyddio cyfrifiannell!

Ffordd o ganfod lleoliad y llong ar unrhyw adeg oedd o. Mae'r secstant yn mynd yn ôl gannoedd o flynyddoedd, ond erbyn heddiw mae'r dechnoleg wedi carlamu ymlaen, ac mae 'na offer arbennig, fel GPS, ar gael i wneud y gwaith i chi. Mae o hyd yn oed ar gael ar eich ffôn chi.

Does 'na ddim llawer mwy i'w ddeud am Warsash, dim ond ein bod ni'n cael darlithoedd gan bobol nad oeddan nhw erioed wedi bod ar fwrdd llong yn eu bywydau. Ond, a bod yn deg, dysgu theori i ni oeddan nhw, felly doedd o ddim cymaint o ots mae'n siŵr.

Ar ôl treulio ein cyfnod cyntaf yn y coleg roeddan ni'n mynd ar longau newydd. Cafodd yr wyth ohonon ni oedd wedi cychwyn fel cadéts efo'n gilydd ein gwahanu, gan fynd fesul dau i'n llongau nesaf. Roedd hyn yn hen deimlad chwithig, achos roeddan ni wedi dod yn griw reit glòs. Ac yn waeth na hynny, roeddan ni'n mynd ar long newydd yn nabod neb ac yn gorfod ffitio i mewn efo criw dieithr. Ond roedd o'n beth da i hyder rywun. Mi fuon ni'n cadw mewn cysylltiad hyd yn oed wedyn, trwy lythyr.

Roeddwn i'n dal i ddysgu drwy'r amser ar y môr, ac fel roeddwn i'n datblygu ac yn dysgu mwy a mwy, daeth y diwrnod pan oeddwn i'n gorfod cymryd *watch* fy hun, lle roeddwn i a neb arall yn hollol gyfrifol am y llong. Yn y nos y byddan nhw'n gadael i ni wneud hynny fel arfer – roedd hi'n haws oherwydd ein bod yn gallu gweld goleuadau llongau eraill neu dir. Does 'na ddim lle i eistedd ar y *bridge*, roedden ni'n gorfod sefyll drwy gydol ein *watch* – rhag ofn i ni fynd i gysgu wrth gwrs. Ond roedd bod ar fy nhraed am bedair awr yn artaith, ac erbyn y diwedd roeddwn i'n crio, bron, isio eistedd. Dydi'r llong byth yn stopio, dim ond dal i fynd ddydd a nos. Dwi'n cofio'r profiad hwnnw'n fyw iawn, am fy mod i mor nerfus. Dim ond rownd y gornel o'r *bridge* oedd stafell y Capten, ond doeddwn i ddim yn ffansïo cnocio ar ei ddrws o yng nghanol nos i ddeud 'sgiws mi, Ciapdan, ddêr's ê bot cyming, witsh we dw ai go?'

Mae 'na reolau caeth iawn ynglŷn â hynny ar y môr wrth gwrs, os ydach chi'n gweld gwahanol oleuadau. Beibl y *Deck Officer* ydi llyfr o'r enw *Collision Regulations at Sea*. Dwi'n cofio cael yr hen amheuaeth annifyr yma un noson pan welais i olau coch a meddwl, 'Argian, fi sydd i fod i symud 'ta fo?' Be wnes i oedd jest symud rhyw fymryn lleia ar y llong un ffordd – troi nobyn ydach chi heddiw achos does 'na ddim llyw ar longau modern fel yr hen ddyddiau.

Roeddan ni hefyd yn dysgu llywio, oedd yn golygu mynd â llong i mewn ac allan o harbwr, llywio am hyn a hyn o oriau ac yn y blaen. Does 'na ddim llawer o lefelau rhwng cadét a chapten llong – mae hogyn ifanc yn cychwyn fel cadét wedyn yn dyrchafu i drydydd mêt, ail fêt, cyntaf a chapten. Unwaith y byddai rhywun wedi pasio ail fêt, mater o amser fyddai hi wedyn, ond mae llynges gwledydd Prydain wedi diflannu erbyn heddiw, wrth gwrs. Dim ond un o'r wyth ohonon ni wnaeth ei docyn capten – William Frederick Dawson – ac mae o'n gweithio yn Awstralia erbyn hyn fel syrfëwr. Ffarmwr gwyn o Kenya oedd ei dad, ac roedd o wedi cael ei anfon i'r ysgol yma – ar *HMS Conway*!

Roeddwn i'n cael gwyliau rhwng mordeithiau, am ddau neu dri mis ar y tro, ond weithiau mi fyddwn i'n cael galwad i wneud tripiau byrion os oeddan nhw'n brin o staff. Mae un o'r rheini, yn 1973, yn aros yn fy nghof yn glir iawn, pan fu'n rhaid i mi fynd i fyny i Glasgow i weithio ar y dociau yn goruchwylio llong yn llawn o wisgi, a hithau o fewn wythnos neu ddwy i'r Nadolig.

Nadolig, Glasgow a wisgi yn yr un frawddeg! Bu bron i mi dagu ar fy uwd y bore hwnnw, pan glywais i be oedd o 'mlaen i. Dydi'r rheini ddim yn bethau sy'n cymysgu'n dda efo'i gilydd fel arfer, meddyliais. Ond dyna fo, mynd oedd raid.

Mi fyddai'r cwmni'n gofyn i swyddogion oedd yn digwydd bod adra, fel fi, i wneud y math yma o waith, fel bod y swyddogion oedd ar fin mynd dramor yn cael cyfle i fod adra efo'u teuluoedd am ychydig cyn mynd. Mi oedd o'n syniad campus, chwarae teg.

Y *Stratharlick* oedd enw'r llong, a 'ngwaith i oedd gwneud yn siŵr nad oedd y docars yn dwyn y wisgi i gyd, a'u bod nhw'n gadael ambell botel ar ôl i gael ei hallforio. A dyna lle roeddwn i, ar ben fy hun bach yn yr howld, yn giardio'r cargo gwerthfawr 'ma. Meddyliwch am y peth – rhoi hogyn ifanc bochgoch 17 oed i warchod wisgi yn nociau Glasgow (oedd yn uffarn o le ryff yr adeg honno).

Ond roedd P&O yn dallt y sgôr yn iawn, a be oeddan nhw'n wneud oedd rhoi rhyw ddeg cês o wisgi o'r neilltu yn y gornel, efo'r ddealltwriaeth mai o'r rheini roedd y docars i fod i ddwyn a nunlle arall, a fy mod innau i fod i sbio i bob man ond i fan'no. Os oeddan nhw'n mynd i ddwyn, roedd un yn dod ata i tua diwedd y shifft a deud ei fod o isio gair. Roeddwn i'n gwybod yr adeg honno fod y docars eraill yn helpu'i hunain i'r wisgi. Roedd hwn yn ddealltwriaeth rhwng yr undebau a'r cwmni. Dwyn dan reolaeth oedd o: 'Gewch chi ddwyn, ond dim ond o lle 'dan ni'n deud!' Ar ddiwedd y shifft roeddwn i'n chwerthin wrth weld ambell un yn cerdded yn rhyfedd, achos roeddan nhw'n clymu'r poteli 'ma i lawr eu trowsusau.

Ar ôl llwytho yng Nglasgow, roeddan ni'n mynd â'r llong i borthladd Lerpwl, i lwytho mwy o stwff. Eto, dwi'n mynd yn ôl i gyfnod pan oedd dociau Lerpwl yn lle ryff ddiawledig (yn cynnwys y tafarndai), a docwyr Lerpwl yn enwog drwy'r byd. Yn y cyfnod hwnnw roedd y lle'n llawn llongau – cannoedd ohonyn nhw – a channoedd o longwyr, rhai ohonyn nhw newydd ddocio efo llond eu pocedi o bres, eraill yn cofrestru yn y Pŵl fel roeddan ni'n ei alw fo, sef cronfa o longwyr mewn ffordd, lle roeddan nhw'n rhoi eu henwau i lawr er mwyn cael gwaith ar longau. Tra oeddan nhw'n aros am joban, loetran o gwmpas fyddan nhw, a doedd 'na fawr o ddim byd arall i'w wneud heblaw hel diod. Felly, rhwng popeth roedd angen bod yn ofalus, a defnyddio fy synnwyr cyffredin. Dwi'n cofio mynd ar fy mhen fy hun ryw dro i dafarn yn y dociau, a ches i ddim trafferth o gwbwl. Yn ddiweddarach, mi feddyliais peth mor wirion oeddwn i wedi ei wneud, ond roeddwn i'n jarff i gyd bryd hynny, wedi bod ar y môr am ddwy flynedd!

Roedd 'na wal fawr rownd y dociau bryd hynny, ond mae'r ardal honno – lle mae'r Albert Dock a llefydd tebyg – wedi newid yn llwyr erbyn heddiw. Does 'na ddim Pŵl erbyn hyn chwaith, am nad oes ganddon ni Lynges Fasnachol i bob pwrpas bellach. Mae'r llongau a'r criwiau i gyd wedi'u cofrestru dramor, sy'n biti.

Yn ôl adra yr es i wedyn, ac aeth y *Stratharlick* yn ei blaen i Gulfor Persia, er mai wisgi oedd ei chargo. Mi oedd 'na ddigon o yfed yn mynd ymlaen mewn ambell westy yn y gwledydd Arabaidd, er bod alcohol wedi'i wahardd yn swyddogol yn y rhan fwyaf ohonyn nhw.

Mi ges i ymweld ag amryw o wledydd Culfor Persia yn fy nydd, yn cynnwys Irac un waith. Yn fan'no, roedd sowldiwr efo fi drwy'r adeg, o'r munud y glaniais i yn y maes awyr nes i mi ymuno â'r llong. Mi fues i yn Bahrain, Doha, Kuwait ac yn Iran hefyd. Mi werthais beint o waed yn Dubai un waith am £25 (oedd yn uffarn o lot o bres bryd hynny – cyflog wythnos o leia). Mi oedd o'n rhywbeth eitha cyffredin i longwyr ei wneud; hefyd, roedd y ffaith mai nyrsys o'r wlad yma oedd yn gweithio yno yn atyniad bach arall. Roedd o fel mynd i archfarchnad mewn ffordd – roeddan ni'n gorwedd ar wely, rhoi ein gwaed ac yn cael taleb i fynd at y til i gael ein talu.

Mi deithiais ar hyd Camlas Suez ddwy neu dair gwaith a threulio chwe mis ar Fôr y Canoldir hefyd, ar long arbennig – y *Vendée* – oedd wedi'i hadeiladu'n bwrpasol ar gyfer cario ffrwythau. O Israel i Bortiwgal ac yn ôl oedd honno'n mynd, ac roedd hi'n llong arloesol am ei bod yn un o'r cyntaf efo cyfrifiadur arni i ddidoli'r llwyth yn ddiogel. Cario melons dŵr oeddan ni fwyaf, ac wrth lwytho roeddan ni'n gollwng ambell un 50 troedfedd i lawr i'r howld, fel ei fod o'n glanio reit wrth ymyl un o'n cydweithwyr! Roedd y melon yn ffrwydro wrth gwrs, ac yn rhoi coblyn o sioc (a chawod liwgar) i bwy bynnag oedd yn ei chael hi. Ond mi fasa wedi medru ei ladd o yn hawdd iawn. Ifanc a gwirion oeddan ni 'de?

Mae rhywun yn clywed pob math o hanesion am ddynion ifanc ar y môr, ond does gen i ddim cof am neb yn trio cymryd mantais arna i mewn unrhyw ffordd, trwy gydol yr amser y bues i ffwrdd, a chlywais i ddim am neb yn cael unrhyw drafferth fel'na chwaith.

Dwi'n cofio profi stormydd difrifol ofnadwy ar fy nheithiau. Un tro bu'n rhaid i mi wejio fy hun yn fy ngwely efo siaced achub rhag i mi rowlio allan, ond roeddwn i'n eitha lecio hynny. Mi oedd o'n gwsg braf. Fues i erioed yn sâl môr yn fy mywyd. Mae'n siŵr mai'r storm waethaf dwi'n ei chofio oedd ar yr *Ardshiel* ger Cape Town, pan oeddwn i'n gweld ei dec hi'n plygu yn y tonnau. Roedd hwnnw'n brofiad reit ddychrynllyd, ond mae tanceri fel'na wedi cael eu gwneud i blygu mewn moroedd mawr, neu fel arall mi fasan nhw'n torri fel brigyn am eu bod nhw mor hir. Arfer ydi o, fel popeth arall. Mae rhywun yn cynefino ag unrhyw beth tydi?

Roedd fy nghyfnod ar y môr ymhlith yr hapusaf yn fy mywyd mewn llawer ystyr, ond mi fydda i'n meddwl bod yn rhaid i rywun fod o frîd arbennig iawn i weithio ar longau drwy gydol ei oes. Hyn a hyn fedr rhywun gymryd o fyw fel'na. Mae'r rhan fwya o longwyr isio bywyd mwy sefydlog yn y pen draw, a dyna un o'r rhesymau i mi roi'r gorau i'r môr ar ôl bron i bedair blynedd. Hynny a hiraeth.

Pennod 8

O'r Môr i'r Llyn

Ia, er nad oeddwn i wedi diodda ohono ar y cychwyn am fod popeth yn newydd, yr hen hiraeth creulon 'na oedd fy mhrif reswm am adael y môr yn y diwedd. Hiraeth oedd yn gwrthod mynd. Nid hiraeth pan oeddwn i dramor gymaint, ond hiraeth pan oeddwn i'n wynebu gorfod gadael eto ar ôl bod adra am gyfnod.

Bob tro y byddwn i'n dod yn ôl ar wyliau am ryw ddau neu dri mis ar y tro, roedd mynd i'r môr eto yn fwy a mwy anodd, am amryw o resymau.

Yn ystod y cyfnodau yma y dechreuais fynd i swogio yng Nglan-llyn, i ddifyrru fy hun yn fwy na dim, achos pan oeddwn i adra, roedd pawb o'm ffrindiau i ffwrdd yn y coleg neu'n gweithio gan amlaf, felly roeddwn i angen rwbath i'w wneud.

Yng Nglan-llyn y dechreuais ddysgu hwylio, peth ddaeth yn bwysig iawn yn fy mywyd maes o law fel rydach chi eisoes wedi casglu, ac yno y dois i ar draws pobol fel Mici Plwm am y tro cynta – ac roeddwn i'n hiraethu am hwyl Glan-llyn a'r bywyd Cymreig yn gyffredinol bob tro roeddwn i'n mynd i ffwrdd.

Dwi'n cofio cael llythyrau gan ffrindia fel John Elff, Ysgol Botwnnog gynt, oedd wastad wedi bod yn ddyn y Pethe ac yn un o fy ffrindiau mwyaf diwylliedig – yn deud ei fod o wedi bod yn steddfod lle a'r lle ac wedi cael amser da. Roedd hynny'n beth arall roeddwn i'n colli allan arno fo drwy weithio ar y môr, ac roedd o'n dechrau chwarae ar fy meddwl i. Gyda llaw, un o Fynytho ydi John, ac mi fues i lawr yn Aberystwyth yn aros efo fo gwpwl o weithiau am benwythnos pan oedd o yn y coleg yno. Mae o wedi aros yn ei filltir sgwâr, ac yn gweithio fel pennaeth gyrfaoedd yng Ngholeg Meirion Dwyfor ym Mhwllheli erbyn hyn.

Dyma be sgwennais i yn fy nyddiadur ar 1 Awst, 1977, pan o'n i'n hwylio am Abadan yn y Gwlff:

Diwrnod cynta'r Eisteddfod, a lle ydw i? Wel dyma hi'n ddydd Llun eto (o diar). Maen nhw wedi rhoi'r *air con* off ac mae hi'n ff****** o boeth yma ...

2il Awst
Wedi cael noson reit hegar neithiwr. Methu'n glir â chysgu, troi a throsi, a meddwl llawer am yr Eisteddfod ...

Dyna fo i chi. Fel'na oeddwn i'n teimlo erbyn hynny. Cymro oeddwn i, ac yn colli'r profiad o fod yn Gymro. Roedd Mam yn postio *Llanw Llŷn* a'r *Cymro* i mi, fel 'mod i'n cadw rhyw fath o gysylltiad, ond doedd o ddim 'run fath wrth reswm. Bosib ei fod o'n gwneud pethau'n waeth achos roeddwn i'n gweld be oeddwn i'n ei golli, ond dwi'n meddwl mai'r ffactor fwyaf oedd fy mod i wedi mynd i ffwrdd mor ifanc.

Pan oeddwn i adra ar wyliau yn ystod y cyfnod yma, mi welais hysbyseb yn y papur: Trefnydd yr Urdd, Gogledd Powys. Duwcs, roeddwn i wedi bod yn mynd i Lan-llyn i swogio bob cyfle gawn i felly mi driais amdani, a chael llythyr yn ôl yn fy ngwahodd i fynd am gyfweliad i Aberystwyth. Wna i byth anghofio cerdded i mewn i'r stafell honno. Pwy oedd yn fy wynebu ond yr hen Fonesig Edwards – gwraig Syr Ifan ab Owen Edwards – yn eistedd yn fan'no, a'i phantalŵns hi'n y golwg, yn y cyfweliad! Ond wnaeth hynny ddim effeithio arna i mae'n rhaid, achos mi ges i'r swydd, y Fiesta coch oedd yn mynd efo hi, tair cyfrol o hanes yr Urdd yn Gymraeg, dwy gyfrol yn Saesneg, paced o feiros, paced o bapur a chyfarwyddyd anfarwol Cyril Hughes y cyfarwyddwr: 'Cer am Faldwyn.'

Doeddwn i erioed wedi gwneud gwaith ieuenctid na dim felly, a dyna swm a sylwedd yr hyfforddiant ges i ar gyfer y swydd!

Mi ges i le i fyw yn Llangadfan – Tŷ Canol oedd ei enw fo, ac mi oedd o'n dŷ bach neis iawn. Yr unig anfantais oedd fy mod i'n rhannu *booster aerial* efo rhyw hen fachgen oedd yn byw drws nesa, ac roedd o'n mynd i'w wely am wyth o'r gloch felly roedd fy nheledu inna'n mynd *off* 'run pryd oherwydd os oedd o'n diffodd y bŵster, doedd gen i ddim signal! Ta waeth, roedd y tŷ o fewn can llath i dafarn y Cann Offis, oedd ynddo'i hun yn gamgymeriad mae'n siŵr. Dwi'n dal i gael croeso yno pan fydda i'n galw heibio weithiau, a phobol yn fy nghyfarch i fel taswn i heb fod oddi yno! Mae hynny'n nodweddiadol o Fwynder Maldwyn a'r croeso sydd i'w gael yno.

Roedd y gwaith yn hollol wahanol i'r hyn roeddwn wedi bod yn ei wneud ar y môr, wrth gwrs. Trefnu gweithgareddau a nosweithiau oedd lot ohono fo, a chyfarfod â lot o wahanol bobol, oedd yn beth braf iawn.

Mi fues i'n byw yn Llanbrynmair wedyn – efo tair merch. Na, doedd 'na ddim byd felly'n mynd ymlaen, cyn i chi ddechrau meddwl! Menna Roberts, Ann Williams a Rhian Williams oedd eu henwau nhw, ac roeddan ni'n dod ymlaen yn dda iawn. Athrawon oedd Menna ac Ann, ac roedd Rhian yn gweithio yn Boots yn y Drenewydd.

Fi oedd yn gwneud bwyd iddyn nhw ac yn smwddio'r rhan fwyaf o'u petha nhw, a be oeddwn i'n ei gael yn ôl? Gwersi dawnsio! Ia wir. Doedd ganddon ni ddim teledu, ac roedden nhw'n fy nysgu fi i waltsio. Gan fy mod i mor anobeithiol roeddwn i'n dawnsio rhan y ddynes, ac felly pan driais i waltsio flynyddoedd wedyn roedd popeth yn anghywir, am mai'r dyn sydd i fod i arwain bob tro. Ond dyna fo, roedd o'n hwyl ar y pryd.

Roeddwn i wedi prynu moto-beic sgramblo erbyn hynny – KTM 250cc. Ar bnawniau Sul fel arfer byddwn yn mynd efo Arwel, brawd Rhian, i sgramblo yn ardal Cemmaes a Glantwymyn, ar hyd caeau, dros ffosydd ac i fyny mynyddoedd. Mi oedd o'n goblyn o sbort, ond mi ddaeth yr heddlu ar ein holau ni gwpwl o weithiau, achos doedd ganddon ni ddim hawl i wneud hynny. Ond wnaethon nhw erioed ein dal ni achos doeddan nhw ddim yn gallu mynd dros y caeau yn eu car nag oeddan? Wedi meddwl yn ôl, fasa fo ddim yn beth da i Drefnydd yr Urdd / Gweithiwr Ieuenctid gael ei ddal yn torri'r gyfraith fel yna. Mi glywais i rai blynyddoedd wedyn fod Arwel wedi cael ei ladd mewn damwain car, ond ches i ddim gwybod am rai misoedd ar ôl y digwyddiad yn anffodus.

Dwi'n foi moto-beics erioed, ers y BSA Bantam hwnnw. Mae gen i Honda TransAlp 650 rŵan. Dwi ddim yn mynd arno fo'n aml iawn achos dwi ddim yn saff arno fo! Dwi'n mynd yn lot rhy gyflym weithiau – yn meddwl 'mod i'n llanc 20 oed o hyd, a phan fydda i'n dod at gongl dwi'n meddwl: 'O Mam bach ...' Wedyn dwi'n arafu reit i lawr, tan y bydda i wedi anghofio ac yn gwneud yr un peth eto!

Mi fues i'n drefnydd yr Urdd yn fan'no am flwyddyn a hanner, ond roeddwn i'n dal i fynd i Lan-llyn hynny fedrwn i tra oeddwn i ym Maldwyn. Roeddwn i wedi syrthio mewn cariad efo'r lle rhywsut, ac wrth fy modd pan ges i gyfle i dreulio mis yno efo'r pennaeth, John Eric Williams, pan aeth Dei Tomos, a oedd yn ddirprwy bryd hynny, i Batagonia. Mi wyddwn i wedyn mai fan'no oeddwn i isio bod, ac yn 1982 mi fues i'n ddigon ffodus i gael swydd Dei Tomos ar ôl iddo fo adael. Dyna'r swydd orau i mi erioed ei chael, a chyfnod gorau fy mywyd hyd yma, heb os.

Roeddwn i'n byw yng Nglan-llyn Isaf, hen dŷ wrth ymyl y gwersyll – fi yn y fflat gwaelod a John Eric a'r teulu yn y fflat uchaf. Mi fu John Eric yn wych efo fi, ac mi ddois i adnabod dipyn o bobol trwyddo fo. Mi dynnodd o fi i mewn i gymdeithas Llanuwchllyn, mynd â fi i'r Eagles a ballu, ac roeddan ni'n chwarae badminton yn rheolaidd bob nos Fercher.

Mi oeddwn i'n hapus iawn allan yn yr awyr iach bob dydd fwy neu lai. Nefoedd. Fedrwn i byth fod yn gaeth i ddesg drwy'r dydd. Doedd y gwaith ddim yn newydd i mi felly roeddwn i'n dallt y drefn yn iawn, ond roedd o'n gyfnod newydd cyffrous eto.

Roedd hyn cyn dyddiau rheolau Iechyd a Diogelwch, a dim ond John Eric a fi oedd yn hyfforddi, os mai dyna alwch chi o. Roedd 'na ddau arall yn gwneud gwaith cynnal a chadw, Morfudd a Gwen yn y gegin (oedd fel dwy fam i mi) ac Anti Elsi fyddai'n dod ar ddydd Sul, oedd fel mam arall eto. Roedd gen i dair mam gogio ac un go iawn ym Mhen Llŷn, ac ewadd, roeddan nhw'n edrych ar fy ôl i, yn golchi a smwddio 'nillad i, fy mwydo fi a bob dim chwarae teg iddyn nhw.

Mi ges i gi o'r enw Siani pan ddechreuais i yng Nglan-llyn hefyd. Ci defaid oedd hi, ond roedd hi'n hel y plant a'u corlannu nhw mewn cornel! Doedd peth felly ddim yn gwneud o gwbl wrth gwrs, felly mi gafodd hi ei gyrru at Mam a Dad i Dy'n Pwll.

Fel dwi'n deud, doedd 'na'm ffasiwn beth â rheolau iechyd a diogelwch – dwi'n cofio arwain llond bỳs o blant ar daith i ben yr Wyddfa, a finna heb dystysgrif na chymhwyster o fath yn y byd ar gyfer y gwaith. Dro arall roeddan ni wedi bwcio bỳs mini i fynd â chriw ar daith, ond mi ffoniodd y cwmni bysus y bore hwnnw i ddeud nad oedd y bỳs mini ar gael wedi'r cwbwl ac mai'r unig beth oedd ganddyn nhw oedd bỳs mawr.

'Iawn,' meddan ni.

'Ond does ganddon ni ddim dreifar ar gyfer hwnnw chwaith,' meddan nhw.

'Shit,' meddan ni.

Ar ôl pwyllgor brys, dyma benderfynu mai fi – ia fi – fyddai'n gorfod dreifio'r bỳs. Dychmygwch y peth: erioed wedi dreifio bỳs yn fy nydd, dim trwydded arbennig na dim, a llond y bỳs o blant ysgol yn mynd ar daith i Gaernarfon ac yn ôl drwy Feddgelert, ar hyd lonydd cul cefn gwlad. Wna i byth anghofio mynd ar hyd y Cob ym Mhorthmadog – ac roedd hwnnw'n gul iawn ar y pryd – a gweld lori wartheg fawr yn dod i 'nghwfwr i. Roedd dreifar honno wedi hen arfer mae'n amlwg, achos mi weindiodd ei ffenest i lawr a phlygu'r drych o'r ffordd.

'O diar, sa'n well i finna wneud yr un fath,' meddyliais, ond fedrwn i ddim – roedd drych y bỳs wedi'i weldio'n sownd yn ei le! Mi aethon ni drwodd rywsut, efo un o'r swogs yn sefyll wrth y drws i wneud yn siŵr nad oeddwn i'n hitio'r Cob a finna'n gwylio'r ochr arall i wneud yn siŵr nad oeddwn i'n hitio'r lori wartheg.

Brêcs aer oedd ar y bỳs, a doeddwn i ddim yn gyfarwydd o gwbl â phetha felly. Dwi'n cofio gorfod brecio'n reit galed yng nghanol Porthmadog, a hyrddiwyd y plentyn oedd yn eistedd yng nghanol y set gefn ymlaen nes roedd o'n sefyll wrth fy ochr i yn y ffrynt! Roedd pawb yn sgrechian ac yn gweiddi a bagiau'n disgyn o'r silffoedd uwchben. Meddyliwch y perygl! Mi fedra i gyfadda'r cwbwl rŵan wrth gwrs, achos wnaeth neb frifo, diolch i'r drefn.

Roeddan ni'n cael lot o hwyl – roedd 'na gymdeithas glòs iawn yng Nglan-llyn bryd hynny, ac mi wnes i ffrindiau sy'n dal yn ffrindiau, fel Mici Plwm a John Eric. Dau gymêr arall dwi'n eu cofio oedd John Meics o Drebanos a Tony Coleman o Flaenau Ffestiniog. Mi fuon ni'n rhannu llofft un tro, ac yn oriau mân y bore un noson mi glywais John Meics yn deffro a gofyn:

'Tony! Tony! Wyt ti ar ddihun?'

Ar ôl ychydig eiliadau o ddistawrwydd daeth ateb bythgofiadwy Tony:

'Siŵr Dduw 'mod i ar ben fy hun, pwy ff** arall ti'n feddwl sydd yma efo fi?'

Roeddwn i yn fy nau ddegau erbyn hyn, wedi bod i ffwrdd ar y môr, ac yn dipyn o jarff mae'n siŵr. Roeddwn i fel dyn wedi clywed oglau ar ei ddŵr am y tro cynta, ac mi oedd 'na ambell Gymraes dlos iawn yn dod i'r gwersyll hefyd wrth gwrs ... ond fasa fiw i mi enwi neb – maen nhw mewn swyddi uchel iawn a pharchus erbyn hyn!

Flynyddoedd yn ddiweddarach mi fyddai ambell blentyn yn dod ata i a deud: 'Mae Mam yn 'ych cofio chi yn Glan-llyn,' ond erbyn hyn maen nhw'n deud bod ei neiniau yn fy nghofio fi yno! Dyna chi rwbath i sobri rhywun!

Mi gafodd John Eric a finna antur anhygoel un tro pan ddaeth hi'n eira mawr. Welais i erioed y ffasiwn beth. Yn ardal Bala, Rhuthr Cynllwyd maen nhw'n galw'r math o storm eira gawson ni'r diwrnod hwnnw, pan fydd o'n dod i lawr o ochrau Cwm Cynllwyd. Mi ddaeth i lawr fel blanced, ac mewn ychydig oriau roedd 'na droedfeddi o eira wedi disgyn. 1981 oedd hi, ac roedd John wedi bod ym Manceinion yn nôl ei ferch, Nia, o'r maes awyr, ond mi fethodd â chyrraedd yn ôl i Lan-llyn. Roedd ei Land Rover wedi mynd yn sownd ryw hanner milltir o Lan-llyn Isaf, ac roedd yn rhaid iddyn nhw gerdded. Lwcus mai ganol pnawn oedd hi. Roedd hi fel bod ym Mhegwn y Gogledd. Beth bynnag, ar ôl panad o goffi a wisgi bach i g'nesu, mi ddaeth cnoc ar y drws: rhywun yn deud bod eu car nhw wedi mynd yn sownd, a bod 'na ddwsinau o bobol eraill yn yr un sefyllfa ar y ffordd rhwng Bala a Llanuwchllyn. Roedd gwersyll

Glan-llyn wedi cau ar y pryd, ac mi aethon ni yno i danio'r gwres cyn mynd allan i helpu'r rhai oedd yn sownd yn eu ceir. Mi gerddon ni at y ffordd fawr, a heb air o gelwydd, mi oeddan ni'n cerdded ar doeau'r ceir, roedd hi mor ddrwg â hynny. Mi oedd 'na ddwy o loris graeanu'r Cyngor yn sownd, dyna pa mor ddrwg oedd hi. Welais i 'mo'r fath beth cynt na wedyn, a'r cwbwl wedi dod i lawr mewn mater o tua chwe awr. Dyna'i gyd.

Ar ôl gwneud yn saff nad oedd neb yn dal yn eu ceir, mi hebryngon ni bawb yn ôl i'r gwersyll. Mi fuon ni'n mynd yn ôl ac ymlaen am oriau, ac mi fu'n rhaid i ni gario un ddynes o'r car ar strejar oherwydd ei bod hi wedi oeri cymaint. Ar ôl cael pawb yn ôl i Lan-llyn – roedd 'na tua 30 o bobol i gyd – mi wnaeth John a finna swper iddyn nhw – byrgyrs cig eidion a chips os dwi'n cofio'n iawn. Doedd 'na ddim gobaith y byddai'r ceir yn gallu symud ac roedd hi'n dal i bluo eira, felly dyma ni'n setlo pawb i lawr am y noson. Nos Sul oedd hi, ac mi fu'r bobol yno dros nos a'r rhan fwyaf o'r dydd Llun hefyd, nes oedd y Cyngor wedi llwyddo i dorri drwodd efo JCB. Roedd y gwersyll ar gau am rai wythnosau wedyn oherwydd y tywydd. Ond un o'r pethau sy'n aros yn y cof fwyaf am y digwyddiad ydi mai ychydig iawn o bres gawson ni gan ein 'gwesteion' pan wnaethon ni gasgliad at y gwres a'r bwyd! Ia wir, ar ôl i ni eu helpu nhw allan o dwll – yn llythrennol bron – wnaeth rhai ohonyn nhw ddim rhoi ceiniog yn y casgliad! Mi synnodd hynny fi, braidd.

Ar wahân i anturiaethau fel'na, roedd pob math o helyntion eraill yn mynd ymlaen mewn lle fel Glan-llyn, fel y gallwch chi ddychmygu. Ar nos Sul, adeg y gwersylloedd haf, roeddan ni'n cerdded y plant ddwy filltir i'r gwasanaeth yn hen gapel Llanuwchllyn – 150 o blant ar y briffordd brysur yng nghanol traffig, a'u cerdded nhw'n ôl wedyn.

Dwi'n cofio un boi oedd yn dod yno ar gyrsiau dysgu Cymraeg, ac roedd ganddo fo dipyn o broblem bersonol, ddeudwn ni fel'na. Roedd o'n cael ryw staeniau ar ei drowsus byth a hefyd, a'r rheini'n staeniau go amheus. Roedd pawb yn sôn am y peth, a chafwyd cyfarfod brys o'r Cwrt i drafod be oeddan ni am wneud, a phenderfynwyd y byddai'n rhaid cael gair efo'r boi 'ma. Sefydliad anffurfiol oedd y Cwrt – dipyn o hwyl oedd o – er mwyn i'r staff allu trafod pob math o faterion pwysig, neu os oedd rhywun wedi gwneud rhywbeth o'i le. Er enghraifft, os oedd rhywun yn chwyrnu'n rhy uchel neu'n rhechan gormod, roedd y Cwrt yn penderfynu be fyddai'r gosb. Yn achos y staeniau, tynnu enwau o het wnaethon ni, i weld pwy fyddai'n gorfod siarad efo fo, a'r enw ddaeth allan oedd Alun Ffred Jones, arweinydd y cwrs iaith yr wythnos honno, ac Aelod Cynulliad erbyn hyn, wrth gwrs. Dwi ddim yn siŵr be ddywedwyd yn y sgwrs honno, ond chafodd o ddim effaith. Parhau wnaeth y staeniau drwy gydol y cwrs iaith hwnnw a phob cwrs iaith arall y bu'r boi arnyn nhw wedyn hefyd.

Roedd y merched fel arfer yn cysgu yn y tŷ, a'r bechgyn yn y cabanau pren, ac roedd 'na enwau gwreiddiol iawn ar y rheini bryd hynny – Caban Un, Caban Dau, Caban Tri ac yn y blaen hyd at rif chwech. Hen gytiau fel rhai'r fyddin oeddan nhw, ac roeddan nhw'n oer iawn yn y gaeaf a phoeth yn yr haf. Wyth gwely bync ym mhob un, a lloriau pren, moel. Mae hi wedi newid yn ofnadwy yno erbyn heddiw, ac mae'r rhain yn dechrau mynd yn angof. Doeddan ni ddim yn cloi'r plant i mewn yn y nos, fel gwersyll carchaorion rhyfel, ac mi oedd 'na lot o gerdded o gwmpas rhwng cytiau, felly roedd yn rhaid i ni fod ar ein gwyliadwriaeth drwy'r amser rhag ofn i rywun wneud rwbath gwirion iawn, neu frifo. Wnaeth 'na ddim byd mawr ddigwydd i mi gofio, dim ond y cambihafio diniwed fasach chi'n ei ddisgwyl efo criw o blant i ffwrdd o'u cartrefi. Curo drysau a ffenestri i ddychryn y gweddill, y math yna o beth.

Mi oedd 'na rai swogs, fel Mici Plwm, yn dod yno drwy'r haf, am saith neu wyth wythnos weithia, ac mae Mici a finna wedi parhau'n ffrindiau clòs iawn iawn byth ers y dyddiau hynny. Mi fuon ni'n hwylio efo'n gilydd droeon wedyn, fel y cewch chi glywed. Fo ydi'r peth agosaf i frawd ga' i mae'n debyg!

Y drefn oedd nad oedd neb i adael y gwersyll yn ystod eu harhosiad, ar wahân i'r tripiau roeddan ni'n eu gwneud ar ddyddiau Iau – un i'r Bermo, un i ben yr Wyddfa a hwnnw i Gaernarfon a Beddgelert y soniais i amdano. Yr unig gyfle i fynd allan am beint oedd ar bnawn Sadwrn rhwng gwersylloedd. Roedd un criw o wersyllwyr yn mynd adra ar fore Sadwrn ac roedd pawb yn mynd i'r Eagles am ginio cyn i'r criw nesaf gyrraedd. Gallai nosweithiau Sadwrn fod yn flêr braidd – criw bywiog, newydd o blant yn cyrraedd a'r swogs i gyd â chur yn eu pennau!

Doedd 'na ddim pwll nofio yno ar y pryd, a'r unig le i fynd pan oedd hi'n bwrw glaw oedd rhyw gaban pren lle roeddan ni'n gwneud nosweithiau swogs i ddiddanu'r plant. Roeddan ni'n gwneud pantomeims ac ati, ac yno, yn Noson Lawen y swogs, y dechreuais i berfformio am y tro cyntaf. Sgetshis a rhyw betha diniwed felly oeddwn i'n wneud fwya, achos dydw i ddim yn ganwr da iawn. Ychydig wedyn mi ddaeth 'na griw lleol at ei gilydd i wneud parti noson lawen – Parti Arall – ac roeddwn i'n rhan o hwnnw, yn teithio o gwmpas y wlad yn diddanu. Mi gewch chi'r hanes hwnnw'n nes ymlaen. Amynedd pia hi!

Un o'r pethau mwyaf hurt fyddai'n digwydd yng Nglan-llyn oedd y nosweithiau deud straeon ysbryd – jest y peth i helpu plant i setlo i lawr a hwythau i ffwrdd o'u cartrefi am y tro cynta. Roeddan ni'n eu cau nhw yn y caban pren, un ohonan ni'n deud stori a'r swogs eraill yn helpu trwy wneud effeithiau arbennig i greu awyrgylch mwy dramatig – sgleinio golau ar y llwybr neu yn y coed, canu cloch lle'r roedd sôn am hynny yn y stori, y math yna o beth. Codi'r tensiwn oedd y nod – ac roedd o'n gweithio hefyd, achos roeddan nhw'n codi ofn arna i, heb sôn am y plant druan. Ond roedd o'n rhan o'r hwyl, a wastad ar y diwedd mi fyddai'r drysau'n agor yn y cefn a rhyw sgerbwd neu benglog yn cael ei daflu i mewn. Doedd 'na'm gobaith y byddai'r plant yn cysgu'r noson honno wedyn, ond roeddan ni'n dal i wneud yr un peth bob wythnos.

Yn y caban y byddai'r disgos yn cael eu cynnal hefyd, ac roeddan ni'n gwahodd grwpiau i chwarae – dwi'n cofio'r Trwynau Coch yn perfformio yno, er enghraifft. Dei Tomos gychwynnodd y disgos, ond doedd 'na ddim cymaint â hynny o recordiau Cymraeg yn y dyddiau cynnar, felly roedd darnau offerynnol fel 'Popcorn' yn cael eu chwarae bob yn ail gân fwy neu lai, a Dawns Glan-llyn. Roedd hyn o gwmpas 1979 i 1981, ac mae cerddoriaeth Gymraeg wedi carlamu ymlaen ers y cyfnod hwnnw.

Mi oedd 'na gampfa yn y gwersyll, eto mewn cwt pren, a dwi'n cofio gorfod diddanu hyd at 60 o blant ar y tro yn fan'no pan fyddai hi'n bwrw glaw, efo dwy bêl ping-pong, hŵp pren, mainc a thameidia o bapur – gwneud Chwaraeon Potes, sef symud o un peth i'r nesaf. Roedd y plant wrth eu boddau, a dwi'n siŵr y basan nhw'n mwynhau heddiw hefyd, tasan nhw'n cael y cyfle i wneud pethau syml felly.

Un arall o nodweddion difyr y gwersyll oedd y Sgwad Bwyd, sef y swyddogion yn gweini'r bwyd ac yn golchi'r llestri wedyn efo criw o blant. Eto, doedd dim sôn am iechyd a diogelwch (roeddan nhw'n golchi'r llestri efo dŵr berwedig), ond wnaeth neb losgi'n ddrwg dwi'm yn meddwl.

Roeddan ni'n cael cystadlaethau gwirion hefyd, fel pwy oedd yn gallu bwyta'r nifer fwya o frechdanau jam. Huw Roberts – oedd yn un o uwch-swyddogion Parc Cenedlaethol Eryri tan yn ddiweddar – sy'n dal y record honno efo 24. Huw Bob Dim oeddan nhw'n ei alw fo, oherwydd ei fod o'n medru gwneud bob dim – yn ei feddwl o. Mi aeth o'n sâl ar y bumed frechdan jam ar hugain, a'r rheswm a roddwyd yn y Cwrt wedyn oedd bod 'na rywun wedi rhoi marmalêd yn honno yn lle jam.

Mi oedd gan Huw dric arbennig arall, sef llyncu Mars bar yn gyfan. Doedd o ddim yn ei gnoi o, dim ond ei stwffio fo i'w geg a gadael iddo fo doddi rhyw fymryn, a'i lyncu'n raddol am wn i. Duw a ŵyr sut roedd y diawl gwirion yn ei wneud o, ond peidiwch â thrio hynna adra, blant! Un tro, mi chwaraeon ni dric ar Mr Bob Dim, sef rhoi'r Mars yn y rhewgell nes ei fod o'n hollol galed. Doedd y Mars bar ddim yn mynd i lawr fel y dylai o wedyn nag oedd, a doedd hi ddim yn bosib iddo fo'i dynnu o'i geg chwaith achos roedd o wedi wejio tu ôl i'w ddannedd o! Roedd yr olwg ar wyneb Huw yn bictiwr, a phawb arall yn gelain o chwerthin. Mi fu bron i ni ei ladd o'r noson honno dwi'n siŵr!

Dwi'n cofio rhyw gast wedyn lle byddai criw gwersyll Llangrannog yn dod i fyny i Lan-llyn ac yn chwarae rhyw dric arnon ni. Mi wnaethon nhw ddwyn y cyllyll a'r ffyrc i gyd un tro, a phob llwy a phob dim, a mynd â nhw'n ôl i Langrannog. Y bore wedyn doedd gan y plant ddim llwyau i fwyta'u creision ŷd, na'u wyau 'di ferwi – bys a bawd yn unig oedd hi. Cofiwch chi, roedd criw Glan-llyn yn mynd i lawr yno i wneud drygau hefyd. Mi wnaeth y swogs stori fawr un waith eu bod nhw am herwgipio un o swogs Llangrannog a dod â fo'n ôl i Lan-llyn. Ond be wnaeth y diawled ar ôl cyrraedd Llangrannog ond cael Huw Bob Dim i fynd allan i agor y giât, troi'r car rownd a gyrru i ffwrdd hebddo fo! Ei adael o yno yn y tywyllwch – 75 milltir o Lan-llyn. Dwi'n meddwl ei fod o wedi cael aros yno'r noson honno a chael lifft yn ôl y diwrnod wedyn gan un o griw Llangrannog.

Yng Nglan-llyn y dechreuais i hwylio, ond roeddwn i'n dysgu plant sut i wneud hynny cyn 'mod i'n gallu hwylio fy hun yn iawn. Doeddan ni ddim yn mynd ar y llyn efo nhw'n syth – o na. Ar y glaswellt o flaen y plasty y byddai'r gwersi cyntaf yn cael eu cynnal, efo dwy gadair, brwsh llawr a thamaid o linyn fel rhaffau'r cwch, er mwyn dysgu'r symudiadau elfennol. Ar y gorchymyn 'Barod i droi!' a 'Troi!' roedd yn rhaid gwthio coes y brwsh i ffwrdd, symud y cortyn o un llaw i'r llall a symud o un gadair i un arall i ddynwared symud ar draws o un ochr y cwch i'r llall. Roedd o'n hwyl garw, ond roedd o'n gweithio hefyd, ac mae 'Barod i droi', 'Barod!' a 'Troi!' yn dal i ddod â gwên i wynebau nifer o gyn-wersyllwyr.

Gyda chefnogaeth Glan-llyn, symudais ymlaen wedyn i gael cymwysterau hwylio'r RYA (Royal Yachting Association), a thra oeddwn i'n gweithio yno mi ddechreuais gymryd rhan mewn rasys hwylio. Mi ges i wahoddiad i wneud Ras y Tri Chopa yn 1986 gan Mici Plwm, oedd yn ffurfio tîm. Roeddan ni'n griw o bump – tri i hwylio, sef Mici Plwm a fi a Richard Tudor yn sgipar (roedd hyn cyn iddo fo fynd i rasio rownd y byd ar ei ben ei hun a dod yn fyd-enwog yn ei faes). Hwylio o Bermo i Gaernarfon oeddan ni i ddechrau, wedyn roedd y rhedwyr – Hefin Griffiths, sydd bellach yn byw yn Awstralia, a Malcolm Jones, brawd Mici, yn rhedeg o'r cei yn fan'no i ben yr Wyddfa. Roedd y ddau'n aelodau o Glwb Rhedeg Hebog, ac mae Malcolm yn dal i wneud Ras yr Wyddfa bob blwyddyn. Hwylio o Gaernarfon i fyny i Ravenglass wedyn, ac i fyny Scafell Pike, ac yna i fyny i Fort William a Ben Nevis, a'i gorffen hi yn fan'no. Dwi wedi gwneud y ras honno bedair neu bump o weithiau erbyn hyn, efo gwahanol bobol. Wnaethon ni erioed ennill, ond fuon ni erioed yn ddwytha chwaith. Roedd lot o'r rhedwyr yn mynd yn sâl – doeddan nhw'm yn llongwyr da iawn. Wedyn, wrth gwrs, doeddan nhw ddim mewn cyflwr rhy dda i redeg! Ond doeddan ninnau ddim yn rhedwyr da iawn chwaith. Be dwi'n ei gofio fwya am y ras ydi diffyg cwsg, achos doeddan ni ddim yn cael llawer o amser – dim ond dal i fynd, dal i fynd. Neu drio dal i fynd. Dwi'n cofio gorfod rhwyfo'r cwch un waith pan oedd y gwynt wedi marw, fel y Llychlynwyr gynt. Unrhyw beth er mwyn dal i symud a thrio cael unrhyw fath o fantais. Mae'r ras yn cymryd tua phedwar neu bum diwrnod i'w chwblhau, yn dibynnu ar y tywydd.

Un distaw oedd Richard Tudor – mae o'n ddyn swil iawn, ond annwyl ofnadwy. Dydach chi ddim yn gorfod gweiddi ar bawb i fod yn sgipar da. I'r gwrthwyneb faswn i'n deud. Os oes 'na rywun yn gweiddi ar gwch hwylio, mae'n arwydd nad ydi o'n sgipar da iawn. Mae'n arwydd o wendid. Doedd Richard Tudor byth yn gweiddi, dim ond deud yn dawel bach, ddigon ymlaen llaw, pa hwyliau i'w codi, pa bryd i riffio ac yn y blaen a pha ffordd i fynd gan ddefnyddio'r gwynt. Mae hwylio'n hollol wahanol i fod ar y môr mewn cwch efo injan, ac roedd o'n beth hollol newydd i mi. Efo Richard y gwnes i ddechrau dysgu hwylio go iawn – er, wedi deud hynny, pan oeddan ni'n cychwyn o'r Bermo ar y ras gynta mi roddodd Mici a fi yr hwyl i fyny a'i phen i lawr. O flaen pawb oedd yn gwylio! Doedd hynny ddim yn gychwyn da iawn nag oedd?

Mi ges i gyfarfod pob math o gymeriadau wrth wneud y ras yma – rhai lliwgar iawn, ac roeddan ni'n cael dipyn o hwyl. Rydach chi eisoes wedi dod ar draws un ohonyn nhw – fy hen gyfaill Alan Wynne-Thomas. Mae Mici Plwm yn ofnadwy o frwdfrydig pan fydd o'n hwylio, ac un o'i rinweddau ydi ei fod o'n gallu gwneud bwyd ym mhob

tywydd. Hyd yn oed efo'r hunanaberth o wneud ei hun yn
sâl, mae o wastad yn fodlon gwneud brechdan bêcyn neu
rwbath i chi, chwarae teg. Mi ges i un o'r rheini ganddo fo yn
Swnt Enlli yn ystod storm un tro. Roedd o'n sâl fel ci, ond mi
edrychodd ar fy ôl i.

Dro arall roeddwn i wedi prynu oen hwrdd gan Bryn
Fedw Lwyd o'r Bala 'cw, i'w roi yn y rhewgell. Tair coes
oedd ganddo fo, gan fod Bryn wedi gwerthu un i rywun
eisoes. Mi wnes i stiw efo'r oen 'ma ar gyfer Ras y Tri Chopa,
ac yn Swnt Enlli gawson ni hwnnw hefyd. Mae'n raid bod fy
mol i'n cwyno eisiau bwyd erbyn cyrraedd fan'no bob tro.
Heb air o glwydda, roedd 'na bedair modfedd o saim ar dop
y stiw yn y bocs Tupperware 'ma! Ond yn lle 'i grafu fo o'na
a'i daflu o, mi doddodd Mici o i mewn wrth ei aildwymo.
Doeddwn i ddim yn sâl hyd yn oed wedyn, ond mi faswn i'n
taeru fy mod i'n teimlo curiad fy nghalon yn arafu fesul
cegiad wrth i'r saim ei chyrraedd hi! Am oriau wedyn –
dyddiau dwi'n siŵr – roedd fy ngheg a 'nannedd i'n teimlo
fel bod rhywun wedi chwistrellu cŵyr neu rwbath drostyn
nhw. Ych a fi 'te? Ond mi oedd o'n uffernol o flasus ar y pryd,
mae'n rhaid deud, achos roeddwn i'n blydi llwgu.

Mi ddes i ar draws Richard Tudor flynyddoedd yn
ddiweddarach – yn 1994 – mewn ras lawer mwy na'r Tri
Chopa. Dwi'n ddyn *Daily Telegraph* mawr; dwi'n ei brynu fo
er mwyn gwneud y croesair, neu drio o leia. Ella y bydda i
wrthi am ddiwrnod neu ddau arno fo, a dwi byth yn gallu 'i
orffen o, ond dwi'n mwynhau trio. Un diwrnod mi welais i
hysbyseb yn y papur am ras hwylio rownd Prydain. Roeddan
nhw'n gwneud timau Cymru, Lloegr, yr Alban, Iwerddon a
Ffrainc, ac roeddan nhw isio i bobol wneud cais i fod yn rhan
o'r criwiau. Hon oedd y ras y soniais amdani yn y bennod
gyntaf oedd wedi ei noddi gan gwmni Teacher's Whisky.

Ew, roedd hwn yn swnio fel rhywbeth difyr i'w wneud, a dyma anfon am ffurflen gais a'i llenwi hi'n syth pan ddaeth hi drwy'r post. Wedyn mi ddaeth 'na ffurflen arall i'w llenwi, ac yn y diwedd mi ges i wahoddiad i gymryd rhan mewn penwythnos dewis criwiau ym Mhlas Menai. Roeddan nhw'n gwneud dau dîm o bob gwlad, ac roedd yn rhaid gwneud gwahanol brofion ar y dŵr ac ar bapur – ac yn ffodus i mi, roedd Richard Tudor yn un o'r dewiswyr. Mi ddywedodd wrtha i am gymryd arnaf nad oeddwn i yn ei nabod o, ac mi oeddan ni pasio ar y coridor ac yn siarad Saesneg efo'n gilydd, er mwyn gwneud y peth yn fwy credadwy! Goeliwch chi'r ffasiwn beth?

Roedd 'na wyth ar bob cwch, a do, mi ges i fy newis yn un o'r criwiau. Ond dwi'n reit siŵr na fysa Richard wedi fy newis i ar y sail ein bod ni'n nabod ein gilydd yn unig. Roedd ganddo fo ffydd yndda i mae'n raid – neu felly fydda i'n lecio meddwl beth bynnag.

Roedd Teacher's yn gwario'n sylweddol ar y ras – yn lluchio pres ati. Mi ges i bob math o ddilladau ganddyn nhw, ac mi fyswn i'n dychmygu ei bod hi'n un o'r digwyddiadau hwylio gorau erioed ym Mhrydain o safbwynt nawdd.

Sgipar ein cwch ni oedd Alan Wynne-Thomas. Dyna pryd y dois i'w adnabod o gyntaf ac, fel y soniais i, mi wnaethon ni gymryd at ein gilydd yn syth. Aelod o'r criw oeddwn i – doeddwn i ddim digon hyderus bryd hynny i roi fy hun i lawr fel ail fêt iddo fo. Ond fel roedd y fordaith yn mynd yn ei blaen, roeddwn i'n ffeindio fy hun yn gwneud mwy a mwy efo fo achos doedd y boi *oedd* yn ail fêt, a bod yn blwmp ac yn blaen, ddim yn dda iawn!

Roeddan ni'n cychwyn yn Cowes ar Ynys Wyth ac yn hwylio rownd arfordir gorllewinol Iwerddon, rownd ynysoedd yr Alban ac arfordir dwyreiniol Lloegr a gorffen yn ôl yn Cowes – tua 3,000 o filltiroedd i gyd. Y stop cyntaf oedd Galway, ond bryd hynny doeddan ni ddim yn cael llawer iawn o hwyl arni o ran ein safle yn y ras – doedd ein cwch ni ddim yn perfformio'n dda iawn am ba reswm bynnag. Mi oedd 'na rwbath yn bod arno, ac roedd Alan wedi amau hynny o'r dechrau, er nad oedd o'n gallu rhoi ei fys ar be yn union oedd y broblem. Dal i fynd wnaethon ni wrth gwrs, ac wrth i'r dyddiau basio, roedd o a fi'n dod yn fwy a mwy o ffrindiau.

Roedd Alan yn mynd drwy ysgariad ar y pryd – cyfnod anodd yn ei fywyd – a bu'n rhaid iddo fo adael y cwch yn Oban, gorllewin yr Alban, i fynd adra i sortio rhyw bethau cyfreithiol. Mi wnaeth y trefnwyr fygwth ein tynnu ni allan o'r ras achos nad oedd ganddon ni sgipar, ac roeddan ninnau fel criw yn bygwth dwyn y cwch a chario 'mlaen p'run bynnag! Ond mi gawson ni sgipar arall, a chario 'mlaen wnaethon ni. Dwi ddim yn meddwl ein bod ni'n olaf hyd yn oed wedyn.

O'r ras honno ymlaen, mi gadwais mewn cysylltiad efo Alan, ac o ganlyniad i hynny mi ges i wahoddiad ganddo fo i gymryd rhan mewn ras arall rownd Prydain ar ei gwch o'i hun – y *Jemima Nicholas*. Yr un llwybr yn union â ras Teacher's oedd o, dim ond mai criwiau o ddau oedd yn y ras yma, ac felly roedd cwsg yn beth prin ar y diawl.

Roedd y daith yn mynd â ni reit allan rownd yr ynysoedd mwyaf pellennig, fel St Kilda ac ati. Ond cyn cyrraedd fan'no mi gawson ni dipyn o anffawd. Bu'n rhaid i ni aros ar Ynys Barra – un o'r mwyaf deheuol o Ynysoedd Allanol Heledd (*Outer Hebrides*) – am bedwar neu bum diwrnod am fod y cwch wedi cael ei falurio'n ddychrynllyd mewn storm a barodd am ddiwrnodau. Roedd 'na lot o'r gêr a'r offer wedi malu, a doedd Alan ddim yn hapus i gario 'mlaen efo'r *Jemima* yn y fath gyflwr. Roedd y batris a'r injan wedi marw a doedd 'na ddim byd yn gweithio, felly doedd ganddon ni fawr o ddewis, yn enwedig efo dim ond dau ohonan ni. Aeth Alan i aros mewn gwesty ar yr ynys ac mi arhosais innau ar y cwch, ond mi ges i gyfle i gael cwpwl o beints efo rhai o'r hogia lleol. Wel, mi aeth hi'n fwy na chwpwl o beints a deud y gwir. Wnes i ddim ystyried ar y pryd, ond dydi hi ddim yn tywyllu'n iawn yno yn yr haf. Roedd yr awyr tu allan yn dal yn olau, felly wnes i ddim ystyried pa mor hwyr oedd hi, ac felly roeddwn i'n cael peint arall, peint arall, peint arall ac yn y blaen. Mi fues i wrthi drwy'r nos fwy na heb!

Oedd, mi oedd Barra'n le bendigedig, ond roedd yn rhaid gwneud penderfyniad ymhen hir a hwyr. Roedd yn rhaid i ni drio mynd am adra. Y bwriad oedd hwylio rhwng Gogledd Iwerddon a'r Alban ac i lawr heibio Ynys Manaw am Bwllheli, ond yr unig siartiau oedd ganddon ni oedd y rhai ar gyfer y ras, nad oedd yn mynd y ffordd honno.

Ond efo'r cwch yn y fath gyflwr mi benderfynon ni wneud rhywbeth na ddylai'r un llongwr go iawn ei wneud a deud y gwir, sef mynd heb siartiau. Roeddan ni'n hwylio'n hollol ddall – yr unig beth oedd ganddon ni oedd map bach cyffredinol allan o ryw lyfr oedd gan Alan.

Roedd yr injan wedi chwalu, felly dim ond hwyliau oedd i'n cario ni, a'r rheini'n hollol wag – doedd 'na ddim gwynt o gwbl. Yn ystod y fordaith, a finna wrth y llyw, yn raddol bach mi ddois i'n ymwybodol o ryw sŵn diarth yn y pellter. Roedd Alan yn cysgu ar y pryd, ac rooeddwn i'n methu deall be goblyn oedd y sŵn 'ma, fel injan ddyrnu yn bell, bell i ffwrdd. Mi gododd Alan yn y diwedd ac roedd yntau'n pendroni hefyd. Ond erbyn hyn roeddan ni'n gallu gweld rwbath yn y pellter, er nad oedd hi'n bosib gwneud allan be oedd o yn union. Roeddwn i'n meddwl mai sybmarîn oedd hi! Ond wrth i ni lusgo'n ara deg tuag at y gwrthrych yn y pellter, mi ddaeth yn amlwg o'r diwedd mai goleudy oedd o, a'r sŵn oeddan ni'n ei glywed oedd *generator* y lle. Ac yna, mi ddigwyddais i sbio i lawr a chael coblyn o sioc – roeddwn i'n gallu gweld y gwaelod. Creigiau! Yn ganol nunlle! Roeddan ni'n weddol bell o olwg y tir mawr, ac roedd o'n uffarn o deimlad od. Ond, am nad oedd ganddon ni siartiau, doeddan ni ddim yn gwybod ble ddiawl oeddan ni na be oedd y creigiau 'ma. Doedd dim amdani ond angori yn fan'no, a diwedd y stori oedd bod Alan wedi penderfynu galw Gwylwyr y Glannau ac egluro wrthyn nhw bod ein injan wedi torri, bod 'na ddim chwa o wynt, a'n bod ni'n gallu gweld y gwaelod! Mi oeddan nhw'n gwybod yn union lle roeddan ni, o ddisgrifiadau Alan, ac mi ddaeth bad achub Belffast i'n nôl ni. Embaras! Tydw i ddim wedi cyfadda hyn wrth lawer o bobol. Dydi llongwr ddim isio cyfadda ei fod wedi gorfod cael ei achub, ond dan yr amgylchiadau, roedd y penderfyniad yn un cywir. Ta waeth, mi gawson ni'n towio i mewn i Felffast. Roedd 'na goblyn o lanast ar yr injan, ac mi fuon ni yno am wythnos yn cael ei thrwsio hi. Roedd bois y bad achub yn grêt efo ni. Roeddan nhw'n mynd â ni allan fin nos, ac roeddan ni'n cael mynd i dai rhai ohonyn nhw i gael bwyd ac ati. Ew, mi oeddan nhw'n ffeind ofnadwy, chwarae teg.

Erbyn deall, roeddan ni wedi hwylio i ganol creigiau peryglus Yr Hen Ferched – *The Maidens* – ger Larne oddi ar arfordir Antrim. Lwcus nad oedd hi'n storm pan aethon ni i'w canol nhw, achos mi fasan ni wedi eu taro nhw ar ein pennau wedyn, ond am nad oedd 'na wynt, nofio i mewn iddyn nhw'n ara deg wnaethon ni. Y wers ydi – peidiwch byth â hwylio heb siartiau!

Ar ôl cael trwsio'r injan a llwyddo i hwylio i Bwllheli, mi adawodd Alan y *Jemima* yn fan'no a mynd yn ôl i'r Alban, lle roedd o'n byw ar y pryd, ac mi ges i gyfle i fynd â hi i'w phorthladd arferol – Plymouth. Mi ges i gwmni John Eric, Huw Tudor (tad Richard) a fy mrawd yng nghyfraith,

Adrian (gŵr Gwawr fy chwaer, a oedd yn sâl fel ci yr holl ffordd, creadur). Ond mi gawson ni drip neis iawn i lawr i Plymouth.

Mae 'na bobol sy'n byw ar y tir â phobol sy'n hwylio, ac mae gan y ddwy garfan feddylfryd hollol wahanol i'w gilydd. Er enghraifft, pan oeddwn i wedi bod yn hwylio drwy'r nos, duwcs, roeddwn i'n lecio rhyw gan bach o gwrw ar ôl gorffen. Ond pan welodd Adrian fi yn yfed can o lager am chwech o'r gloch y bore roedd o'n meddwl yn siŵr fod gen i broblem yfed! Mi soniodd amdano wrth Nia, fy ngwraig, ar ôl i ni ddod adra – ond doeddwn i'n meddwl dim am y peth. Fedrwn i ddim gadael y ddau arall i ofalu am y cwch drwy'r nos am nad oeddan nhw'n ddigon profiadol, felly fi oedd yn llywio drwy'r nos. Dyna pam roedd chwech o'r gloch y bore fel naw neu ddeg o'r gloch y nos i mi, a does 'na ddim o'i le ar gael rhyw gan bach yr adeg honno nag oes? Felly, 'dach chi'n gweld be s'gin i am feddylfryd gwahanol?

Roedd hyn cyn y daith i'r Azores yn 2000 wrth gwrs, felly roedd *Jemima* a finna'n hen ffrindiau, ac mi fues i'n agos iawn ati rhwng pob dim. Mi gafodd ei gwerthu ychydig ar ôl i mi wneud y daith honno, ac yn ddiweddar mi ges i gynnig ei phrynu. Mi ges i e-bost gan ei pherchennog presennol yn rhoi'r cynnig cyntaf i mi, oherwydd fy nghysylltiad â hi, ond mae hi'n dal yn werth tua £70,000, a fedra i ddim fforddio pres felly yn anffodus, neu mi faswn wrth fy modd, wrth gwrs. Ufflon o gwch.

Bu Alan farw yn 2008, yn 67 oed. Roedd o wedi dioddef o ganser flynyddoedd ynghynt, ac wedi'i drechu bryd hynny, ond mi ddaeth y diawl peth yn ôl a dyna laddodd o yn y diwedd. Mi fuodd o a'i ail wraig, Jill, yn aros acw un tro, a dwi'n dal mewn cysylltiad efo hi.

Profiad arall 'hwyliog' ges i tra oeddwn i yng Nglan-llyn

oedd helpu allan ar fordeithiau'r Jubilee Sailing Trust. Cymdeithas ydi hon sy'n galluogi pobol efo anabledd i fynd i hwylio, ac am gyfnod fe logon nhw hen long hwyliau dau fast hyfryd, hen ffasiwn o'r enw *Soren Larsen*. Hon oedd y llong gafodd ei defnyddio yn y gyfres deledu o'r 1970au, *The Onedin Line*. Roedd hanner y criw â rhyw fath o anabledd, a'r hanner arall yn bobol abl – ond roedd bod ar y môr yn ein dysgu ni fod gan bawb ryw fath o anabledd. Roedd 'na rai abl yn mynd yn sâl môr, felly roedd hynny'n cyfri fel anabledd iddyn nhw. Wna i byth anghofio rhyw ferch oedd heb freichiau oherwydd effaith y cyffur Thalidomide. Welis i erioed neb yn rhoi pry genwair ar fachyn mor anhygoel o sydyn, efo'i thraed wrth gwrs. Doedd hi ddim yn ei weld o fel anabledd, ac roedd hi wedi pasio ei phrawf gyrru *advanced* a phob dim. Mi ddysgais lot yn y cyfnod hwnnw ynglŷn â be ydi anabledd.

Roedd 'na Gymry, wrth gwrs, yn hwylio efo ni – y diweddar annwyl Glyn Heddwyn o Drawsfynydd yn un. Roedd Glyn yn ddall, wedi mynd felly yn ystod ei oes, ond roedd o'n goblyn o gês ac mi gawson ni lot o hwyl. Hywel Roberts o'r Bermo yn un arall. Roedd Hywel mewn cadair olwyn, ac mi gafodd y llysenw Honci, am ei fod o'n chwydu bob munud, oherwydd salwch môr.

Fel arfer roeddan ni'n hwylio allan o Lerpwl am wythnos ar y tro. Mi wnes i hyn ryw dair neu bedair gwaith; mynd am Wicklow neu Arklow fel rheol, neu i lawr am Abertawe, ac yn ôl i Lerpwl. Roeddan ni'n gweithio ar system *buddy*, sef bod dau ffrind yn aros efo'i gilydd ac yn edrych ar ôl ei gilydd. Roedd Glyn Heddwyn efo fi un tro, ac roedd o'n chwerthin bob tro pan fyddan ni'n dod yn ôl i'r caban yn hwyr, a finna'n rhoi'r golau ymlaen wrth ochr ei wely. Mi fydda fo'n deud: 'Be uffar ti isio rhoi'r golau ymlaen i mi, dwi'm yn gweld nac'dw, sna'm pwynt!' Rhyw bethau doniol fel'na. Mi fyddwn i'n mynd i'w weld o bob hyn a hyn i'w weithdy yn Traws. Gwneud cadeiriau gwiail oedd o, ac roedd o'n grefftwr gwych. Roedd o hyd yn oed yn medru defnyddio gwahanol liwiau wrth blethu'r gwiail 'ma. Duw a ŵyr sut roedd o'n ei wneud o. Pan fyddwn i'n mynd draw yno roeddwn bob amser yn trio gwneud llais gwirion, i'w dwyllo fo, ond roedd o'n fy nabod i bob tro.

Roedd Hywel yn gymêr hefyd. Wna i byth anghofio un noson, pan oeddan ni yng nghanol storm go hegar. Mi ddaeth o allan o'i gaban yn ei gadair olwyn, hitio mainc (roedd dau neu dri ohonan ni'n eistedd arni ar y pryd – un fawr efo cefn arni) a fflio drosti. Mae'n rhaid ei fod wrthi'n gwneud ei hun yn barod i fynd i'w wely ar y pryd, achos doedd ganddo fo ddim llawer amdano! Dyna lle roedd o'n gorwedd a'i fol dros gefn y fainc 'ma, ei din yn yr awyr o flaen pawb, yn chwerthin yn afreolus. Eistedd ar y fainc oeddwn i ar y pryd yn plicio tatws a moron, a heb feddwl, mi gymerais foronen o'r bowlen a'i sticio hi yn ei din o a deud: 'penblwydd hapus Hyw yn un oed!' Roeddwn i'n meddwl 'mod i wedi'i ladd o, roedd o'n chwerthin gymaint. Oedd, roedd 'na lot o hwyl i'w gael ar y *Soren Larsen*.

Dach chi'n fy nghofio fi'n deud nad oeddwn i'n dda iawn ar gae pêl-droed am fy mod i braidd yn drwsgwl? Wel, un arall nad ydi o'n un o'r rhai mwyaf heini o blant Duw ydi John Bŵts – John Pierce Jones, neu Mr Arthur Picton, rheolwr tîm pêl-droed chwedlonol Bryncoch yn C'Mon Midffîld. Rŵan, dydi'r geiriau 'ysgafn droed' a 'John Bŵts' ddim yn mynd efo'i gilydd yn dda iawn, a fo fydda'r cynta i gytuno efo fi. Mae o hefyd yn chwyrnwr heb ei ail, ac mi ddois i sylweddoli'r ddeubeth hyn yn 2011 ac eleni, pan dderbyniais her i'w ddysgu sut i hwylio.

Y peth cynta ddysgais i oedd nad oes fawr o wahaniaeth weithiau rhwng Mr John Pierce Jones â Mr Arthur Picton – mae'r ddau yn toddi'n un ar adegau! Mae o'n colli ei dempar pan nad ydi pethau'n mynd yn rhy hwylus.

Cefndir ein hanturiaethau oedd y ffaith fod John yn dod o Niwbwrch yn wreiddiol, ac mai ei Yncl Owen oedd peilot olaf Ynys Llanddwyn, sef y peilotiaid oedd yn hebrwng llongau dros y bar yng ngheg afon Menai i Gaernarfon. Owen Pierce oedd ei enw, ac mi hwyliodd o rownd yr Horn yn ei ddydd, felly roedd John yn llawn hanesion teuluol amdano fo. Llanddwyn ydi cartref ysbrydol John, ac roedd hi wedi bod yn uchelgais ers tro ganddo i ddilyn trywydd ei ewythr, a dysgu dipyn am y môr ac am hwylio.

Enter Dilwyn Morgan.

Roedd John wedi prynu cwch hwylio ym Mhorthmadog o'r enw *Mistress Wilful*, ac fe gododd y syniad o wneud rhaglen deledu yn dilyn ei wersi morwrol. Y bwriad oedd ein ffilmio ni yn mynd o Bwllheli i Gaernarfon, ac yna o amgylch Môn. Roeddan ni'n mynd â'r cwch i Gaerdydd wedyn, lle mae John yn byw y rhan fwyaf o'r flwyddyn. Wnaeth y camerâu ddim ein dilyn i fan'no y tro cyntaf, ond mi wnaethon nhw ar gyfer yr ail gyfres eleni. *Codi Hwyl* oedd enw'r gyfres gyntaf, a chafodd ei darlledu mewn dwy ran yn 2012. Mae'r ail gyfres wedi ei darlledu bellach hefyd.

Cyn sôn am y fordaith gyntaf honno, dwi am fynd â chi yn ôl i'r tro cynta i mi weld y *Mistress Wilful*. Cwch hwylio bychan 27 troedfedd ydi o, ac ar y lan ym Mhorthmadog oedd o pan ofynnodd John i mi fynd draw yno i gael golwg arno cyn ei brynu. Roedd o'n edrych yn reit daclus yn fy marn i, a dyma bois yr iard longau'n ei godi efo craen a'i roi o yn y dŵr.

Wna i byth anghofio ymateb un o'r rheini pan welodd ein bod ni'n paratoi i adael Porthmadog.

'Lle 'dach chi'n mynd?' gofynnodd, yn rhyw hanner disgwyl i ni ddeud 'O, 'mond rownd y bae,' dwi'n siŵr. Mi gafodd o andros o sioc pan ddudis i: 'O, 'mond i Bwllheli gynta, wedyn i Gaernarfon.'

'Arglwy' mawr,' medda fo, 'mae hwn wedi bod ar y lan ers deng mlynedd, 'dach chi 'rioed yn mynd i'w hwylio fo rŵan?'

Roedd o'n swnio fel Arthur Picton ei hun. Ond mi oedd y cwch yn tsiampion, chwarae teg, a doedd 'na ddim rheswm i beidio mynd am Bwllheli fel roeddan ni wedi'i fwriadu, felly dyma danio'r injan ac i ffwrdd â ni.

Y diwrnod wedyn, mi aethon ni rownd i Gaernarfon, er mwyn trio dysgu dipyn o hwylio i John wrth fynd. Ond cyn hynny roedd yn rhaid dysgu dipyn o'r bêsics iddo fo – fel sut i biso i'r môr heb ddisgyn dros yr ochr. Mi gafodd John dipyn o drafferth gwneud hynny'n llwyddiannus, ac roedd o'n piso ym mhobman ond y môr mawr o'i flaen!

Doedd y daith honno i Fôn ddim yn un esmwyth iawn. Mi gawson ni dipyn o wynt gyferbyn â Maen Mellt ar arfordir gogleddol Llŷn, ac yn fan'no y cafwyd y geiriau anfarwol yma gan y dyn camera, a oedd yn swp sâl ac ar ei bedwar. Mi sbïodd i fyny arna i efo llygaid ci bach a deud: 'Ff**** chi, ff****'r cwch 'ma a ff**** S4C, dwi'n mynd adra. Ewch â fi'n ôl i Bwllheli rŵan.'

Doedd 'na ddim gobaith o hynny wrth gwrs, a thrwy hyn oll, roedd John yn sefyll wrth ei ymyl, yn ei annog i edmygu rhyferthwy'r storm. Trio dangos ei fod o'n ddewr oedd o dwi'n meddwl, ond y gwir amdani oedd ei fod yntau hefyd yn cachu planciau, ac yn hongian ar y canllaw am ei fywyd. Roeddwn inna'n gorfod llywio, heb siawns o gael tamaid o fwyd yn fy mol, a finna ar lwgu!

'John, cer i lawr i nôl rwbath i mi fwyta – brechdan neu borc pei ... rwbath, plîs! Plîs! Dwi ar lwgu!'

Ond fedrai John ddim symud cam, felly'r dyn camera

aeth i nôl rwbath i mi, rhwng dau chwydiad! Mi ges i borc pei a *Scotch Egg*, ac mi drodd hwnnw stumog John Bŵts druan wedyn! Sôn am sbort a sbri.

Roedd honno'n dipyn o antur, ond mi gyrhaeddon ni Gaernarfon yn saff, ac roedd y dyn camera'n rêl boi wedyn!

Roeddan ni'n cysgu ar y cwch, ac yn mynd â fo rownd sir Fôn wedyn, er mwyn i John gael mwy o brofiad cyn mynd i lawr am Gaerdydd. A dyna pryd y dechreuais i sylweddoli ei fod o'n chwyrnu fel llif gadwyn yn mynd ffwl pelt. Dwi'm yn meindio rhywun sy'n chwyrnu'n gyson, mewn rhythm. Ond mae ambell un yn chwyrnu nerth esgyrn ei ben, yna'n stopio anadlu'n sydyn reit, cyn ailddechrau gydag arddeliad ac efo sŵn mawr fel eliffant yn cael ei fygu. Un o'r brîd hwnnw ydi John Bŵts.

Roedd gweddill y daith i Gaerdydd yn reit hwylus – dim byd mawr i'w adrodd a deud y gwir – ac mi wnaethon ni hi mewn tridiau, John, fi a'i ffrind Martin o Niwbwrch. Chefais i ddim cwsg rhy dda, ond mi gawson ni lot o hwyl.

Wedyn penderfynodd S4C eu bod nhw isio ail gyfres o *Codi Hwyl* yn 2013. Hwylio o Landdwyn i Gaerdydd eto, ond yn galw mewn gwahanol lefydd difyr ar y ffordd: Enlli, Ceinewydd, Ynys Sgomer, Tyddewi ac Aberdaugleddau – neu dyna oedd y bwriad. Mi fethon ni â stopio yn Enlli oherwydd storm – a deud y gwir mi gawson ni dywydd reit ddrwg drwy'r daith i gyd – ond mi gawson ni groeso anhygoel yng Nghei Newydd. Mi fuon ni yno am bedwar diwrnod i gyd am ei bod hi'n dywydd rhy ddrwg i fynd yn bellach. Mi dreuliodd John Bŵts y rhan fwya o'r amser yn bwyta hufen iâ, pysgod a sglodion, mwy o hufen iâ, yfed coffi a gorweddian, tra bues i'n tacluso'r cwch, yn trwsio pethau a'i sychu hi allan ar wal y cei. Doedd o ddim yn hapus o gwbl efo fi am hynny.

Be ddigwyddodd oedd hyn: roedd y Feistres ar angor

allan yn y bae, ond dywedodd 'sgotwr lleol wrthon ni am symud o fan'no am fod y swyddfa dywydd yn addo gwynt o'r de-ddwyrain. Roedd y cychod 'sgota lleol i gyd wedi diflannu a dim ond ni oedd ar ôl yno, felly roedd yn rhaid symud. Mi wnaethon ni ystyried mynd i Aberystwyth neu rywle felly, ond doedd John ddim isio gweld cwch am sbel, am ein bod ni wedi cael tywydd go hegar ar y ffordd i lawr, felly dyma fo'n awgrymu i ni ei chlymu wrth wal y cei. Atebais innau nad oedd hynny'n syniad rhy dda os oeddan nhw'n addo tywydd mawr, ond y cwbl ddeudodd o oedd:

'Duw, Duw, mi fydd hi'n iawn siŵr!'

'Iawn,' medda fi, 'os wyt ti'n deud John, os wyt ti'n deud.'

Ond doedd John ddim wedi sylweddoli bod y llanw'n mynd allan ac y basa'r cwch yn sownd, ac yn sych yn fan'no. Mi aeth o'n *ballistic* pan welodd o hi ar ôl i'r llanw fynd allan. Mae hi'n berffaith saff i adael i gwch sychu allan, fel 'dan ni'n deud; does 'na ddim straen arni hi. Doeddwn i erioed wedi gwneud hynny o'r blaen chwaith, ond wnes i ddim deud hynny wrtho fo, siŵr iawn! Dwi'n meddwl mai wedi dychryn oedd o, o weld cannwyll ei lygad yn fan'no allan o'r dŵr, yn noeth fel petai.

Mi fuon ni'n 'sgota mecryll tra buon ni yno hefyd, ond mi ddaliodd o fwy na fi yn anffodus.

Roeddan ni'n galw yn Sgomer yn y gobaith o weld palod – ond y peth cyntaf dddwedodd y warden wrthon ni oedd: 'Tasach chi'n dallt unrhyw beth am adar, mi fasach chi'n gwybod eu bod nhw wedi mudo ers mis.' Wps. Doedd 'na ddim hyd yn oed cachu pyffin ar ôl. Roeddan ni hefyd wedi gobeithio gweld Adar Drycin Manaw yno, ond welson ni 'run o'r rheini chwaith achos roedd hi'n lleuad lawn, a dydyn nhw ddim yn dod i'r tir ar adegau felly rhag ofn iddyn nhw gael eu dal gan wylanod. Mi oedd hynny'n dipyn bach o siom, ond mi gawson ni hwyl am y peth.

Roeddwn i'n trio mynd â fo trwy lefydd anodd, ac roedd Swnt Sion (*Jack Sound*) rhwng Sgomer a Sir Benfro, yn un ohonyn nhw. Mae o'n gul iawn – fawr lletach na thŷ, ac mae 'na lanw a llif dychrynllyd yno. Does 'na ddim llawer o gychod yn mynd drwyddo fo, ond roeddan ni isio mynd er mwyn rhoi John trwy'i betha! Mi fedrwch chi gael y teimlad eich bod chi'n hwylio am yn ôl yno am fod y llanw mor gryf. Hynny ydi, mae'r cwch yn mynd yn ei flaen i un cyfeiriad, ac mae'r dŵr yn mynd yn ôl y ffordd arall, ond gan fod y dŵr yn symud yn gynt na'r cwch, os edrychwch chi ar y tir mae'n edrych fel petaech chi'n mynd am yn ôl. Dwi wedi cael y profiad hwnnw yn Ynysoedd y Moelrhoniaid yng ngogledd Môn hefyd, ac mae'n deimlad rhyfedd ac anghyfforddus braidd.

Wedyn i lawr i Dyddewi ac angori yn Swnt Dewi (*Ramsey Sound*), un o'r llefydd lle mae'r llanw mwyaf ym Mhrydain ar adegau.

Un o'r profiadau rhyfeddaf oedd hwylio i fyny afon Cleddau. Mi aethon ni'n uwch i fyny nag y bu'r un llong hwylio ers blynyddoedd lawer, ac yn fan'no mi gawson ni ymweld â thafarn – y Cresswell Quay – lle mae'r maes parcio dan ddŵr ar benllanw. Felly roedd y cwch yn mynd o'r afon i'r maes parcio ac angori yn fan'no tan roedd hi'n amser mynd. Profiad rhyfedd. Roedd perchnogion y ceir i gyd yn gwybod am hyn, ac roeddan nhw'n symud eu ceir oddi yno mewn da bryd.

Dwi'n ddiolchgar iawn mai mewn cwch yr es i efo John, a gobeithio na fydd 'na fyth gyfres lle maen nhw'n ein hanfon ni'n dau i'r gofod mewn Sputnik. O leia roeddwn i'n gallu dianc i'r dec, neu i'r bow (doedd o ddim yn gallu mynd i fan'no). Na, chwarae teg, tynnu coes ydw i ... ond dydi John / Mr Picton ddim yn un o'r dynion mwyaf gosgeiddig dan haul. Mi oedd o wedi cael trafferth pi-pi i'r môr oddi ar y starn yn y gyfres gyntaf, fel y soniais i, ac roedd o wedi bod yn poeni am hyn cyn mynd yr eildro. Doedd o ddim yn gallu gwneud dros yr ochr achos roedd o'n rhy nerfus, ac oherwydd ei fod o'n rhy nerfus doedd ei bledren o ddim yn gweithio'n iawn, felly doedd o ddim yn medru pi-pi. Felly, oddi ar y we, roedd o wedi cael gafael ar botel arbennig, efo caead arni, fel y medra fo bi-pi yn unrhyw le oedd o'n dymuno! Un noson, roeddan ni ar angor yn rywle, a hithau'n ryw lwyd-olau, ac mi glywn y sŵn bustachu 'ma'n dod o'r tu blaen, lle roedd o'n cysgu. Roeddwn i'n dal i orwedd yno'n ddistaw, a'r peth nesaf glywn i oedd sŵn dŵr reit wrth fy nghlust i. Dyma fi'n troi, a'i weld o'n noeth lymun yn piso i mewn i'r botel, a honno reit wrth fy ngwynab i! Fedrwn i ddim deud dim byd rhag ofn i mi ei styrbio fo, rhag iddo fo biso am fy mhen i. A be ddaeth i'm meddwl i ar y pryd – a hyn oeddwn i'n ei weld yn ddoniol – oedd y llun enwog hwnnw, *Dante's Inferno*. Llun o uffern ydi hwnnw, yn llawn o ddynion mawr tew yn cael eu llosgi a ballu ...

A dyna chi fy anturiaethau hwylio efo John Bŵts. Dwi'n lwcus 'mod i'n dal yma i adrodd yr hanes.

Pennod 9

Setlo?

Roedd 1982 yn flwyddyn fawr i mi – mi ddechreuais i ar fy swydd newydd yng Nglan-llyn a phriodi Nia – ac i'r Urdd y mae'r diolch am hynny hefyd!! Henry Llechwadd oedd y gwas priodas, ond wnaethon ni ddim gwneud sôn amdanon y diwrnod hwnnw – mi wnaethon ni fihafio'n hunain fel hogia da.

Yn Eisteddfod Cylch yr Urdd yn Rhydymain y gwnes i gyfarfod Nia. Roedd hi'n cyfeilio a finnau'n arwain, ac mi ofynnodd hi i mi droi'r tudalennau i'r unawd dan 12. *The rest is history*, chwedl nhw'tha. Roeddwn i'n diolch am y gwersi piano efo Brenda Roberts yn y Ffôr.

Wnes i erioed ddatblygu cymaint â hynny efo'r piano am nad oeddwn i'n ymarfer digon, ond mi wnes i'r theori i fyny at Radd 8, felly dwi'n medru darllen cerddoriaeth yn iawn. Roedd y theori'n apelio ata i am ei fod o fel gwneud croesair bron – mater o weithio pethau allan oedd o, neu felly roeddwn i'n ei gweld hi. Ond o ran ymarfer, doedd gen i ddim amynedd, a dwi'n dal i fethu dallt pam fod yn rhaid i blant bach ddysgu rhyw ddarnau mor uffernol o ddiflas, sydd ddim yn swynol i'r glust? Mae Nia'n rhoi gwersi rŵan, a dwi'n clywed y darnau y mae'r plant yn gorfod eu dysgu a dydyn nhw ddim yn neis iawn. Pam na chân nhw ganeuon pop neu bethau felly? Ond dyna fo, fel'na mae hi wedi bod erioed, ac mae'n siŵr ei bod hi wedi gwella rhyw 'chydig.

Dwi'n mwynhau chwarae'r piano adra weithiau, ond dwi'n cael mymryn o drafferth erbyn hyn oherwydd 'mod i'n diodda o *Dupuytren's Contracture* neu *Viking's Disease* (pam, wn i ddim) – cyflwr lle mae'r bys bach a bys y fodrwy yn plygu tuag at gledr y llaw. Cyflwr etifeddol ydi o, ac roedd

Dad yn dioddef ohono ar ei ddwy law. Ond roedd o'n gwrthod mynd am lawdriniaeth achos roedd yr hen Bertie (oedd yn gyrru'r tacsi hwnnw i'r ysgol ers talwm) wedi marw wrth gael llawdriniaeth medda fo. Dim ond dwywaith maen nhw'n gallu rhoi llawdriniaeth i rywun er mwyn gwella'r cyflwr, ond mae o'n dod yn ôl i ryw raddau wedyn. Roeddwn i eisoes wedi cael dwy lawdriniaeth, ond mi es i weld arbenigwr yn Ysbyty Gobowen i weld a oedd unrhyw obaith o drydedd llawdriniaeth. Roedd 'na ryw ddynes efo oglau coffi ar ei gwynt yn fan'no yn mynnu na fedran nhw ei wneud o dair gwaith ac mai'r unig opsiwn fyddai torri'r bysedd i ffwrdd.

'Hold on,' me' fi, 'fedra i ddim arwain nosweithiau llawen heb gyflenwad llawn o fysedd – mi faswn i'n edrych fel cimwch, ac mi fasa'r plant yn sgrialu!'

Mi wrthodais y syniad yn gyfan gwbl. Yna, mi glywais am ryw lawfeddyg yn Lerpwl oedd yn fodlon rhoi cynnig arni – boi o dras Tsieineaidd. Doedd o'n edrych fawr hŷn na deuddeg oed, a phan es i'w weld o gynta roeddwn i'n meddwl mai rhywun yn dod i ddangos i mi lle i fynd oedd o. Ond roedd o'n fodlon rhoi cynnig arni, ac '*I'll have a go*,' oedd ei eiriau olaf cyn i mi fynd dan y gyllell! Ond mi oedd y llawdriniaeth yn llwyddiannus. Felly dyna i chi pam mae chwarae piano'n anodd i mi, ond mi fydda i'n cael rhyw sbel arni hi weithiau. Dwi'n chwarae chydig o gitâr hefyd, a'r ukulele, i ddifyrru fy hun a neb arall.

Sori, dwi'n crwydro eto ... Ia, dyna sut y bu i Nia a finna gyfarfod, a fu hi ddim yn hir wedyn cyn i ni briodi. Mi oeddan ni wedi clicio mae'n amlwg, diolch i'r Urdd.

Mi fues i'n gweithio i'r Urdd tan 1 Ebrill, 1988, pan ges i swydd efo'r Parc Cenedlaethol fel warden Llyn Tegid. Roedd John Eric bellach wedi gadael Glan-llyn i fod yn gyfarwyddwr yr Urdd yn Aberystwyth, a doedd pethau ddim

Mam a fi   *Dad a fi*

Taid Llanelwy   *Nain Llanelwy*

Mae fy synnwyr ffasiwn i wedi gwella rhywfaint ers tynnu'r llun yma.

Del oeddwn i 'de?

Fasa menyn ddim yn toddi ...

Fi a Stella

Ty'n Pwll

Y Tŷ Haf

Fi a Gwawr yn nhŷ Nain a Taid yn Llanelwy.

Fi ac Antia Mai (Marian), y sbei.

Diwrnod cau Siop Tan y Grisiau am y tro olaf;
Mrs Hughes, Tan Cefn, Siwan a Gwyneth, Tan y Ffordd.

Gêm bêl-droed yn Ysgol Botwnnog.
Yn y gôl fyddwn i achos 'mod i'n baglu dros fy nhraed.

I lawr y lôn yma y byddwn i'n
cerdded i'r ysgol.

Hon oedd yr iwnifform gyntaf -
sylwch ar y cap pig gloyw!

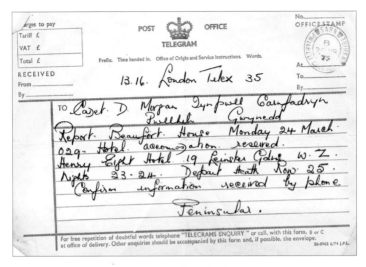

Y telegram yn fy ngalw i'r môr.

Y Dwarka

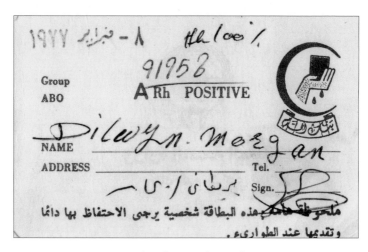

Y cerdyn rhoi gwaed yn Dubai.

Fy nghaban cyntaf ar fy llong gyntaf.
Mark ar y chwith a Phil ar y dde. Fy mync i sydd ar y top.

Dad a fi a Siani

Siwan a fi ger Llyn Tegid.

Sut yn y byd wnaeth Nia
adael i mi fynd allan yn
edrych fel hyn?

Amser paned ar y Soren Larsen. Fi, Mici Plwm a Glyn Heddwyn.

Criw'r Tri Chopa: fi, Richard Tudor, Robin Williams,
Mici Plwm a Tegid Roberts.

Y Tywysog Charles a fi. Peidiwch â gofyn.

Fy gêm rygbi olaf i'r Bala.

Emyr Huws Jones a fi ar Enlli.

Y daith

Yr annwyl gamper fan.

Diwedd y daith: John O'Groats.

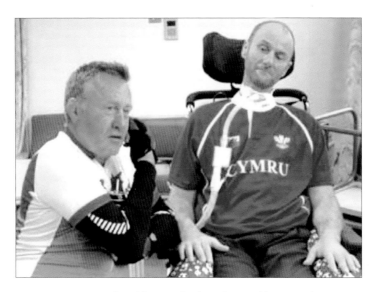

Dydw i ddim yn edrych yn dew, nac'dw?

Gwir bob gair.

*Fel hyn y bydda i'n edrych pan fydd rhywun mawr
yn sefyll ar fy nhroed i.*

Dau longwr hapus a chytûn.

y Fistres

'Gwena, John, maen nhw'n ein ffilmio ni!'

Fy meic presennol (y mid life crisis *diweddaraf).*

*Owen Morgan
Gruffudd Hughes
yn edrych ar ôl
ei daid.*

Merched y teulu: Mam, Gwawr, Malen, Nia a Siwan Elenid.

'run fath rhywsut. Roedd yr hen Lan-llyn yn newid – yr adnoddau a'r adeiladau'n cael eu huwchraddio, oedd yn beth da wrth gwrs, ond roedd o'n teimlo fel petai cyfnod yn dod i ben. Roeddwn inna hefyd yn barod am newid pan welais i'r hysbyseb yn y papur.

Roedd swydd warden Llyn Tegid yn un ddelfrydol i mi. Swydd leol yn y Bala, allan yn yr awyr iach bob tywydd, ac yn fy maes i, mewn ffordd, er mai casglu pres gan ddefnyddwyr cychod oedd llawer ohono. Mi symudon ni o Lan-llyn Isaf a phrynu tŷ yn y Bala – Ger y Llyn – sy'n edrych allan ar gofgolofn Thomas Charles. Y diwrnod y gwela i o'n troi i siarad efo fi, neu hyd yn oed yn godi llaw arna i, dwi'n mynd!

Ar 9 Ionawr, 1986, mi gafodd Nia a finna hogan fach o'r enw Siwan Elenid (mae hi'n 27 bellach ac yn fam ei hun), felly roedd pethau wedi newid yn sylweddol i mi o fewn amser byr.

Dwi'n meddwl y dylech chi gael eich cyflwyno'n iawn i Nia a Siwan rŵan, ac i Owen Morgan Gruffudd Hughes, ein hŵyr bach annwyl, sy'n ddyflwydd a hanner.

Nia

Hogan Tŷ Capel Tegid, y Bala ydi Nia, yn ferch i Cathrine a Robert Owen Evans ac yn un o wyth o blant – Emrys, Dora, Dilys, Gwyn, Aled, Eilir a Iolo. Mi gollodd ei thad pan oedd Siwan yn fabi yn 1986, ac mae wedi colli Dora a Iolo erbyn hyn hefyd, gwaetha'r modd. Mi o'n i'n goblyn o fêts efo'i mam hi, oedd yn goblyn o gês, ac roeddwn i'n mynd yno ati am banad yn y boreau ar ôl symud i'r Bala. Roedd 'na ferched eraill yn galw yno, ac roeddan ni i gyd yn cael jangl iawn. Mi oeddwn i'n gwybod bob dim am bawb yn y dre. Roedd ganddi uffarn o ginio dydd Sul. Roedd o'n anhygoel, a dwn i ddim be aeth o'i le efo Nia yn hynny o beth! Dydi ddim 'run brîd o gwbl yn y gegin. (Mae'n iawn, mae hi 'di hen arfer fy nghlywed i'n deud!) Mi wnaeth ei mam hi hanner magu Siwan, achos roedd Nia a fi yn teithio gymaint efo'r parti noson lawen, Parti Arall, ac roedd Nia yn dysgu. Felly Cathrine fagodd Siwan, ac roedd y ddwy yn fêts garw.

Dysgu ydi swydd Nia ers pan dwi'n ei nabod hi, mewn gwahanol ysgolion, a cherddoriaeth ydi ei phrif ddiléit hi. Mae 'na gannoedd o blant wedi bod acw'n canu neu'n cael gwersi piano ganddi hi. Mae hi'n dda iawn efo nhw i gyd, mae'n rhaid deud. Ac efo fi! Bob mis Mawrth fi ydi'r unig ddyn yn ei bum degau drwy Gymru gyfan sy'n gwybod pob darn cerddorol ar gyfer Eisteddfod yr Urdd y flwyddyn honno. Taswn i'n cystadlu fasa gan neb obaith yn fy erbyn i, achos dwi'n clywed y darnau drosodd a throsodd yn y tŷ 'cw! Mi faswn i'n sgubo'r cystadlaethau i gyd.

Fel deudis i, cerddoriaeth ydi'i phethau hi. Wedi bod erioed. Mae hi'n chwarae'r piano, y ffidil, yr acordion – a'r organ yng Nghapel Tegid – ac mae hi wedi arwain degau o bartïon, ac wedi bod yn aelod o nifer helaeth hefyd. Ar hyn o bryd mae hi'n arwain Côr Merched y Bala. Mae 'na unawdwyr yn dod acw hefyd i ddysgu. Dwi'n cofio fel y byddai'r diweddar Alun Jones – Alun Bryn Ifan, y baswr – yn dod acw'n rheolaidd ers talwm. Roedd Siw yn beth fach ar y pryd, a dwi'n cofio'r ddau ohonan ni'n eistedd yn y stafell drws nesa yn gwylio'r llestri'n crynu ar y ddresel, dyna faint o foliwm oedd ganddo fo. Argian, roedd ganddo fo lais.

Dydan ni ddim yn rhannu'r un diddordebau o gwbl. Mae 'na gi acw – Jac – ond fyddan ni byth yn mynd â fo am dro efo'n gilydd. Fedra i ddim dychmygu dim byd gwaeth. Mynd â'r ci am dro efo'ch gwraig? Argian fawr, na! Mae hynny'n rhy *Mills & Boon* gen i. Dydi hi ddim yn lecio beicio, rygbi na hwylio chwaith, sy'n ufflon o beth da yn fy marn i. Fedra i ddim dychmygu neb isio'i wraig efo fo ar gwch. Mae ffrae fyddai'n un fechan ar dir sych yn gallu troi'n llofruddiaeth allan ar y môr! Mi es i â hi i hwylio unwaith ac roedd hi'n sâl fel ci, felly byth eto.

O ystyried sut un ydw i – mor anwadal yn mynd i galifantio am wythnosau ar y tro a byth adra jest iawn – y syndod mwyaf i mi ydi sut mae Nia wedi sticio efo fi. Dwi ddim yn gwybod. Felly diolch, Nia, am ddal ati ac aros efo fi!

Siwan

Pan oedd Siw ar fin cael ei geni mi ddaeth hi'n eira reit ddrwg, ac mi ddywedodd tad Nia wrthon ni am fynd am yr ysbyty yn Wrecsam, rhag ofn i ni gael ein dal. Ar ôl cyrraedd, mi gafodd Nia sgan, a dyma nhw'n deud: 'Iawn, gewch chi fynd adra rŵan.' Ond fel roeddan ni'n cerdded drwy'r drws mi redodd nyrs ar ei holau ni a deud eu bod nhw wedi darganfod nam bach ar galon y babi, a'u bod nhw isio i ni aros i mewn. Beth bynnag, mi gafodd Siw ei geni'r noson honno, felly mi oedd hi'n lwcus nad oeddan ni wedi mynd yn bell. Tra oedd Nia wrthi'n geni, daeth un o'r nyrsys ata i a gofyn oeddwn i'n iawn.

'Yndw tad,' medda fi, 'ond 'mod i ar lwgu!' Doeddwn i ddim wedi cael bwyd ers y bore hwnnw. Mi ddaeth y nyrs â phishyn o dost i mi, ac eistedd wrth droed y gwely yn byta hwnnw oeddwn i tra oedd Nia wrthi'n geni ein plentyn ni!

Cafodd Siw ei geni ar ddydd Llun, ac ar y dydd Sadwrn wedyn mi sgoriais i gais – un o'r ychydig rai dwi wedi eu sgorio erioed – felly mi oedd 'na hen ddathlu'r noson honno.

Roedd hi'n blentyn bodlon iawn, chwarae teg, ac mae'n debyg mai uchafbwynt ei phlentyndod oedd pan enillodd hi yn Eisteddfod yr Urdd am adrodd dan wyth oed. Roeddan ni'n rhieni balch iawn y diwrnod hwnnw. Mi aeth hi i Ysgol Glanrafon ar y cychwyn, lle roedd Nia'n dysgu, felly roedd hynny'n brofiad da iddi hi.

Mae hi'n chwarae'r piano fel ei mam, a phan oedd hi'n iau mi oedd hi'n chwarae'r clarinét hefyd; ond mi oedd hi'n llewygu wrth chwarae hwnnw am fod angen cymaint o anadl i'w chwythu. Mae 'na luniau o Gerddorfa Sir Feirionnydd efo bwlch lle mae Siwan i fod. Roedd hi naill ai wedi llewygu neu wedi mynd am awyr iach am ei bod hi'n teimlo fel 'tasa hi am lewygu.

Wedyn mi ddaeth y Dydd Sul Du fel rydan ni'n ei alw fo yn tŷ ni. Y diwrnod tywyll hwnnw pan oedd ein hunig blentyn – cannwyll ein llygaid – yn gadael cartref i fynd i'r coleg. O fy ngwlad! Am brofiad ofnadwy oedd hwnnw. I Aberystwyth aeth hi, a dwi'n ein cofio ni'n cyrraedd ei stafell hi yn Neuadd Pantycelyn a Nia'n deud: 'Mae 'na ogla pi-pi yn fa'ma!' Mi fuon ni'n sgwrio am oriau. Adra â ni'n benisel iawn, ac yn digwydd bod roeddwn i'n arwain cyngerdd efo Côr y Brythoniaid y noson honno, ac roeddan nhw'n canu caneuon teimladwy fel 'Pedair Oed' a phethau tebyg. Ewadd, mi oedd hi'n anodd cwffio'r dagrau. Roedd Nia'n cyfeilio i rywun yno hefyd, ac roedd hithau'n mynd drwy union yr un peth. Am ddiwrnod oedd hwnnw. Anghofia i byth mohono fo. Pan fyddai hi'n dod adra ar benwythnosau weithiau, mi fyddai hi'n deud: 'Reit, dwi'n mynd adra rŵan,' ac roedd Nia'n beichio crio eto am ei bod hi'n galw Aber yn adra.

Astudiaethau Theatr, Ffilm a Theledu oedd ei chwrs hi, ac mi raddiodd yn dda a mynd ymlaen i wneud MA mewn Radio; er, dwi'n meddwl mai esgus oedd hwnnw i gael aros yno am flwyddyn arall! Ond da iawn hi, chwarae teg. Mi gafodd Siw waith efo Radio Cymru i ddechra, wedyn efo Cwmni Da, ond erbyn hyn mae hi wedi penderfynu newid cyfeiriad ac mae hi newydd ymuno â chwrs ymarfer dysgu ym Mangor.

Fel y soniais ynghynt, mae Siw yn fam erbyn hyn hefyd, i

Owen Morgan Gruffudd Hughes, a dwi'n meddwl y bydd o'n uchel iawn efo'r Bedyddwyr neu rywun, efo enw fel'na. Dwi'n ei warchod o o leia ddau ddiwrnod yr wythnos, a dwi'n cael modd i fyw. Mae o wedi dechrau fy ngalw i'n Dilwyn mwya' sydyn, yn lle Taid. Wn i ddim pam. Ond mi ydan ni'n cael lot o hwyl efo'n gilydd. Mae o wedi darganfod rygbi, mae o'n gefnogwr mawr o dîm y Bala ac mae pob pêl gron yn y tŷ wedi diflannu. Mi fyddan ni'n mynd am dro, mi fydd o'n reidio'i feic, neu jest yn mwynhau ei hun yn chwarae. Dwi wedi cael fy nghyhuddo yn ddiweddar o'i sbwylio fo. Mae Siwan wedi clywed rhyw ddywediad: 'Hogyn drwg 'di hogyn Taid'. Hynny ydi, bod teidiau'n sbwylio'u hwyrion a'u bod nhw wedyn yn hogia drwg i'w mamau. Ond dwi'n gwadu'r cyhuddiad yn llwyr! Dydi o byth yn hogyn drwg i ni beth bynnag! 'Ngwas i.

Un o'r profiadau rhyfeddaf ges i pan oeddwn i'n warden Llyn Tegid oedd mynd i lawr i'w waelod o mewn sybmarîn. Na, dwi ddim yn tynnu'ch coes chi o gwbl, mae'n berffaith wir.

Llyn Tegid ydi llyn naturiol mwyaf Cymru wrth gwrs. Mae o tua phedair milltir o hyd, ac yn 50 medr neu 150 troedfedd ar ei ddyfnaf. Mae'n denu miloedd o ymwelwyr i'r ardal bob blwyddyn ac mae'n werth miloedd ar filoedd i'r economi leol. Mae 'na un rhyfeddod yn byw yn ei ddyfroedd – y gwyniad, pysgodyn prin yn ôl y sôn. Ond mae'n amlwg fod rhywun, rhyw dro, wedi meddwl bod 'na le i gynyddu ar nifer yr ymwelwyr, ac mai'r ffordd rwyddaf o wneud hynny oedd cael anghenfil yn y llyn, fel yr un yn Loch Ness. Mae sawl un wedi tystio eu bod nhw wedi gweld rwbath yn nofio yno, ac ymhen hir a hwyr mi gafodd y papurau newydd afael ar y stori, a bedyddiwyd yr anghenfil yn Tegi.

O gwmpas canol y 1990au mi ddaeth 'na griw o Siapan –

a oedd yn rhan o griw cyfres deledu o'r enw *Monster Hunters* – draw i chwilio am yr anghenfil, gan logi llong danfor fechan o Loch Ness a dod â hi i Lyn Tegid i chwilio am y bwystfil 'ma, ac mi gefais i a Siwan, a oedd ond yn bump oed ar y pryd, fynd i lawr ynddi i waelodion y llyn.

Welson ni affliw o ddim achos roedd hi'n dywyllwch dudew yno, a welodd y criw ddim byd chwaith. Felly does 'na neb wedi gallu profi'r naill ffordd neu'r llall os oes 'na ffasiwn beth â Tegi, ond dwi'n un o'r ychydig rai o drigolion y Bala sydd wedi bod ar waelod y llyn ac wedi dod i fyny'n ôl.

Rhyw noson yn 1994 mi glywais gnoc ar y drws. David a Nigel Aykroyd oedd yno, efeilliaid sy'n rhedeg cwmni Aykroyd's – ffatri gwneud dillad nos a phyjamas yn y Bala. Isio rhoi cynnig i mi oeddan nhw. Nid un fel Marlon Brando yn y *Godfather* chwaith, ond cynnig da iawn serch hynny.

Roeddan nhw'n ystyried prynu gwesty Plas Coch yn y dre, a'r wythnos cynt roeddan nhw wedi bod ar wyliau yn Portiwgal. Yno roeddan nhw wedi bod yn trafod y syniad, gan ystyried: 'os ydan ni'n prynu Plas Coch, pwy sy'n mynd i'w redeg o i ni?' Meddyliodd y ddau am hynny drwy'r wythnos, a phenderfynu y byddai'r ddau ohonyn nhw, ar wahân, yn sgwennu enw ar damaid o bapur ar yr awyren wrth hedfan am adra. A'r un enw oedd y ddau wedi'i sgwennu: Wali Tomos.

Na. Dwi'n tynnu'ch coes chi rŵan. Ia, Dilwyn Morgan oeddan nhw wedi'i sgwennu siŵr iawn. Aw shycs! Chwarae teg iddyn nhw am feddwl amdana i. Doeddwn i erioed wedi tynnu peint o gwrw yn fy mywyd heb sôn am redeg gwesty, ond ar ôl siarad efo Nia mi benderfynais roi'r gorau i 'ngwaith efo'r Parc, a mynd amdani – a wnes i ddim difaru am funud.

Roedd chwarae rygbi wedi dod yn rhan bwysig iawn o fy

mywyd i erbyn hynny, a Phlas Coch oedd man cyfarfod y tîm, yn ogystal â thimau pêl-droed, hoci, criced a phob dim arall yn y Bala. Roeddwn i'n nabod y criw rygbi wrth gwrs, ac yn nabod y criwiau eraill i gyd hefyd, a dyna pam y dewisodd yr hogia fi dwi'n meddwl. Roedd o'n lle prysur iawn, a fy mhrif swyddogaeth i oedd *front of house*, yn cadw pobol yn hapus mewn ffordd. Roeddwn i yno am chwe blynedd i gyd.

Daeth un o'r uchafbwyntiau yn 1997 pan ddaeth yr Eisteddfod Genedlaethol i'r Bala, ac roeddwn i hefyd yn Faer y Dref y flwyddyn honno. Roeddwn i wedi bod ar y Cyngor Tref ers 1993. Nhw ofynnodd i mi a fyddwn i'n ymuno â nhw pan oedd 'na sedd wag, ac mi dderbyniais yn llawen. Roedd gwneud rhywbeth fyddai'n helpu pobol eraill, gobeithio, yn apelio ata i.

Felly roedd wythnos yr Eisteddfod yn wallgo a deud y lleia, rhwng trio gwneud dyletswyddau'r Maer a rhedeg gwesty 'run pryd. Yn un ochr y gwesty roedd pobol fel yr Archdderwydd Dafydd Rowlands a Hywel Teifi Edwards yn aros, ac yn yr hanner arall roedd rafins mwya'r Steddfod yn dod at ei gilydd i fwynhau'r *craic*! Bob tro y byddwn i'n gweld Hywel Teifi wedi hynny mi fyddai'n gofyn, 'Duwcs, sut mae miliwnydd y Bala?'

Do, mi ges i wythnos dda, ac roedd ganddon ni babell fawr yn y cefn lle roedd grwpiau'n chwarae bob nos. Be wnes i oedd cyflogi'r staff ychwanegol i gyd yn lleol, hyd yn oed y bownsars. Roedd rhai o'r tafarnau eraill wedi cael bownsars o Gaer a Lerpwl, ond mi oeddwn i isio cyflogi rhai o'r locals – ac mi weithiodd yn wych, achos roeddan nhw'n edrych ar ôl eu patsh nhw'u hunain a chawson ni ddim math o helynt drwy gydol yr wythnos.

Hefyd y flwyddyn honno, mi gafodd Maes B drwydded alcohol am y tro cyntaf, ac yn fy enw i oedd y drwydded honno. Roedd hwnnw'n brofiad rhyfedd achos dwi'n cofio gweld pobol yn crio yng ngaleri cyhoeddus Llys Ynadon Dolgellau oherwydd bod yr Eisteddfod wedi cael trwydded alcohol. Roedd tranc yr Eisteddfod wedi dod yn eu tyb nhw. Ond mae bar ar y maes erbyn hyn, ac mae'r rhan fwyaf o bobol yn cytuno fod hynny wedi datblygu yn beth da. Mi o'n i'n gefnogol i hynny o'r cychwyn, ond erbyn hyn dwi'n meddwl fod y bariau'n agored yn rhy hwyr. Mae'r ardal leol yn cael llawer llai o fanteision yn sgil y Steddfod erbyn hyn, ac mae peryg i'r ŵyl golli cefnogaeth os na fyddan nhw'n ofalus. Roedd y tafarndai a'r bwytai yn elwa llawer mwy ers talwm, hyd yn oed ar ôl i'r Steddfod ganiatáu gwerthu alcohol, achos roedd y bariau'n cau pan oedd y cystadlu'n gorffen am y diwrnod fwy neu lai. Ond mae'r sefyllfa honno wedi newid yn ofnadwy rŵan bod y bariau'n agored yn hwyrach efo adloniant a phob dim. Mae hi wedi mynd yn fwy o *ghetto* Gymreig – ond mae hi'n sefyllfa anodd a dyrys i'r Steddfod.

Mae cadw gwesty 10 stafell wely yn waith caled ofnadwy. Mae'r oriau'n hir, a dyna oedd yn lladd rhywun – y nosweithiau hwyr, ac roedd yn rhaid clirio wedyn ar ôl i bawb fynd, a chodi'n fore i wneud biliau i bobol oedd yn gadael.

Rhwng bod yn rhiant, cadw'r Plas Coch, chwarae rygbi, y parti nosweithiau llawen a'r Cyngor Tref, roedd bywyd yn brysur iawn.

Pennod 10

Y Busnas Rygbi 'Ma

Ychydig ar ôl cychwyn gweithio yng Nglan-llyn y gwnes i ddechrau chwarae i Glwb Rygbi'r Bala, ac yn fuan iawn roedd pnawniau Sadwrn a phob nos Fawrth yn cael eu neilltuo'n llwyr ar gyfer y gêm. Mi fues i'n chwarae rygbi o ryw fath yn yr ysgol, ond doedd gen i ddim cliw sut i chwarae'r gêm yn iawn, na be oedd y rheolau chwaith.

Roedd Clwb Rygbi'r Bala wedi ei sefydlu yn 1980, a finnau'n ymuno yn 1981, felly roeddwn i yno reit o'r cychwyn fwy neu lai. Roeddan nhw'n hysbysebu am chwaraewyr, a dwi'n meddwl mai efo Aled, brawd Nia, yr es i gyntaf.

Yr adeg honno, ar gae criced Bala roeddan ni'n ymarfer – efo ffens rownd y wiced rhag i ni dyrchio gormod! Ac o fewn ychydig wythnosau mi ges i gynnig fy ngêm gynta, oherwydd fy maint yn fwy na dim (yn sicr nid oherwydd fy nealltwriaeth o'r gêm). Roeddwn i fel rhyw iâr yn rhedeg ar ôl y bêl i bob man. Gêm yn erbyn Nant Conwy oedd honno – darbi leol – a cholli'n drychinebus wnaethon ni, er na alla i gofio'r sgôr erbyn hyn. Dwi ddim yn siŵr oedd y reffari'n cofio chwaith, roedd hi mor ddrwg â hynny.

Dros y blynyddoedd mi wellodd y tîm, ac wrth i mi ddod i ddallt mwy mi ddaeth rygbi'n bwysicach ac yn bwysicach i mi. Doeddwn i byth yn colli ymarfer, ac roeddwn i'n cael gêm yn rheolaidd bob dydd Sadwrn i'r tîm cyntaf – yr unig dîm oedd ganddon ni ar y dechrau! Yn yr ail reng oeddwn i'n chwarae, reit yng nghanol y pac o flaenwyr – y *boiler house* chwedl yr hen Bill McLaren, ond nid wrth gyfeirio ata i chwaith, dwi'n prysuro i ddeud.

Roedd y rhain yn ddyddiau cynnar i'r clwb ac i rygbi'n

gyffredinol yng ngogledd Cymru, ond roedd 'na lot o feibion ffermydd yn y tîm – hogia mawr cryf a heini – ac ambell un oedd wedi chwarae i dimau eraill, felly roeddan ni'n gwella'n gyflym iawn.

Ffurfiwyd nifer o glybiau eraill tua'r un adeg, clybiau fel Nant Conwy, Bethesda, Bro Ffestiniog, Pwllheli, Llangefni a Dolgellau, er bod y clwb hwnnw'n dipyn hŷn. Doedd 'na ddim cynghrair swyddogol ar y dechrau, dim ond chwarae gemau 'cyfeillgar' yn erbyn ein gilydd oeddan ni. Mi ddaeth Cynghrair Gwynedd maes o law, ac yna'r drefn bresennol, sy'n rhan o'r Gynghrair Genedlaethol. Yn erbyn Dolgellau, Nant Conwy a Bro Ffestiniog oedd y gemau darbi lleol ac roeddan nhw'n gallu bod yn ffyrnig o gystadleuol, ond chwarae yn erbyn Nant Conwy oedd galetaf mae'n siŵr gen i. Roedd 'na elyniaeth iach rhwng pob un o'r timau, ddeudwn ni fel'na. Gelyniaeth gyfeillgar, neu gyfeillgarwch gelyniaethus, wn i ddim be i'w alw fo, ond doedd 'na byth annifyrrwch go iawn dwi'm yn meddwl.

Fel roedd pob tymor yn pasio roeddwn i'n dod i ddallt mwy a mwy am y gêm, ac yn cael mwy o hyfforddiant a mwy o bleser hefyd, ac roedd rygbi'n datblygu'n bwysicach ac yn bwysicach i mi. A deud y gwir roedd o'n ymylu ar fod yn obsesiwn ar un adeg oherwydd fy mod yn mwynhau'r chwarae, yr hyfforddi a'r cadw'n ffit, heb sôn am y cymdeithasu ar ôl gemau.

Ar ôl bod yn ymarfer un noson, a chael chydig o beintiau wedyn, mi wnes i hanner cerdded, hanner rhedeg y pedair milltir yn ôl i Lan-llyn Isaf, a hithau'n dywyll fel bol buwch. Wrth ddod i'r coed gyferbyn â mynedfa Glan-llyn mi redais i mewn i rywbeth – criw o hogia ar eu ffordd yn ôl i faes gwersylla Glan-llyn (sydd ar wahân i wersyll yr Urdd). Saeson oeddan nhw, ac mi bowliais i nhw drosodd fel sgitls. Geiriau anfarwol un ohonyn nhw oedd: *'We could hear you coming for miles ...'* achos roedd fy mag ar fy nghefn, '... *we thought you were a f***** horse!'*

Roedd hi'n anodd ar adegau achos 'mod i'n gweithio yng Nglan-llyn, ac os oeddwn i'n gweithio ar benwythnos, doeddwn i ddim i fod i chwarae rygbi. Ond dwi wedi gadael ers digon o amser rŵan i gyfadda 'mod i'n gwneud. Roedd yr hogia'n rhoi fy enw i lawr fel 'A. N. Other' ar y rhestr oedd yn mynd i fyny ym Mhlas Coch cyn pob gêm, ond roedd pawb yn dallt mai fi oedd hwnnw – pawb o'r tîm o leia. Yn aml iawn ar fore Llun roeddwn i'n gorfod creu rhyw stori i egluro'r llygad du neu'r glust gabatsian ddiweddaraf. Doedd Hywel Jones, y pennaeth newydd, ddim mor wirion â'u llyncu nhw i gyd chwaith dwi'n siŵr!

Mi fues i'n eitha lwcus o ran anafiadau. Mi dorrais fy ffêr un waith a dyna'r gwaetha ges i, heblaw am fy nghlustiau cabaij. Doeddan ni ddim yn cael gwisgo capiau sgrym ers talwm am ryw reswm, felly roedd ein pennau ni'n rhwbio yn erbyn cluniau'r prop a'r bachwr o'n blaena ni yn y sgrym. Dyna sut ges i'r clustiau. Mae rhai pobol yn mynnu syllu arnyn nhw wrth siarad efo fi, yn lle sbio ar fy ngwyneb tlws i. Digywilydd 'te?

Wythnos cyn fy mhriodas roeddwn wedi cael rhyw anaf i 'mraich, ac roedd hi mewn sling gen i. Dwi'n cofio pawb yn poeni y byddwn i felly ar y diwrnod, ond drwy lwc roeddwn i'n iawn erbyn hynny. Diwrnod y briodas, sef 17 Hydref, 1982, roedd Bala'n chwarae'r Wyddgrug yng Nghwpan Gogledd Cymru ac mi gollon ni o 83–0. Dwi'n cofio hynny'n iawn, ond dwi'n cofio dim am y briodas! Mae'r atgof yn niwlog iawn – dwi'm yn cofio pwy oedd yno, ddim yn cofio gwneud araith na dim. Ond dwi'n cofio canlyniad y gêm honno. Dyna faint oedd o'n ei olygu i mi, ac mi fynnais fynd i lawr at y llyn i dynnu lluniau'r briodas er mwyn trio gweld rhywfaint o'r gêm! Mi oedd Nia'n dallt. Dros y

blynyddoedd dwi wedi gwrthod mynd i briodasau efo hi
hefyd, am fod gen i gêm. Ia, obsesiwn ddudis i 'te!

Roedd 'na lot o hwyl, lot o gymdeithasu, ac fel pob clwb,
boed o'n glwb rygbi neu'n glwb hel stampiau, roedd 'na
gymeriadau – mae'n well peidio enwi neb achos maen nhw
i gyd yn gymêrs yn eu ffyrdd eu hunain. Ond mi fydda i
wastad yn meddwl bod 'na rywbeth am glwb rygbi sy'n
wahanol i glybiau eraill. Mae o'n gyfeillgarwch gwahanol i
unrhyw beth arall, yn fwy fel teulu, achos rydach chi'n
fodlon rhoi eich corff ar y lein dros eich cyd-aelodau ar y cae.
Dwi wedi gwneud ffrindiau mynwesol drwy'r tîm, yn
enwedig ymhlith y blaenwyr. Mae'r aelodau'n newid wrth
gwrs, ond am sawl un o'r tymhorau cynnar, y rheng flaen
oedd Hywel Rhys Roberts, Geraint Roberts (neu Joci Bach,
am fod ganddo awydd mynd yn joci) a Gareth Lloyd. Mi
oedd 'na lot o fynd a dod, ac mi fues i'n gwthio Arfon
Dalgetty (am ei fod o'n gweithio i'r cwmni blawd o'r un
enw) am gyfnod hefyd, a Bryan 'Yogi' Davies wedyn wrth
gwrs. (Mi gewch chi ragor o hanes Yogi eto.) Un arall fu'n
chwarae yn y rheng flaen am sbel oedd Huw Plisman – Huw
Williams i roi ei enw iawn iddo fo – y chwaraewr butraf fu'n
chwarae i'r Bala erioed! Roedd o'n un o blismyn hen ffasiwn
olaf y Bala a doedd o ddim yn cymryd lol gan neb, felly
roedd pawb yn ei barchu o. Diawl o gymêr. Wrth fy ochr i yn
yr ail reng roedd Arwel Rowlands. Arwel Gwern Biseg mae
pawb yn ei alw fo gan mai dyna enw ei ffarm, ond er 'mod i'n
chwarae wrth ei ochr o bob wythnos, mi oeddwn i'n meddwl
mai 'Arwel Gonna Be Sick' oedd ei enw fo am flynyddoedd!
Roedd y rheng ôl yn newid yn aml ar y dechrau, wrth i
wahanol chwaraewyr ffeindio'r safle oedd orau iddyn nhw
mewn tîm oedd yn dal yn un ifanc, felly sa'n well i mi beidio
enwi neb yn fan'no chwaith rhag ofn.

Mae'r blaenwyr yn dueddol o sticio efo'i gilydd yn fwy na

neb yn y tîm, am eu bod nhw'n chwarae fel uned ar y cae mae'n debyg, ac mae ganddyn nhw athroniaeth *all for one and one for all* heb os.

Fel roedd y blynyddoedd yn pasio, roeddan ni'n gwella a gwella nes roeddan ni'n gallu dal ein tir yn erbyn timau'r de pan oeddan ni'n eu cyfarfod nhw mewn gemau cwpan. Eu curo nhw yn y Bala fyddan ni i gychwyn, ac yn nes ymlaen, mi ddechreuon ni ennill yn y de hefyd. Roedd hynny'n dipyn o gam ymlaen. Mi oedd 'na gyfnod o ryw bum mlynedd yng nghanol y 1990au pan oeddan ni'n ennill un ai Cynghrair neu Gwpan Gwynedd bob blwyddyn. Roedd hi rhyngddon ni, Nant Conwy a Bethesda fel arfer.

Erbyn hyn mae rygbi'r gogledd wedi dod yn ei flaen yn eithriadol o'i gymharu â'r dyddiau cynnar rheini, ac mae 'na strwythur newydd i'r gêm yma. Mae Bala bellach yn chwarae yng Nghynghrair 1 y Gogledd, ac mi fydda i'n mynd i lawr i'w gweld nhw'n chwarae bob cyfle ga i. Ond yn y dyddiau cynnar roedd cymdeithasu efo'n gwrthwynebwyr ar ôl gêm yn rhan fawr o'r hwyl. Roedd timau'r ymwelwyr yn aros am oriau i ganu a chael hwyl efo ni, ac roeddan ninnau'n gwneud yr un fath pan oeddan ni'n chwarae i ffwrdd. Mae hynny wedi diflannu i raddau helaeth, a dwi ddim yn gwybod pam.

Un o uchafbwyntiau fy ngyrfa rygbi oedd bod o fewn trwch blewyn i gael chwarae yn Stadiwm y Mileniwm yn yr hen Brewer's Cup – cwpan i glybiau llai. Roeddan ni'n chwarae yn y rownd gynderfynol yn erbyn clwb Fairwater o Gaerdydd, i lawr ar eu cae nhw. Wnaethon ni erioed feddwl dwywaith am y peth, ond wedi'r gêm honno mi ffoniodd rhywun o bapur newydd y *Guardian*, wedi sylwi fod pob un ond tri o'r tîm yn Jonesiaid. Ia, 12 allan o'r 15. Hen enw coman 'te. Ar ôl hynny mi ddechreuodd papurau eraill fel y *Telegraph* ffonio, ac roedd rhywun oedd â chysylltiad â'r

Bala wedi gweld y stori mewn papur newydd yn Awstralia. Roedd y wasg yn meddwl ei fod o'n ddoniol, a doeddan nhw ddim yn dallt sut oeddan ni'n deud y gwahaniaeth rhwng pawb – aeth ambell un ar drywydd *Jones the Farmer, Jones the Milk, Jones the Post* ac yn y blaen. Gwneud hwyl am ein pennau ni oeddan nhw mewn ffordd, ond roedd o'n gyhoeddusrwydd da am ddim i'r clwb. Doedd cyfathrebu ddim yn broblem i ni wrth gwrs, achos, coeliwch neu beidio, mae ganddon ni enwau cynta hefyd.

Wedyn anfonodd y *Sun* ohebydd a ffotograffydd o Lundain draw i dynnu'n lluniau ni yn yr ystafell newid. Isio ni'n toples mae'n siŵr – ond doedd hynny'n ddim byd newydd, achos roeddan ni eisoes wedi gwneud calendr o'r hogiau'n noethlymun, efo peli wedi eu lleoli'n ofalus i guddio'u tacla. Doeddwn i ddim yn un o'r rheini – mae gen i ormod o greithiau ar ôl llawdriniaethau, felly doeddan nhw ddim isio i mi fod ar gyfyl y peth! Ond aeth y sesiwn tynnu lluniau ddim yn rhy dda, achos roedd 'na rywun wedi ffonio'r heddlu i ddeud bod 'na ddynion noeth yn rhedeg o gwmpas y cae rygbi! Un o'r hogia'n tynnu coes oedd o mae'n debyg – a chyn i chi feddwl, naci, nid y fi oedd hwnnw!

Ond yn ôl at y gêm yn erbyn Fairwater. Roedd hi'n gêm agos ofnadwy, y sgôr yn gyfartal ar ôl 80 munud ac roedd yn rhaid chwarae amser ychwanegol. Colli wnaethon ni yn y diwedd, o un pwynt os dwi'n cofio'n iawn. Roedd o'n boenus iawn ar y pryd, ond yn brofiad gwych i glwb ifanc fel Bala gyrraedd mor bell.

Mi fu'r clwb ar daith yng Ngwlad Belg un tro ac yn Iwerddon ddwywaith, a chael lot o hwyl, ond uchafbwynt arall i mi'n bersonol oedd cael fy newis i dîm Gogledd Cymru. Mi enillon ni Gwpan Howells i ranbarthau Cymru un tymor gan guro ardal Castell-nedd yn y ffeinal, ac roedd 'na saith o hogia Bala yn y garfan. Mi fuon ni'n hogia drwg braidd ar ôl y gêm, fel y gall hogia rygbi fod weithia. Do, mi wnaethon ni ddwyn y gwpan – anferth o beth – nid yn unig hynny, ond mi lwyddon ni i herwgipio'r hyfforddwr, Alwyn Bevan o Fethesda, hefyd; a mynd â fo efo ni ar y bỳs yn ôl i'r Bala yn sgrechian a gweiddi bod ei wraig yn mynd i'w ladd o! Sori Alwyn.

Mi ges i un gêm i Ogledd a Chanolbarth Cymru hefyd, yn erbyn Denmarc – ia, gêm ryngwladol! Mi ges i grys am chwarae yn honno, ond mi ddwynodd ryw fastyn hwnnw, a dwi'n gwybod pwy ydi o hefyd. Mi ga i o'n ôl ryw ddiwrnod. Rhyw foi o Lannau Dyfrdwy oedd o, ac roedd o'n eilydd ar y diwrnod, ac felly'n gwisgo crys rhif 16. Ond pan gyrhaeddais i adra, y crys hwnnw oedd yn fy mag i, nid y crys rhif 4 oedd gen i. Roedd o wedi'i ffeirio fo! Mae bois Bala yn dal i dynnu 'nghoes i am hynny drwy ddeud mai eilydd oeddwn i i fod go iawn, ac nad o'n i'n ddigon da i chwarae i'r tîm cynta. Ond roeddwn i'n reit falch o'r peth, mae'n rhaid deud.

Yn 1984 mi ddaeth y rygbi i stop yn sydyn iawn i mi. Doeddwn i ddim wedi bod yn teimlo'n dda ers tro – misoedd mae'n siŵr. Mi fyddwn i'n cael cur mwya diawledig yn fy mhen ac yn teimlo'n flinedig iawn, a'r symptomau yma'n fy nharo i fel ton bob hyn a hyn. Roeddwn i mor flinedig weithiau mi fyddwn yn gorfod codi oddi wrth y bwrdd bwyd a mynd i 'ngwely, hyd yn oed pan fyddai ganddon ni bobol ddiarth acw. Mi oedd hynny wedi dechrau mynd yn batrwm, a finna'n methu dallt be oedd yn bod.

Un bore Sul mi ddeffrais a darganfod bod ochr dde fy nghorff yn ddiffrwyth. Mi feddyliais 'mod i wedi cael strôc, ac roedd gen i boen mwya dychrynllyd yn fy nghlun dde.

Pan ffoniais y doctor mi wrthododd ddod allan i 'ngweld i, dim ond deud wrtha i am fynd i'r syrjeri fore Llun. Yn fan'no, y cwbl ddywedodd o oedd nad oeddwn i'n ddigon ffit i chwarae rygbi ac nad oedd pwynt i mi gario 'mlaen! A dyma fo'n fy ngyrru fi adra.

Fedrwn i ddim rhoi un droed o flaen y llall, dim ond cerdded wysg fy ochr fel cranc. Erbyn dallt roedd hwn yn symptom clasurol ac amlwg iawn o'r hyn oedd yn bod arna i. Mi fues i'n gorwedd ar y llawr yn y parlwr ffrynt, achos doeddwn i'm yn medru cerdded yn iawn i fynd i 'ngwely. Roedd Nia wedi dychryn, yn enwedig erbyn y dydd Mercher achos doeddwn i ddim yn ei hadnabod hi, ddim yn gwybod pwy oedd pwy ac roeddwn i jest yn mwydro, meddan nhw, ac yn crio mewn poen. Yn y diwedd mi ffoniodd hi'r doctor eto, ac mi ddaeth un arall allan i 'ngweld i – a 'ngyrru fi i'r ysbyty'n syth. Mae gen i frith gof o bobol yr ambiwlans yn cyrraedd, a mynd â fi allan drwy'r ffenest am nad oeddan nhw'n gallu cael y strejar rownd cornel yn y tŷ.

Does gen i ddim llawer o gof o'r wythnosau wedi hynny, ond aethpwyd â fi i Ysbyty Gobowen i ddechrau a fy rhoi ar *traction*, gan feddwl mai wedi datgymalu rhywbeth oeddwn i. Na. Sylweddolwyd yn weddol fuan ei bod hi'n fwy difrifol na hynny.

Mi fues i yn yr Ysbyty Coffa yn Wrecsam wedyn, ac Ysbyty Maelor ar ôl hynny am lawdriniaeth *hernia*, ond na, nid dyna oedd yn bod arna i chwaith. Wedyn mi ges i lawdriniaeth *laparotomy*, sef agor fy mol er mwyn ceisio gweld be oedd yn bod. Dim lwc.

Wedi rhyw wythnos, mi gafodd Nia a Mam a Dad eu galw yno achos roeddan nhw'n meddwl fod y diwedd yn dod ac na faswn i'n para llawer hirach. Mae gen i ryw gof o sbio i fyny a gweld Mam a Dad yno, a meddwl: 'Be ddiawl mae'r rhain yn da yn fa'ma?'

Yna, mwya sydyn, mi welodd un o'r doctoriaid ifanc batsh bach gwyn, maint hen bishyn chwe cheiniog, ar lun pelydr-X o fy nghlun. Gwenwyn oedd o. Roedd o wedi dechrau mynd yn ddrwg yn y glun ac wedi gwenwyno fy ngwaed i – *septicaemia*. Mi ges i lawdriniaeth ar y glun wedyn – y drydedd o fewn diwrnodau, ac mi oeddwn i mewn diawl o stad oherwydd yr holl diwbiau a ballu oedd yn sownd yndda i. Torrwyd y darn drwg allan o'r asgwrn a chlirio'r gwaed. Sna'm rhyfedd nad oeddan nhw fy isio i yn y calendr hwnnw, nag oes?

Dwi'n dallt erbyn hyn nad ydi oedolion yn arfer cael be ges i yn fy nghlun, ac mai un o'r arwyddion cyntaf ydi methu cerdded yn syth, dim ond wysg eich ochr. Roedd o'n un o symptomau amlycaf y cyflwr oedd gen i – *osteomyelitis* – ond mi fethodd y doctor cyntaf yr arwydd hwnnw.

A wyddoch chi achosodd hyn i gyd? Baw ci. Mae'n debyg fod 'na faw ci ar y cae rygbi, a'i fod o wedi mynd i 'nghorff i drwy ryw archoll neu'i gilydd – dwi'n cofio agor fy mhen yn reit ddrwg mewn un gêm yn y Bala, felly ella mai dyna pryd y digwyddodd o. Mae hyn yn enghraifft wych o effaith gadael i'ch ci faeddu ar lefydd fel caeau chwarae. Mi fu bron iawn iddo fo fy lladd i, felly da chi ewch â baw eich ci adra efo chi. Fedar y ci ddim gwneud hynny, ond mi fedrwch chi! Argian, dwi 'di dechrau barddoni!

Mi fues i yn yr ysbyty am tua deufis wedyn, ac mi ddywedwyd wrtha i yno y baswn i'n lwcus 'taswn i'n gallu cerdded yn iawn eto, ac yn bendant faswn i ddim yn gallu chwarae rygbi.

Ond mi ddois adra, a thrwy ymarfer, ffisiotherapi, dyfalbarhad a jest am fy mod yn greadur styfnig a phenderfynol, nid yn unig roeddwn i'n cerdded, ond roeddwn i'n chwarae rygbi'r tymor wedyn.

Mi ddywedwyd wrtha i hefyd y baswn i angen clun

newydd erbyn i mi gyrraedd fy hanner cant, ac roeddan nhw'n iawn yn hynny o beth, achos mi ges i un o fewn tri mis i'r pen-blwydd hwnnw yn 2008.

Felly mi ddaeth fy ngyrfa rygbi i ben pan oeddwn i'n 49 ac yn gorfod cael clun newydd. Erbyn y diwedd doeddwn i'm yn gallu rhedeg yn iawn, ac yn gorfod cymryd llwyth o dabledi jest i allu parhau i chwarae. Ond wnaeth o ddim fy rhwystro fi rhag reidio beic o un pen Prydain i'r llall ymhen ychydig chwaith, tra oeddwn i'n aros am y glun newydd. Ond roedd hwnnw'n achos arbennig iawn, fel y cewch chi ddarllen yn y bennod nesa.

Pennod 11

Slog LEJOG

Mae chwarae rygbi wedi rhoi llawer iawn o bleser i mi dros y blynyddoedd, a llawer iawn o boen hefyd. Mi ydach chi eisoes wedi cael blas o'r poen corfforol. Mae'r poen emosiynol fwy neu lai i gyd yn gysylltiedig ag un boi – Bryan 'Yogi' Davies.

Bu farw Yogi ddydd Gwener 30 Awst, 2013, yn 56 mlwydd oed – chwe blynedd ar ôl damwain ar y cae rygbi pan dorrwyd ei wddw a'i adael heb ddefnydd o'i freichiau na'i goesau.

Roeddwn i wedi bod yn chwarae yn yr un tîm â fo ers blynyddoedd – fo yn y rheng flaen, fel bachwr am gyfnod, a finna yn yr ail reng. Roeddwn i'n gorfod rhoi fy mraich rhwng ei goesau fo, a 'mhen yn sownd wrth fochau ei din o bob tro y byddan ni'n ffurfio sgrym, felly mi fedrech chi ddeud ein bod ni'n gyfeillion mynwesol yng ngwir ystyr y gair. Ond mi oeddan ni go iawn hefyd. Chaech chi neb gwell i fod wrth eich ochr yn y ffosydd, fel petai.

Mi ymddeolais o rygbi yn 2007, yr un tymor ag y cafodd Yogi ei ddamwain. Roeddwn i'n teimlo'n reit emosiynol ynglŷn â gorfod rhoi'r gorau iddi. Wel, mae'r gêm yn dueddol o fynd i'ch gwaed chi ar ôl troi allan bob wythnos fwy na heb am 26 mlynedd. Ond roedd cerdded yn ddigon poenus i mi erbyn hynny heb sôn am redeg, felly doedd gen i ddim dewis mewn gwirionedd.

Yn eironig, fel y gŵyr nifer ohonoch chi, roedd Yogi'n chwarae ei gêm olaf y diwrnod hwnnw o Ebrill, pan ddigwyddodd y ddamwain. Roedd o newydd gyhoeddi hynny wrth weddill y tîm, ac fe'i gwnaethpwyd yn gapten am y diwrnod. Ond ddeng munud ar ôl troedio ar y cae, roedd ei fyd wedi cael ei droi ben ucha'n isa.

Tydi ffawd yn gallu bod yn greulon weithiau dw'ch?

Nant Conwy oedd y gwrthwynebwyr ac roeddwn i'n edrych ymlaen at weld y gêm, ond yn rhedeg yn hwyr. Erbyn i mi gyrraedd roedd yr ambiwlans awyr wedi bod a dim ond ambiwlans cyffredin oedd ar ôl ar y cae, ac awyrgylch annifyr o gwmpas y lle. Roeddwn i wedi dychryn yn ofnadwy – roedd pawb wedi dychryn – ond doedd neb yn sylweddoli pa mor ddrwg oedd y sefyllfa ar y pryd.

Mae rhywun yn meddwl am deulu Yogi wrth gwrs, ac mi gafodd y ddamwain effaith mawr ar y clwb hefyd, am ddau reswm: oherwydd ei fod o mor boblogaidd, ac oherwydd ein bod ni i gyd wedi siarad dros y blynyddoedd am y posibilrwydd y gallai rywbeth fel hyn ddigwydd i ni, ac roeddan ni i gyd yn teimlo y basa fo wedi *gallu* digwydd i unrhyw un ohonon ni. Dyna'r ddau beth oedd yn ysgytwol. Yn digwydd bod, Yogi oedd y creadur anlwcus. Doedd 'na ddim bai ar neb, mae'r pethau 'ma'n digwydd, ac mae'n rhaid i ni fyw efo hynny.

Dyn pêl-droed oedd Yogi i ddechrau, ond mi gafodd dri cherdyn coch mewn byr amser un tymor i dîm Cerrigydrudion, felly roedd o wedi'i wahardd rhag chwarae. Dyma fo'n troi at rygbi, a wnaeth o ddim troi'n ôl.

Roedd o yn y tîm cynta ar ôl 'chydig wythnosau, yn chwarae fel canolwr. Nid fo oedd y peth cyflymaf ar ddwy goes yn ddigon siŵr, ond roedd o'n mynd drwy bawb ac yn cau aros i lawr – rêl tarw bach. Roedd o'n chwaraewr cystadleuol iawn, yn daclwr caled, ond doedd o ddim yn chwaraewr budr. Mi symudodd i chwarae yn y rheng flaen wedyn, heb fawr o brofiad blaenorol. Roeddan ni'n brin un dydd Sadwrn ac mi gynigiodd ei hun. Roedd o'n gwneud yn berffaith hefyd, er nad oedd o'n un o'r mwya o ran corffolaeth. Mi fydda fo'n chwarae fel prop weithia hefyd os oedd y tîm angen hynny. Doedd dim ots ganddo fo, 'mond ei fod o'n cael gêm.

Un o Gorwen oedd o'n wreiddiol, ac mi gafodd y llysenw Yogi pan symudodd o Ysgol y Berwyn, y Bala i Ysgol Brynhyfryd, Rhuthun. Roedd o'n dal i wisgo'i iwnifform Ysgol y Berwyn pan aeth o yno mae'n raid, ac roedd 'YYB' yn amlwg arni hi. 'Ysgol Yogi Bear,' meddai un wag, ac mi sticiodd yr enw.

Ar ôl y ddamwain roedd Yogi yn Ysbyty Maelor, Wrecsam, i ddechrau, ac yna mewn uned arbennig yn Southport. Ond i Wrecsam yr es i i'w weld o y tro cynta, wythnos neu ddwy ar ôl y ddamwain, a wna i byth anghofio'r profiad. Mi dorrais fy nghalon o'i weld o. Roedd ganddo fo ffrâm fetal i ddal ei ben o i fyny, ac roedd hi'n anodd ofnadwy ei ddallt o'n siarad. Roedd o'n ysgytwol. Yn nes ymlaen, roedd hi'n amlwg fod ysbryd Yogi'n dal yn gryf, achos roedd o wastad yn jocio a chael hwyl. Roedd o'n gryf ofnadwy fel'na.

Roedd y gymuned i gyd mewn sioc i raddau, ond mi ddechreuodd yr ymgyrch i godi arian yn syth bron iawn, er mwyn addasu'r tŷ iddo fo gael dod adra. Roedd pawb yn gwneud rwbath – casgliadau, plant yn gwneud teithiau cerdded, yr ysgolion yn gwneud gwahanol bethau, roedd pawb wrthi. Wedyn mi ddaeth bois y clwb rygbi at ei gilydd ym Mhlas Coch un nos Sadwrn i benderfynu be oeddan ni am wneud. Mi oedd nifer o'r hogia'n cynnig gwneud gwahanol bethau, ac mi wnaeth un – Gareth Lloyd, cyn-aelod arall o'r rheng flaen – ganŵio i lawr afon Conwy. Dydi o ddim yn gall. Fasach chi byth bythoedd yn fy ngweld i'n rhoi blaen troed mewn canŵ. Fel y deudis i, dwi ofn dŵr, ac mae canŵs yn edrych fel tasan nhw'n barod i droi drosodd 'mond i chi sbio'n gam arnyn nhw.

Beth bynnag am hynny, mi gynigiais fod pawb yn gwneud taith feics, a'r hyn oedd gen i dan sylw oedd pawb yn reidio rownd Llyn Tegid neu rwbath felly. Ond diolch i'r

Guinness, mi drodd y daith honno'n daith unigol o Gaergybi i Gaerdydd. Ac roedd ambell un yn dal i dynnu coes ac yn deud: 'Duw, Duw, babi. 'Mond hynny ti am 'neud?' a hyn a'r llall. Ac wrth i'r cwrw lifo mwy roedd y daith yn mynd yn hirach ac yn hirach, nes yn y diwedd mi gytunais i reidio o Land's End i John O'Groats, ar fy mhen fy hun. Ia, er gwaetha'r ffaith nad oeddwn i'n berchen ar feic ar y pryd, ac nad oeddwn i wedi bod ar gefn un ers blynyddoedd chwaith. O, ac er gwaetha'r ffaith fy mod i'n disgwyl am glun newydd.

Dwi'n cofio codi'r bore wedyn efo diawl o Benmaenmawr, a meddwl: 'O na, be dwi 'di wneud?' Ond roeddwn i'n ffyddiog na fasa neb yn cofio ... nes i'r ffôn ddechrau canu yn ystod y dydd efo pobol yn addo pres i mi. Felly dyna sut y dechreuodd fy antur fawr nesaf.

Ar ôl penderfynu ar y daith feicio roedd yn rhaid prynu un, a dechrau ymarfer. Wedi'r cwbl, roeddwn i wedi addo mynd o un pen y wlad i'r llall. Gyda llaw, mae llawer o bobol wedi holi pam y penderfynais fynd o Land's End i John O'Groats yn hytrach na fel arall rownd. Oni fyddai'n haws mynd o'r gogledd i'r de – i lawr allt (yn seicolegol) fel petai? Ond na, yn ôl pob sôn mae mynd o'r de i'r gogledd fymryn yn haws oherwydd bod y gwynt i'ch cefn chi fel arfer, ac mae 'na ychydig llai o elltydd hefyd mae'n debyg. Hmm. Wn i ddim am hynny ...

Yn ôl yr arwydd mae'n 874 milltir o Land's End i John O'Groats, ond mae fy mhen ôl i'n deud stori wahanol iawn. Ydw, dwi'n siarad drwyddo fo weithia w'chi, ac mae o'n mynnu bod y daith o leia ddwbl hynny – ac roedd fy nghlun yn tueddu i gytuno efo fo (wel, be 'dach chi'n ddisgwyl, maen nhw'n perthyn, tydyn?).

Ond o ddifri, roeddwn i ar y rhestr aros am glun dde newydd ar y pryd – effaith y baw ci hwnnw – a newydd roi'r gorau i chwarae rygbi oherwydd hynny. Felly be ddiawl oeddwn i'n feddwl oeddwn i'n wneud yn reidio beic o un pen y wlad i'r llall, fe'ch clywaf yn gofyn? Wel, mi wyddwn y baswn i mewn poen weithiau, ac y basa'r daith yn anodd, ond doedd hynny'n ddim byd o'i gymharu â'r hyn yr oedd Yogi'n mynd drwyddo. A dwi'n greadur penderfynol – pengaled yn ôl Nia – a wirioneddol isio gwneud rwbath i helpu.

Felly, ar ôl prynu beic reit dda, mi ddechreuais ymarfer yn ddiwyd. Roeddwn i'n mwynhau hynny – reidio rownd llefydd fel Blaenau Ffestiniog, Maentwrog, Harlech, Bermo ac yn ôl i'r Bala. Roedd o'n gyfle i werthfawrogi'r ardal yn iawn. Mi fues i'n adeiladu fy nerth a'm ffitrwydd am tua pedwar mis cyn mynd, nes bod hynny hefyd wedi mynd yn obsesiwn gen i. Roeddwn i isio mynd allan bob dydd.

Erbyn dechrau'r daith go iawn, roeddwn i'n gallu gwneud tua 100 milltir mewn diwrnod ac roedd hynny'n baratoad da am yr hyn oedd i ddod. Neu felly roeddwn i'n meddwl. Ond wnaeth o ddim fy mharatoi am y traffig, achos mae lonydd Cymru fel y bedd o'u cymharu â phriffyrdd de-orllewin Lloegr, heb sôn am weddill y wlad.

Roedd 'na dipyn o waith paratoi rhwng bob dim, ac mi ges i frên wêf un diwrnod: camper fan fasa'r boi, i ni gael sbario talu am westy.

Mi wnes i ymholiadau, a thrwy amrywiol gysylltiadau, yn cynnwys Mici Plwm a Vaughan Hughes, mi gynigiodd gŵr a gwraig, Mr a Mrs Eddie Jones o Fenllech, oedd yn arfer cadw siopau sglodion yn Llangefni a Llanfairpwll, roi benthyg eu camper fan nhw i mi. Doeddan nhw byth yn ei defnyddio hi bellach, meddan nhw, ac roedd croeso i mi ei benthyg hi. Mi dalodd cwmni Aykroyd's am insiwrans, mi ges i gyfraniadau lu tuag at y diesel ac roedd 'na fwyd yn dod o bob cyfeiriad hefyd, yn deisennau a thuniau sŵp a phob math o bethau eraill. Mi es inna i fyny i nôl y camper fan o

Bentre Berw, ac roedd hi'n sgleinio fel newydd ac yn lân, bois bach.

Ond hanner ffordd adra mi ddigwyddodd rwbath i'r gêr uchaf. Doedd o ddim yn gweithio. Felly roedd yn rhaid i mi ddod adra yn y trydydd gêr. Roeddwn i i fod i gychwyn ar y dydd Sul cyn Gŵyl y Banc mis Awst, ac mi ddigwyddodd hyn ar y dydd Sadwrn.

Erbyn i mi gyrraedd y Bala roeddwn i'n panicio braidd. Roedd 'na gwmni teledu yn gwneud rhaglen am Yogi, ac wedi trefnu i ddod i fy ffilmio yn cychwyn o Land's End. A fedrwn i ddim mynd i lawr i fan'no yn *third*, neu mi faswn i'n refio fel injan ddyrnu'r holl ffordd. Mi es i'n syth i Garej Henblas yn y Bala a deud wrth Dave Pritchard, y perchennog, be oedd y broblem.

'Gad o efo fi,' medda fo.

Mi ffoniodd rownd, ffeindio gerbocs *reconditioned* sbâr gan Trefor Jones o'r Bala, a roddodd y gerbocs am ddim at yr achos. Mi weithiodd criw o fois Clwb Moduro Bala a Dave Garej Henblas arno fo dros nos, a'r bore wedyn roedd y fan o flaen y tŷ yn barod i fynd. Ew, fedrwn i ddim diolch digon iddyn nhw. Dyna be ydi ysbryd cymunedol.

Llwytho'r fan wedyn efo'r beic, beic sbâr, y bwyd a'r gêr i gyd, a chychwyn i lawr am Land's End tua naw o'r gloch nos Sul. Y cynllun oedd dreifio i lawr drwy'r nos er mwyn cychwyn reidio o gwmpas amser cinio dydd Llun. Dwi'n meddwl mai tuag awr o gwsg ges i ar y ffordd i lawr. Fedrwn i ddim cysgu wrth feddwl am y daith o 'mlaen i.

Dydd Llun, 27Awst 2007. Hanner dydd
Diwrnod 1: Penzance – cyn belled â phosib

Roedd Nia yn gwneud y siwrne efo fi – nid ar gefn beic, ond yn gyfforddus braf yn y camper fan. Na, chwarae teg, roedd ganddi rôl bwysig iawn. Hi oedd fy nhîm-wrth-gefn i, a hebddi hi faswn i byth wedi cwblhau'r daith. Ar y pryd roedd Nia'n dysgu yn ysgol gynradd Llawr y Betws, Glanrafon (rhwng Bala a Chorwen) ac roedd hi'n dod efo fi am wythnos cyn i'r ysgol ailddechrau. Un o'i chyfrifoldebau hi oedd gofalu am luniaeth i 'nghadw i i fynd, ac roeddan ni'n cyfarfod mewn llefydd addas roeddan ni wedi penderfynu arnyn nhw ymlaen llaw. Fel *oasis* yng nghanol yr anialwch, rhain fyddai uchafbwyntiau'r dydd i mi pan fyddai petha'n mynd yn anodd yn nes ymlaen.

Nes ymlaen? Wnaeth pethau ddim dechra'n rhy dda, heb sôn am nes y-blwmin-mlaen! Ar ôl ffarwelio â Nia a'r criw camera oedd yn ffilmio'r rhaglen am Yogi, i ffwrdd â fi'n dalog efo dim byd ond John O'Groats ar fy meddwl, a gofynnodd dyn y maes parcio i Nia:

'Where's he going?'

'Oh, he's off to John O'Groats,' atebodd hitha.

'Not that way he's not,' meddai'r boi.

Roeddwn i wedi mynd i'r cyfeiriad anghywir ac mi ffeindiais fy hun mewn *dead end*! Roedd yn rhaid i mi fynd yn ôl a ffarwelio eto ar gyfer y camerâu! Embaras, hwnna ydi o! Ond ar ôl darganfod y ffordd iawn – yr A30 – mi oeddwn i'n mynd rêl boi. Dim traffig, dim swigod ar fy mhen ôl, dim problem. Roeddwn i ym Mhenzance mewn chwinciad, ac yn llanc i gyd. Mistêc. Roedd yr A30 yn newid cymeriad o hynny ymlaen, ac unwaith y digwyddodd hynny, mi ddechreuais sylweddoli yn union be oedd o 'mlaen. Ffordd ddeuol ydi'r A30 ac ar ôl Penzance roedd hi'n ddiawchedig o brysur efo miloedd o dwristiaid yn dychwelyd adra o'u gwyliau. Roedd gofyn gwylio be oedd o 'mlaen i a be oedd yn dod o'r tu ôl, ond wedi i mi ddarganfod rhyw fath o rhythm roeddwn i'n pasio'r amser trwy gyfri'r anifeiliaid celain ar y lôn (moch daear sy'n drewi waetha!). Mi fues i'n reidio am bron i wyth awr, ac erbyn cyrraedd y stop dros nos cyntaf – Okehampton, yn swydd Dyfnaint – roeddwn i wedi gwneud 105 milltir. Diwrnod cynta gwerth chweil. Dim ond naw arall i fynd ... os bysa popeth yn mynd yn iawn.

Dydd Mawrth, 28 Awst
Diwrnod 2: Okehampton i Clevedon

Codi'n fore a threulio awr dda yn cael brecwast a pharatoi'r beic (a fi fy hun) ar gyfer y diwrnod. Mae 'na gymdeithas LEJOG, sef Land's End – John O'Groats, ac mi ymunais â hi er mwyn cael gwybodaeth, a chael fy nghyfeirio at wahanol bobol oedd wedi gwneud y daith o 'mlaen i. Felly trwy ddilyn eu cyngor nhw y penderfynais pa ffordd roeddwn i am ei dilyn. Ac yn ôl y cyngor hwnnw, Clevedon fyddai'r stop dros nos nesa.

Y patrwm dyddiol oedd fy mod i'n cychwyn reidio fy hun, a'r camper fan yn rhoi start o tua dwy awr i mi cyn dod ar fy ôl i. Roeddan ni'n cyfarfod yn rhywle cyfleus i gael cinio ac i drafod gweddill y diwrnod, wedyn roedd y camper fan yn mynd o 'mlaen i ac yn aros amdana i. Felly roeddan ni'n ei gweithio hi.

Roedd y milltiroedd cynta'n iawn, ar lonydd bach cefn gwlad, ond yna roeddwn i'n ôl ar y priffyrdd unwaith eto. Mi welais ambell ryfeddod ar y daith oedd yn help i gadw f'ysbryd yn uchel. Pentref o'r enw Bow, er enghraifft – mae'n rhaid mai hwn ydi'r pentref â'r enw byrraf yn Lloegr, ond roedd yr arwydd ffordd yn anferth oherwydd bod y lle wedi gefeillio efo rhywle yn Ffrainc o'r enw Henri Mortimer de la Bordeaux Crux a la Chantell du Sud! Wir yr.

Roedd reidio drwy draffig Taunton yn dipyn o hunllef, ac mi ddechreuais sgwrsio efo un o'r trigolion lleol ar groesfan i gerddwyr, a'r cyfan oedd ganddi i'w ddeud oedd '*Wales sucks!*' Mi awgrymais inna'n boleit fod ei mam hitha'n gwneud yr un fath, mwy na thebyg.

Yn y cyfamser roedd yn rhaid mynd dros fryniau'r Mendips. Wyddwn i ddim lle oedd y rheini, ond dwi'n blydi gwybod rŵan! Aw! Roedd fy mhen ôl yn dechrau cwyno, er gwaetha'r eli roeddwn i'n ei rwbio arno fo'n ddefosiynol bob bore – y *créme de la derriere* fel roeddwn i'n ei alw fo. Mi ddaeth pedal chwith y beic i ffwrdd yn ystod y darn yma o'r daith (peth fyddai'n digwydd sawl gwaith cyn i mi gyrraedd y terfyn), ond roedd hi'n weddol hawdd trwsio hwnnw, wrth lwc. Yn wahanol i 'mhen ôl i.

Ar ôl methu dod o hyd i'r maes pebyll lle roeddan ni i fod i aros, mi ddaethon ni ar draws lle arall y tu allan i Clevedon, oedd yn union fel lleoliad mewn ffilm Alfred Hitchcock. Roedd 'na lot o hen garafanau yno, fel 'tasa neb wedi bod ynddyn nhw ers 20 mlynedd. Ni oedd yr unig rai oedd yn aros yno ac roedd y lle yn dywyll a distaw, fel 'tasa pawb wedi diflannu oddi ar wyneb y ddaear. Roedd o'n lle rhyfedd, crîpi braidd. Doedd Clevedon ei hun ddim yn fyrlymus chwaith, mae'n rhaid deud. Mi fues i'n siarad am fy nhaith efo rhyw foi efo llygad croes yn y dafarn y noson honno, ond er i mi egluro'r cwbwl yn fanwl iddo fo, doedd ganddo ddim syniad os mai mynd 'ta dŵad oeddwn i.

Diwrnod reit dda eto, a 95 milltir arall yn nes at y llinell derfyn.

Dydd Mercher, 29 Awst
Diwrnod 3: Clevedon i Kingsland

Doeddwn i ddim yn teimlo'n rhy dda erbyn y trydydd diwrnod – doedd y *crème de la derriere* ddim yn gwneud ei waith fel y dylai, ac roedd pob man yn brifo, yn enwedig fy nghlun giami. Ond ar ôl dôs dda o asbrin a phob math o dabledi lladd poen eraill, i ffwrdd â fi unwaith eto. Roeddwn i'n pasio Portishead ar y rhan yma, ac roedd yr enw hwnnw'n dod ag atgofion yn ôl o fy nghyfnod ar y môr. Cyn dyddiau ffonau symudol, roedden ni'n galw gorsaf Portishead ar y radio er mwyn cael ein rhoi drwodd i'r rhwydwaith deliffon. Rhyw fath o orsaf ganolog ar gyfer llongau a chysylltiadau morwrol oedd hi, yr un fwyaf yn y byd ar y pryd. Mae hi wedi cau ers 2000.

O Portishead roeddwn i'n mynd oddi ar yr A369 i'r M5 – hunllef i feiciwr. Pedair lôn o draffig a finna'n ansicr pa un i'w chymryd. Bu ond y dim i mi gymryd y troad am Land's End! Trio ffeindio Pont Avonmouth wedyn, dyna i chi hwyl oedd hynny. Roedd yr arwyddion fel pe baen nhw'n gwrthddeud ei gilydd, ac yn y diwedd mi ofynnais y ffordd i wraig o dras Almaenig oedd yn cerdded ar ochr y lôn (roedd hi'n debyg i Catherine Tate. Diawl, ella mai hi oedd hi!) ac mi oedd hi'n help garw. Mi ddangosodd y ffordd i mi: trowch i'r chwith mewn 200 llath, meddai, wedyn ymhen 100 llath trowch i'r dde, ac wedyn i'r chwith eto ar ôl 500 llath. Iawn, grêt, ond ar ôl dilyn y cyfarwyddiadau yma i gyd, pwy oedd yn sefyll yno'n disgwyl amdana i, ond hi! Roeddwn i wedi cymryd 10 munud i gyrraedd y lle, ond roedd hi'n amlwg yn gwybod am ryw *short cut*! Pam ddiawl na fasa hi wedi dangos hwnnw i mi? Y? Do'n i'm yn dallt hynny. Ond chwarae teg iddi 'run fath – a diolch iddi hi, mi ffeindiais y ffordd gywir.

Roedd o wedi bod yn fore hir a blinedig a finna'n dechra amau a fyddwn i'n cyrraedd fy nghyrchfan penodedig y diwrnod hwnnw, felly roeddwn yn falch iawn o gyrraedd Pont Hafren, a Nia, am hoe fach a chinio. Ar ôl ffa pob ac wy ar dost roeddwn i fel newydd (wel, ocê, nag oeddwn) ac yn barod i daclo Dyffryn Gwy ac ymlaen am Drefynwy. Roedd honno'n daith braf a deud y gwir – tirlun bendigedig ac ychydig iawn o draffig – ond yn Nhrefynwy mi es i'r ffordd anghywir eto, a landio ar yr A40, oedd yn uffernol. Allt serth a thraffig diddiwedd. Yn Nhrefynwy hefyd, mi benderfynais newid y trefniadau rhyw fymryn a mynd ychydig ymhellach nag oeddwn i wedi'i fwriadu, ond roedd gen i reswm da dros wneud. Roeddan ni wedi trefnu i fynd ymlaen i bentref Kingsland, ger Leominster, i aros yn nhŷ ffrind i ni, Glenda Rees, am y noson. Ffrind yr oedd Nia a finna wedi dod i'w hadnabod trwy John a Mair, cyn-berchnogion Plas Coch, ydi Glenda, ac roeddan ni wedi bod yn aros yn ei thŷ hi o'r blaen. Mae hi'n rhedeg cartref nyrsio, a'i chyfraniad hi at yr achos oedd ein lletya ni am y noson. Nid 'mod i angen fy nyrsio eto chwaith ... dim cweit.

Cyn cyrraedd Glenda, mi gollais gysylltiad efo Nia a'r camper fan yn Henffordd. Ond ddwyawr yn ddiweddarach, wrth basio rhyw gyffordd, pwy oedd yno'n disgwyl ei thro i ymuno â'r lôn ond Nia a'r camper fan. Roedd y peth yn anhygoel, fel ffars Brian Rix bron!

Mi gawson ni lot o hwyl wedyn pan welson ni arwydd oedd yn dangos y ffordd i ddau le: Little Dilwyn a Weobley! Addas iawn, achos oedd wir, mi oedd Little Dilwyn yn teimlo'n Wobbly iawn ar ddiwedd y diwrnod hwnnw, er fy mod i 80 milltir arall yn nes àt y lan.

Dydd Iau, 30 Awst
Diwrnod 4: Kingsland i Gaer

Ar ôl noson braf o gwsg yn nhŷ Glenda, mewn gwely go iawn yn hytrach na thun sardîns y camper fan, roeddwn i'n effro gyda'r wawr ac yn barod i gychwyn ar hyd y Gororau. Roedd hi'n reid braf, ar wahân i'r ffaith fod fy nghlun yn brifo'n ddiawledig erbyn hynny, a finna eisoes yn llawn i'r ymylon o dabledi lladd poen. Doedd dim amdani ond dal ati, ond doeddwn i ddim angen ysbrydoliaeth mewn gwirionedd, roedd meddwl am Yogi'n ddigon. Un peth wnaeth fy nharo yn ystod y rhan yma o'r daith oedd bod fy ffôn symudol yn canu bob tro roeddwn i ar ganol dringo allt, neu felly'r oedd o'n ymddangos – a Mam oedd yno gan amlaf, yn holi sut oedd hi'n mynd. Cyn ateb y ffôn, mi oeddwn i'n gorfod ffeindio lle saff i stopio, dod oddi ar y beic, ffeindio'r ffôn yn fy mag a ffeindio fy sbectol i weld pwy oedd yno. Roedd hi'n cychwyn pob sgwrs fel hyn: 'Dwi ddim isio dim byd go iawn chwaith 'sti, 'mond rhyw feddwl lle roeddat ti heddiw o'n i. Ew, ma' hi'n dywydd ofnadwy yn fa'ma 'de, a dwi wedi bod yn gwneud y defaid a ballu ...' Felly y byddai'r sgwrs yn mynd bob tro fwy neu lai. Mam druan! Mi oedd gen i *ringtone* o PC Leslie Wynne yn deud rhywbeth (dwi'm yn cofio be) ac roedd hwnnw wedi dechrau mynd ar fy nerfau i hefyd. Felly, mae'n rhaid i mi gyfadda, doeddwn i ddim yn ateb y bali peth bob tro ar ôl y dyddiau cynnar hynny.

Problem arall oedd fy mod yn cael ysfa sydyn (iawn) a dirybudd i bi-pi bob hyn a hyn. Bron na fedrwn i ddeud fy mod i wedi piso fy ffordd o Land's End i John O'Groats.

Mae'n debyg fod hyn yn un o sgil effeithiau seiclo am gyfnodau hir – rwbath i'w wneud efo'r ffaith 'mod i'n eistedd ar gyfrwy sy'n fain fel cyllell, meddan nhw. Maen nhw'n brafiach felly ar ôl i chi arfer efo nhw, ond mae'n cymryd dipyn o amser i wneud hynny. Roedd y sefyllfa yma'n achosi dipyn o drafferth i mi, oherwydd bod rhywun yn gorfod dod o hyd i le addas, distaw, i wneud dŵr. Fedrwn i ddim jest gwneud ar ochr y lôn na fedrwn?

Ar ôl brecwast da iawn mewn carafán ar ochr y ffordd ychydig i'r gogledd o Craven Arms, roeddwn i mewn hwyliau da am y rhan fwya o'r dydd. Mi basiodd Llwydlo a'r Amwythig yn ddidrafferth, ac ar ôl cyrraedd yr Eglwys Wen (*Whitchurch*), er fy mod i mewn poen, mi benderfynais ddal i fynd nes y byddwn ar gyrion Caer. Mi ddaethon ni o hyd i le campio neis iawn yr olwg, ond roedd o'n cael ei redeg gan un o gyn-wardeniaid Colditz, ac ar ôl cael ein croesholi ganddi ynglŷn â'r posibilrwydd mai ci oedd Nia (*No Dogs*

Allowed) a'i bod hi'n trio smyglo plant i mewn i'r safle (*No Children Allowed*), fe gawson ni lonydd. Roeddwn i'n ei dychmygu hi'n cerdded rownd y gwersyll gyda'r nos efo Alsatian, efo llifoleuadau'n chwilio'r lle rhag ofn bod rhywun yn trio dianc. Yn ôl pob sôn roedd teulu o Ipswich wedi llwyddo i wneud hynny'r wythnos cynt ar ôl gwneud twnnel o'r lle golchi dillad, ac roeddan nhw'n dal â'u traed yn rhydd yn rhywle ar Fynydd Hiraethog.

Mi ges i sypreis neis gyda'r nos pan gawson ni ymweliad sydyn gan dri ffrind – Tony Parry, cyn-wythwr y clwb (a'r cadeirydd erbyn hynny), Lois ei ferch a Bob Thomas – hyfforddwr y clwb, a thwrnai sy'n enwog am ei allu i siarad yn ddi-baid heb gymryd ei wynt. Danfon parseli'r Groes Goch (mwy o roddion bwyd) i ni yn y carchar oeddan nhw.

Roeddwn i wedi ymlâdd ar ôl codi mor fore felly mi gefais noson gynnar, yn breuddwydio am Steve McQueen a'r *Great Escape*. 85 milltir arall yn nes at John O'Groats. Hyd yma roeddwn wedi gwneud 365 milltir mewn 25 awr 16 munud o reidio – ddim yn rhy ddrwg i foi tew efo clun giami oedd byth yn reidio beic!

Dydd Gwener, 31 Awst
Diwrnod 5: Caer i Lerpwl

Diwrnod oedd fymryn bach yn fwy hamddenol. Y bwriad oedd mynd o Gaer am Gilgwri, drosodd ar y fferi i Lerpwl ac yna i Southport i weld Yogi yn yr ysbyty. Roedd gen i gwmni hefyd – daeth y cyflwynydd teledu a'r actor Alun Elidyr – neu Alun Cae Coch, Rhydymain – i reidio efo fi. Roedd hynny'n yn goblyn o hwb i f'ysbryd i, achos mae'n rhaid i mi gyfadda 'mod i'n simsanu braidd erbyn hynny. Ond faswn i ddim wedi rhoi'r gorau iddi ar chwarae bach chwaith. Dwi'n reit benderfynol yn y bôn. Ydw i wedi deud hynny wrthach chi o'r blaen?

Dilyn yr A41 o Gaer am Benbedw oedd y bwriad, a dyna wnaethpwyd, ar ôl stopio gannoedd o weithiau ar gyfer goleuadau traffig, neu felly'r oedd hi'n teimlo. Mae hon yn lôn brysur, bois bach! Roedd Alun yn un da i'w gael efo fi – roedd o'n mynd ar gyflymdra rhesymol, ac er ei fod o'n un main o ran corffolaeth, roeddwn i'n cael cysgod y tu ôl iddo fo rhag y gwynt! Mi gawson ni stop mewn siop feics yn Little Stanney gan fod 'na nytan wedi dod i ffwrdd oddi ar fy meic. Mi ges i un yn ei lle hi am ddim gan ddynes glên y siop. Da 'di pobol weithia 'de!

Ar y fferi o Benbedw mi fuon ni'n siarad efo ryw Sgowsar, holi'r ffordd i Southport a hyn a'r llall, a dyma fo'n deud fod y beiciwr diwetha iddo fo siarad efo fo hefyd ar ei ffordd i John O'Groats. Doeddan ni'm yn effin call, medda fo. Ar ôl diolch iddo fo am ei eiriau doeth a'i gyngor, a dod oddi ar y fferi, roedd gweddill y daith drwy Lerpwl yn rhwydd, diolch byth. Dilyn yr A565 trwy Bootle a throi am Little Crosby, lle roeddan ni'n cyfarfod Nia, y camper fan a'r criw ffilmio eto. Bu'n rhaid mynd i fyny ac i lawr, ac i lawr ac i fyny'r lôn er mwyn y camerâu, ond doedd hynny'n poeni dim arna i achos roedd y ffioedd teledu i gyd yn mynd i gronfa Yogi.

Doedd cyrraedd yr ysbyty erbyn chwech yr hwyr, fel roeddan ni wedi'i drefnu, ddim yn broblem, ond roedd gweld Yogi yn ei gadair olwyn tu allan yn aros amdanon ni'n fater arall! Roeddwn i dan deimlad o'i weld o wedi gwneud ymdrech i 'nghyfarfod i. Roedd ganddo fo goblyn o beipan hir i anadlu drwyddi – doedd ganddo fo ddim uned anadlu symudol ar y pryd, felly roedd y staff wedi gwneud ymdrech fawr i'w alluogi o i fod tu allan i'n cyfarch ni. Roeddan ni'n dau yn ein dagrau, a dwi'm yn siŵr ai dagrau o lawenydd 'ta dagrau o dristwch oeddan nhw.

Roedd 'na lwyth o bobol o ochrau'r Bala yno'n ymweld â Bryan – gormod i'w henwi nhw i gyd – ac roedd pawb yn sgwrsio bymtheg y dwsin. Dwi'n amau fod 'na lot ohonyn nhw yn gweld Yogi am y tro cynta ers y ddamwain. Roedd rhai wedi dewis dod y diwrnod hwnnw am y basan nhw mewn criw, achos roedd nifer (yn enwedig y bois rygbi) ofn mynd i'w weld o gan nad oeddan nhw'n gwybod sut i ymateb iddo fo.

Roedd Gareth Lloyd, y dyn dewr wnaeth ganŵio i lawr afon Conwy, yno hefyd, ac roedd hi'n braf cymharu nodiadau efo fo, fel petai. Roedd Sue, gwraig Bryan, wedi trefnu i mi gael cawod yn stafelloedd newid y staff, ac ar ôl honno a newid dillad roeddwn i'n teimlo fel dyn newydd (yn hytrach na hen un).

Fesul dipyn roedd y criw yn teneuo wrth i rai adael, ac roedd hi'n anodd ffarwelio â nhw. Roedd fy nhîm-wrth-gefn innau (sef Nia) yn deud ffarwél yn Southport hefyd er mwyn mynd yn ôl adra. Roedd hi wedi gwneud job wych yn edrych ar fy ôl i, ac yn fwy na dim, fy nghadw i fynd drwy'r milltiroedd anodd. Roedd hi wedi sefydlu fy rwtîn dyddiol ac wedi gosod y safon i'r criwiau oedd i ddod yn ei lle hi. Yn wir, cyn mynd, mi dreuliodd hi awr dda yn gwneud yn siŵr fod y tîm-wrth-gefn newydd (Huw Charles) yn dallt y dalltings o ran be i'w wneud, pa fwyd oeddwn i'n lecio, pa grîm oedd yn mynd ar ba ran o 'nghorff a rhyw bethau pwysig felly. Prop ydi Huw fel arfer, ac ella basa'n well i mi bwysleisio fan hyn fod unrhyw grîm neu eli a ddefnyddiwyd yn ystod y daith wedi cael ei daenu ar fy nghorff i gen i, a gen i fy hun yn unig, a diawl o neb arall. Iawn? (*Sshhh. Ocê Huw? Fydd neb ddim callach rŵan ...*)

Ar ôl i bawb fynd mi dreuliais awr neu ddwy efo Bry ar y ward. Roedd o wedi cuddio dau gan o ryw hylif du Gwyddelig hyfryd ar gyfer yr achlysur, a bobol bach mi gawson ni hwyl. Roeddwn i'n gorfod mynd yn agos ato fo am ei bod hi'n anodd ei glywed o'n siarad, a'r peth cyntaf ddywedodd o wrtha i oedd: 'Arglwydd, ti'n edrych yn dew yn y dillad seiclo 'na!' Ia. Wir i chi. Dyna oedd ei gyfarchiad o, a finna wedi seiclo hanner ffordd ar draws Prydain i'w weld o! Hyd yn oed yn ei sefyllfa fo, roedd o'n dal i dynnu coes. Wedyn mi ddechreuodd o ddeud storis wrtha i am ryw foi o Gorwen oedd yn bridio mwncïod. Roedd o'n mynd â nhw i wahanol sŵs o gwmpas y wlad, i gyfarfod mwncïod eraill er mwyn atal mewnfridio! Roedd y darlun doniol 'ma wedi fy nhiclo fi'n ofnadwy ac roedd yn rhaid i mi adael y ward, am 'mod i'n chwerthin cymaint. Roedd y nyrsys yn eu dagrau hefyd o'n gweld ni'n dau yn chwerthin! Ia, noson a hanner oedd honno.

Yn ôl â fi wedyn i'r camper fan, a oedd wedi'i pharcio ar dir yr ysbyty, i dreulio fy noson gyntaf efo Huw Charles. Yr unig beth fedra i ddeud ydi ei fod o'n gysgwr trwm, ac nad oedd y goban binc yn ei siwtio fo ryw lawer.

Dim ond 45 milltir yn nes at John O'Groats oeddwn i ar ôl y diwrnod hwnnw, ond roedd o'n rhyw fath o garreg filltir serch hynny – gweld Bryan a ffarwelio â Nia, a doeddwn i ddim wedi paratoi'n feddyliol ar ei gyfer o, felly roedd o'n anoddach na'r disgwyl. Ac wrth glwydo'r noson honno, mi wawriodd arnaf nad oeddwn i hyd yn oed wedi cyrraedd hanner ffordd eto! Ho hym.

Dydd Sadwrn, 1 Medi
Diwrnod 6: Southport i Penrith

Ar ôl taro i mewn i ddeud helo a ta-ta wrth Bryan, roeddwn i'n ôl ar y lôn. Roedd 'na niwl trwchus wrth i mi gychwyn, ac wedyn glaw trwm. Ond yn waeth na hynny, roedd fy nghorff yn trio deud rhywbeth wrtha i.

'Dyro gora iddi'r diawl gwirion,' neu eiriau tebyg.

Ond yr ymennydd ydi'r bos, a fo enillodd:

'Na wnaf myn diawl, dwi'n mynd i orffen y daith yma os lladdith hi fi!'

Yn ystod y bore roedd y BBC wedi trefnu i mi gael sgwrs fyw efo Jonsi ar y radio. Roedd yn rhaid i mi chwerthin, achos mewn mynwent wnes i'r sgwrs. Sgwrs fyw mewn lle yn llawn o bobol 'di marw! Roedd o'n digwydd bod yn lle cyfleus ar y ffordd, ar yr amser penodedig ac mi feddyliais y basa hi'n ddigon distaw yno, ond yn ystod y sgwrs mi ddaeth 'na angladd i mewn!

Roeddwn i'n teimlo'n well ar ôl y sgwrs, ac yn barod am fwy o artaith ar y lôn.

Tydi o'n rhyfedd be sy'n mynd trwy feddwl rhywun wrth dreulio amser hir yn gwneud yr un un peth drosodd a throsodd? Yn fy achos i, cadw olwynion y beic i droi tua'r gogledd oedd y peth hwnnw.

Fedrwch chi anadlu drwy'ch trwyn a'ch ceg yr un pryd?

Pam mae cŵn yn cerdded rownd mewn cylchoedd cyn gorwedd i lawr?

Sut mae pry'n gallu glanio ar nenfwd?

Dyna'r math o bethau oedd ar fy meddwl i wrth nesáu tuag at Preston. Ond mi fysa'n well o beth coblyn taswn i wedi bod yn canolbwyntio mwy ar y lôn achos mi gymerais dro anghywir, ac o fewn dim roeddwn i ar goll! Ychwanegodd y cam gwag hwnnw ddeng milltir at y daith. Erbyn dallt, roeddwn i wedi cymryd yr A6 i'r de yn lle'r gogledd! '*Stupid boy, Pike,*' fel y basa'r hen Gapten Mainwaring wedi'i ddeud.

Roedd yr A6 yn lôn gymharol dawel, ac yn weddol wastad hefyd diolch byth, ac erbyn hyn roedd Huw Charles (oedd yn chwarae prop i'r Bala, ac sy'n gwneud paned dda iawn, gyda llaw) wedi setlo i mewn rêl boi i'w rôl fel y tîm-wrth-gefn. Diolch i bethau bach felly, mi aeth y diwrnod yn weddol gyflym a diffwdan, ond roeddwn i'n diodda erbyn ei ddiwedd oherwydd i mi wneud y ddringfa fwyaf hyd yma. Mi gawson ni hoe fach tu allan i Glwb Rygbi Kendal i baratoi am y *slog* i fyny i bentref Shap. Drwy lwc, roeddwn i mewn Shap go lew ar ei chyfer hi. (Sori am honna!) Biti nad oedd hi'n noson ymarfer y tîm, neu dwi'n siŵr y basa Huw a finna wedi mwynhau ymuno efo nhw am *work-out* bach! Na, dwi'm yn meddwl rhywsut.

Roedd yr A6 o Kendal yn dringo a dringo'n ddiddiwedd bron, ac yn mynd â ni drwy ardal anghysbell, efo golygfeydd bendigedig. Roedd hi'n reid braf – biti nad oeddwn i'n teimlo'n ddigon da i'w mwynhau hi'n iawn. Roedd pob milltir yn straen, ac roeddwn i mewn cryn dipyn o boen efo fy nghlun, ac yn gyffredinol ar ôl y dringo. Erbyn hyn hefyd, roedd yr ysfeydd tŷ bach yn mynd yn niwsans. Dydi pum eiliad o rybudd ddim yn ddigon pan mae ganddoch chi ddau bâr o drowsusau bach Lycra amdanoch chi. Ac ar ben popeth arall, mi syrthiodd y bali pedal i ffwrdd eto.

Roedd hi'n dechrau tywyllu erbyn i ni gyrraedd Penrith a chael hyd i faes carafanau ar gyfer y camper fan, ac ar ôl platiad anferth o sbageti, mi gysgais fel babi – i gyfeiliant chwyrnu cerddorol Huw Charles. Roeddwn i wedi bod ar gefn y beic am dros wyth awr y diwrnod hwnnw, ond gallwn deimlo'n fodlon ar ôl gwneud 102 milltir, y rhan fwyaf ohono i fyny gelltydd. Ar ôl y fath ymdrech mi ddylwn i fod wedi cymryd diwrnod i ffwrdd i aildanio'r batris. Ond wnes i ddim, ac mi fyddwn yn difaru hynny.

Dydd Sul, 2 Medi
Diwrnod 7: Penrith i Abington
Mae'r A6 yn rhedeg ochr yn ochr â'r M6 i Gaerliwelydd, ac mae hi'n lôn wych i seiclo arni, ond mae 'na rai darnau hir, hir sy'n syth fel saeth, ac mae'r rheini'n gallu digalonni rhywun braidd am eu bod nhw'n edrych yn hollol ddiddiwedd.

Roeddwn i'n pasio trwy nifer o bentrefi bach diddorol yr

olwg, efo enwau difyr fel Low Hesket, High Hesket, Little Hesket, Big Hesket a Fair to Middling Hesket, ac yna Caerliwelydd. Mi es i drwy fan'no mewn fflach, ac mewn fflach arall mi wnes i gamgymeriad. Mi drois oddi ar y lôn yn rhy fuan a chanfod fy hun ar yr A74. Traffordd i bob pwrpas, sy'n smalio bod yn lôn lai. Oherwydd gwaith cynnal a chadw doedd 'na ddim llain galed, felly roedd yn rhaid i mi drio canolbwyntio ar stribyn cul – tua dwy droedfedd o led. Diolch yn fawr i yrrwr bws National Holidays yn fan hyn am ystyried mynd â fi efo fo i ble bynnag roedd y diawl yn mynd. Mi fu bron i mi gael pas am ddim. Dwi'n siŵr mai dyma bum milltir waethaf y daith i gyd. Rhybudd i bob beiciwr – cadwch oddi ar yr A74. O leia mi wnes i gyflymu er mwyn dod oddi arni mor handi â phosib. Y stop nesaf oedd yr enwog Gretna Green, lle gofynnais i Huw Charles fy mhriodi. Gwrthod wnaeth o wrth lwc, ond roedd hon yn garreg filltir bwysig arall. Roeddwn i bellach yn yr Alban, ac mi ges i lond bwced o uwd i ddathlu.

Yna, mi ddois ar draws y gyfrinach orau ym myd seiclo – y B7076. Mae hon yn lôn berffaith i feicwyr achos mae'n dilyn llwybr yr M6 i Abington, ond mae'r rhan fwyaf o'r traffig yn mynd ar y lôn honno. Dim ond tua hanner dwsin o geir welais i drwy'r pnawn! Ond roedd reidio'n boenus iawn, a phob rhan o 'nghorff yn brifo. Doedd y *pit stops* cyson ('ta *piss stops* ddyla hwnna fod?) ddim yn help i fy rhythm i chwaith. Ond y gwir amdani oedd 'mod i wedi gwneud gormod y diwrnod cynt, ac o sbio'n ôl mi fasa wedi bod yn syniad da cymryd diwrnod i ffwrdd, i orffwys. Mi gawson ni hyd i faes pebyll hyfryd, efo cawodydd braf a thoiledau glân – lle da iawn, a'r gorau ar y daith i gyd faswn i'm yn synnu, felly mi oedd hynny'n help. Mi aethon ni i'r pentref gyda'r nos i gael swpar, ond doeddwn i ddim llawer o awydd bwyd. Mi wnes i hyd yn oed adael fy mheint ar ei hanner. Wedi blino oedd yr hogyn 'te? Yn gorfforol a meddyliol. Ond er gwaetha'r digalondid, roeddwn i wedi gwneud 78 milltir mewn ychydig dros chwe awr o reidio – dim yn ddrwg o gwbl o ystyried fy mlinder.

Dydd Llun, 3 Medi
Diwrnod 8: Abington i Ardlui (Loch Lomond)

'A dyma ragolygon y tywydd ... gwlyb a gwyntog.' Roedd hi wedi bwrw glaw drwy'r nos, ac roedd 'na wynt milain o gyfeiriad Aberdeen (neu o din Huw Charles) wedi bod yn chwythu'n ddi-baid tu mewn i'r camper fan ers oriau hefyd.

Doedd y bore fawr gwell, ac roeddwn i'n teimlo braidd yn isel fy ysbryd rhwng y diffyg cwsg a'r blinder corfforol. Felly, yn dilyn fy mrecwast arferol o rawnfwyd a banana, efo gwynab tin y cychwynnais ar fy hald unwaith eto, ar y B7078 y tro hwn, a oedd bron mor dawel â'i chwaer, y B7076 annwyl.

Yr un oedd y drefn â'r dyddiau blaenorol, sef stryglo am y 10 milltir gyntaf cyn i'r gwahanol hylifau a phowltrisiau, tabledi, eli ac ati wneud eu gwaith. Mi gafodd y tîm-wrth-gefn (ella basa'r tin-wrth-gefn yn well disgrifiad bellach) gyfle i gysgu'n hwyr, gyda threfniant i gyfarfod yn Larkhall i'r de o Hamilton yn nes ymlaen, er mwyn cael cynhadledd i drafod sut oeddan ni am daclo Glasgow.

Erbyn canol y bore roedd y tywydd wedi gwella a f'ysbryd wedi codi, ac roeddwn mewn rhythm da unwaith eto. Ar ôl cyfarfod Huw yn Larkhall i drafod tic-tacs, dyma benderfynu gwahanu unwaith eto, gyda'r bwriad o gyfarfod 25 milltir i'r gogledd o Glasgow. Roedd hynny'n swnio'n syniad da ar y pryd. Rong!

Gair o gyngor: dydi hi ddim yn hawdd ffeindio'ch ffordd drwy strydoedd Hamilton a Glasgow efo dim ond dwy dudalen wedi eu rhwygo o atlas ffordd £1.99 i'ch cynorthwyo. Ond dwi'm yn meddwl y basa *sat nav* wedi

helpu rhyw lawer arna i. Roedd hi'n gymhleth! Mi gollais fy
ffordd sawl gwaith, ac mi oedd y rwtîn o stopio, gwisgo fy
sbectol a stydio'r map yn mynd mor stêl â rhai o jôcs Dilwyn
Pierce ar ôl chydig. Mae enwau llefydd fel Cambuslang a
Rutherglen wedi'u serio ar fy nghof am byth. Mi es i drwy
Rutherglen dair gwaith – unwaith o'r gorllewin, unwaith o'r
de ac unwaith o Duw-a-ŵyr-lle. Oherwydd yr holl
drafferthion roeddwn i wedi dechrau dilyn fy ngreddf yn
hytrach na'r map erbyn hynny. Mistêc arall!

Penderfynais ddilyn bỳs efo'r geiriau *City Centre* ar ei
gefn. Mi fydda i'n iawn rŵan, meddyliais. Rong eto! Mi aeth
â fi'n syth i ddepo bysys Glasgow – doeddwn i ddim wedi
gweld y geiriau *Not in Service* ar y tu blaen nag oeddwn?

Ar ôl ymlwybro drwy draffig trwm iawn, yn sydyn reit
roeddwn i'n aros wrth oleuadau traffig, heb ddim ceir o gwbl
o 'nghwmpas. Dim un! Ac yna, fel golygfa allan o sioe Benny
Hill mi ges i fy moddi gan filoedd o ferched yn gwisgo bras
pinc, oedd yn cymryd rhan mewn ras er budd Ymchwil
Cancr neu elusen debyg. Doeddwn i ddim isio sbwylio'r
parti, felly mi benderfynais ddal i reidio fel pe bai dim yn
bod, er mawr ddiddanwch i rai o stiwardiaid y ras. Os ydach
chi isio gwybod, mi orffennais yn y pumed safle yn yr adran
Double D Cup.

Wedi ymlâdd ar ôl fy giamocs efo merched y bras pinc,
mi ddois ar draws llwybr beics oedd yn mynd o Glasgow i
Loch Lomond. Wel am lwc. Roedd hwn yn hyfryd, wedi'i
gynllunio'n dda ar hyd glannau afon Clyde, ac efo
golygfeydd gwych o'r ddinas. Roedd popeth yn dda
drachefn, a wnes i ddim digalonni hyd yn oed ar ôl
sylweddoli fy mod yn nes at Bala na John O'Groats. Ia, dydi
rhywun ddim yn sylweddoli pa mor fawr ydi'r Alban, a bod
y rhan fwyaf ohoni i'r gogledd o'r dinasoedd mawr fel
Glasgow a Chaeredin.

Wrth reidio'r llwybr beics, roeddwn i'n gallu ymlacio ro'm bach, ac mi ges i amser i bendroni tybed be oedd hanes Huw Charles erbyn hynny. Roeddwn i'n gobeithio'n arw nad oedd o wedi dod ar draws y merched bras pinc, neu faswn i byth yn ei weld o eto.

Oedd, roedd pethau'n mynd yn dda ... nes i mi hitio Clydebank. Aw! Roedd hen ardal dociau Glasgow'n cael ei ailwampio'n llwyr – a doedd dim i'm hatgoffa o'r lle y bûm ynddo y Nadolig hwnnw yn gwarchod poteli wisgi. Yn waeth na hynny, oherwydd y gwaith, roedd y llwybr beics yn diflannu i ganol tomenni o rwbel adeiladu. Beth bynnag, mi ddilynais y Clyde y gorau allwn i, nes cyfarfod unwaith eto â Huw Charles. Trefnwyd i fynd ymlaen am Dumbarton, a chyfarfod eto yn fan'no am fwyd.

Roedd hwnnw'n gyfarfod emosiynol eto, achos roedd hi'n bryd ffarwelio â Huw erbyn hyn. Oedd, roedd hi'n bryd deud ta-ta wrth y tin-wrth-gefn. Mi wnaeth Huw waith ardderchog yn edrych ar f'ôl i, chwarae teg iddo fo, ac roedd angen dau i gymryd ei le: Aled Jones Evans, brawd iau Nia, a Gareth Alun Jones, postman lleol, cefnogwr rygbi a ffrind. Roeddan nhw wedi dod i fyny mewn dau gar – car Gareth Alun a BMW du roeddan nhw wedi cael ei fenthyg gan Hugh Jones o garej Moduron Llanuwchllyn. Roedd Huw Charles yn gyrru'n ôl adra yn y BMW, ac roedd Gareth Alun yn mynd o'n blaenau ni fel sgowt yn ei gar ei hun. Handi iawn.

Mi dreuliais weddill y pnawn yn reidio i fyny'r A82 ar hyd glannau Loch Lomond. Hyfryd. Roedd wyneb y ffordd yn wael, y lôn yn gul a'r traffig yn drwm, ond be di'r ots pan ydach chi'n cael reidio mewn llecyn mor brydferth? Penderfynwyd aros y noson honno mewn pentref o'r enw Ardlui. Lle bach oedd o, a dim ond ar ôl cyrraedd y gwnaethon ni sylweddoli pa mor fach. Dim ond tafarn a

maes pebyll oedd o – dim byd arall. Ond mi ges i noson dda
o gwsg yn y camper fan ar lan y llyn, ac Aled a Gareth Alun
yn cysgu mewn pabell efo dwy filiwn o wybed bach.

Roedd o wedi bod yn ddiwrnod da, ac roeddwn i 85
milltir arall yn nes at y nod.

Dydd Mawrth, 4 Medi
Diwrnod 9: Ardlui i Loch Ness

Roedd wynebau Aled a Gareth Alun yn goch ar ôl eu noson
efo'r gwybed. Roeddwn i'n meddwl eu bod nhw wedi dal y
frech goch. Creaduriaid. Roeddan nhw'n edrych fel dwy
sleisan o frôn, ac mi adewais y ddau yn tendiad eu briwiau er
mwyn wynebu'r 10 milltir cyntaf arferol o artaith cyn setlo i
fy rhythm. Fy mwriad yn ystod y deuddydd nesaf oedd
reidio cyn belled ag y teimlwn fel gwneud, a doedd gen i
ddim llefydd penodol mewn golwg ar gyfer aros dros nos.
Doeddwn i ddim yn poeni rhyw lawer ynglŷn â phryd y
byddwn i'n cyrraedd John O'Groats chwaith. Amser cinio
dydd Iau oedd gen i dan sylw, ond doeddwn i ddim am golli
cwsg dros y peth.

Yn y cyfamser roedd gen i'r A82 i fyny i Fort William i
boeni amdani. Roeddwn i'n poeni hefyd am Glen Coe a
mynyddoedd y Grampian, lle mae Ben Nevis, oedd eto i
ddod. Wrth weld enwau fel Mynydd Du ac ati roeddwn i'n
cael gweledigaethau ohonaf yn seiclo i fyny ochr tŷ. O leia
roedd y tywydd yn braf. Ac ar y pryd, roedd y dringo'n
raddol a ddim yn rhy ddrwg, ac roeddwn i'n hapus iawn efo'r
beic – roedd o'n wych. Roedd y pedal a oedd wedi bod yn
dod i ffwrdd bob munud wedi gweld sens o'r diwedd, ac yn
bihafio.

Ar ôl cyrraedd Tyndrum mi ges i syniad o sut le sydd yno
yng nghanol gaeaf pan mae'r lle dan eira trwm. Roedd 'na
giât yno, y gellid ei defnyddio i gau'r lôn pe byddai angen, ac

roedd polion pren wyth troedfedd o uchder bob ochr i'r ffordd er mwyn i yrwyr y sychau eira beidio crwydro oddi ar lwybr y lôn pan oedd hi o dan eira.

Ymhen dipyn roedd y lôn yn fwy serth, ond roeddwn i wedi synnu pa mor dda roeddwn i'n teimlo a pha mor bell roeddwn i wedi mynd ers y bore. Stop cynta'r dydd oedd y Bridge of Orchy, a dyna'r cyfan oedd yno hefyd – pont garreg fechan, eitha di-nod a deud y gwir.

Yn digwydd bod roedd Alan Wynne-Thomas – ia, fo eto, perchennog y *Jemima Nicholas* – yn byw tua thair milltir o Bont Orchy, felly mi rois i ganiad iddo fo er mwyn rhoi syrpreis iddo fo a'i deulu, achos doedd o ddim yn gwybod am y daith feic. A wyddoch chi be?

Doedd o ddim adra!

Roedd y lôn yn dal yn serth, a'r wlad o'm cwmpas yn mynd yn fwy a mwy anial gyda phob milltir, yna, ar ddiwedd dringfa serth iawn heibio Loch Tulla, mi ddois wyneb yn wyneb â gyr o geirw gwyllt, a hydd mawr efo llond pen o gyrn yn ben arnyn nhw. Ond er eu bod nhw'n wyllt, roeddan nhw'n berffaith hapus yn fan'no yn derbyn tameidiau bach o fwyd gan bobol oedd yn digwydd pasio heibio. Mi winciodd un ewig fawr lygad croes arna i, ond mi wyddwn yn iawn be oedd hi isio. Fy misgedi siocled i siŵr iawn. Dwi'm yn stiwpid. Mae'r merched 'ma i gyd 'run fath.

Cyrraedd Glen Coe o'r diwedd, ac er bod 'na hanes dychrynllyd i'r lle, a phawb yn deud bod 'awyrgylch' yno, theimlais i ddim byd. Yno yn 1692 fe laddwyd 38 o aelodau'r Clan McDonald mewn gweithred ysgeler gan eu gwesteion, a oedd yn cynnwys nifer o aelodau'r Clan Campbell. Awn ni ddim i fanylu ar y rhesymau tu ôl i'r erchyllterau, ond nid ffrae dros fyrgyrs a chawl oedd hi. Roedd o'n lle prydferth iawn, ond i mi, jest fel unrhyw gwm arall o ran awyrgylch mae arna i ofn.

Roedd y daith i lawr oddi yno'n un gyflym. Un gyflym iawn hefyd, a doedd gen i ddim amser i edmygu'r wlad o 'nghwmpas. Profiad mwy hamddenol oedd reidio ar hyd glannau Loch Linnhe tuag at Fort William – roeddwn i wedi hwylio i fyny'r Loch yma yn ystod Ras y Tri Chopa, ac roedd hi'n neis ei weld o o ongl wahanol. Nid loch dŵr croyw ydi hwn, mae'n un o'r rhai, fel Loch Ness, sy'n rhan o'r môr. Ond mewn un rhan mae'n gul iawn, lle mae dau ddarn o dir bron â chwrdd â'i gilydd. Y Corran Narrows ydi enw'r llecyn hwn, ac roedd hwylio drwyddyn nhw'n gallu bod yn hwyl a deud y lleia. Roedd o'n fy atgoffa o stori Jason a'r Argonawtiaid, lle maen nhw'n gorfod hwylio rhwng dwy graig sy'n cau ac agor bob yn ail.

Ar ôl cyrraedd Fort William cafodd Aled, Gareth a finna gyfarfod hir dros baneidiau o de. Roeddwn i wedi gwneud 60 milltir (y rhan fwyaf i fyny gelltydd eto), ond gan fy mod i'n teimlo'n weddol, a chan fod y tîm-wrth-gefn yn awyddus hefyd, bwrw 'mlaen oedd y penderfyniad, a'i chymryd hi fesul awr. Chydig a wyddwn i fod pencampwriaethau beicio mynydd y byd yn cael eu cynnal yn yr ardal ac y byddwn i, ymhen dipyn, yng nghanol miloedd o feicwyr proffesiynol. Doedd dim amdani ond tynnu fy mol i mewn a cheisio edrych y part. Dwi'n meddwl mai'r wich o fy mhedal dde ollyngodd y gath o'r cwd yn y diwedd, neu fasa neb byth wedi sylwi.

Mi dreuliais weddill y pnawn yn pydru 'mlaen i gyfeiriad y gogledd-ddwyrain ar yr A82. Roedd 'na olygfeydd bendigedig – llynnoedd a mynyddoedd a mwy o lynnoedd a mynyddoedd. Ar ôl dringo'n raddol o Fort William, mi ges i stop yn Spean Bridge i weld cofeb ryfel y Commandos. Roedd hi'n ddistaw iawn yno – tangnefeddus a deud y gwir – ac mi dreuliais beth amser yn myfyrio ar yr enwau ar y gofeb. Mi ddechreuais deimlo cywilydd am gwyno am fy mhen ôl tendar a 'nghlun giami, ac mi ges i ryw nerth o rywle wedyn.

Dal i feddwl am y Commandos oeddwn i pan ges i fy neffro o fy myfyrdod gan rywun yn gweiddi: 'Lle ti'n mynd y bastyn tew?' Ia, y tîm-wrth-gefn, yn cael panad mewn rhyw gaffi. Roeddwn i ym mhentref Fort Augustus ar lannau deheuol Loch Ness erbyn hyn, ac wedi blino'n lân, felly roedd hi'n bryd chwilio am rywle i dreulio'r noson. Mi gawson ni le reit braf yn Drumnadrochty. Roeddwn i'n flinedig, yn brifo drostaf ac yn poeni. Roedd 'na ragor o dîm-wrth-gefn ar eu ffordd: Robin 'Penlan' Roberts ac Alwyn Meirion Roberts, neu Al Bryn Gwyn. Gylp! Lwc owt Sgotland! Roedd Robin yn arfer chwarae yn safle'r canolwr i'r clwb, ac mae Alwyn yn gefnogwr brwd. Fo ydi dirprwy-drefnydd yr Eisteddfod Genedlaethol erbyn hyn, ond roedd o'n gweithio efo Cyngor Gwynedd ar y pryd. Mae o'n frawd i Hywel Rhys, y prop y soniais amdano ynghynt.

Dydd Mercher, 5 Medi
Diwrnod 10: Loch Ness i Bettyhill

Pen i lawr a gweld be ddigwyddith oedd hi'r diwrnod hwnnw. Hynny ydi, dal i fynd a gweld lle byddwn i ar ddiwedd y dydd. Roedd y tîm-wrth-gefn wedi bod ar y pop y noson cynt, ac fel dwi'n dallt, mi ddeffrodd y diawlad y maes gwersylla i gyd ar eu ffordd yn ôl – ar wahân i mi. Felly mi adewais nhw i bacio'r gêr, ac ar ôl ffarwelio â Gareth Alun (oedd yn gorfod mynd adra) i ffwrdd â fi ar y ffordd yn blygeiniol. Roeddwn i'n cael dipyn o drafferth efo'r glun erbyn hyn. Effaith yr holl ddringo m'wn, a doedd pethau ddim yn gwella rhyw lawer. Roedd reidio ar yr A833 fel reidio i fyny'r Aswan Dam, ac mi oeddwn i'n falch o stop hanner ffordd i fyny i wneud cyfweliad radio, efo Dafydd Du y tro yma.

Ymlaen â fi trwy Dingwall ar yr A9, lle daliodd Aled i fyny

efo fi yn y camper fan, ond doedd 'na ddim golwg o Robin ac Alwyn. Roedd y ddau benci wedi mynd ar goll, ac roeddan nhw rywle i'r gogledd o Inverness yn ôl pob sôn.

Roedd y traffig yn drwm iawn ar yr A9, felly penderfynwyd anelu am Bonar Bridge ar y B9176, lôn ddistaw, wledig; seiclo da, gelltydd hir a thin poenus. Mi gawson ni ginio yn y pentref, a be ddaeth heibio ond un o loris cwmni L. E. Jones, Rhuthun. Er i ni godi llaw fel dwn i'm be, welodd y dreifar mohonan ni!

O'r pentref, roeddan ni'n gallu gweld dau foi ar lan yr afon gyferbyn â ni, yn torri gwair efo strimars. Roedd un wrthi'n fflat owt yn torri, a'r llall yn fflat owt yn torheulo a chael smôc! Ar ôl brechdan ham flasus iawn mi fuon ni'n gwrando ar ryw ddynes ar ei ffôn symudol yn rhoi rhestr o dasgau i'w gŵr – am yr 20 mlynedd nesa faswn i ddim yn synnu. Dwi'n meddwl mai corn niwl Ynys Enlli oedd ei swydd flaenorol hi. Argian, mi oedd hi'n uchel ei chloch. Dau ddesibel arall ac mi fasa'r bobol Iechyd a Diogelwch ar ei hôl hi. Dwi'n dal i ddeffro ganol nos yn chwys oer wrth feddwl am ei gŵr hi, druan ohono fo. Roedd Robin Penlan ac Alwyn wedi cyrraedd erbyn hynny, y naill yn cyhuddo'r llall o fethu darllen map.

Yr A836 oedd nesa, ac roedd hon eto yn lôn reit dawel o ran traffig. Roeddan ni yn y rhan fwyaf anghysbell o'r Alban; y math o le na fasach chi isio torri i lawr na bod ar ben eich hun yn y tywyllwch yno, roedd yr ardal mor anial. Yr unig adeilad welais i am filltiroedd oedd y Crask Inn. Hwnnw ac un tŷ. Mi wnes i nodyn meddyliol i ddychwelyd yno'n fuan! Yr unig ddrwg ydi bod 'na filoedd o wybed bach i bob modfedd sgwâr. Roeddan nhw'n ffeindio'u ffordd i bobman, ac roedd hi'n ymddangos eu bod nhw'n hoffi llefydd tamp, tywyll. Na, plîs!

I lawr yr allt wedyn nes cyrraedd Altnaharra, lle roeddan

ni wedi trefnu i gael cynhadledd. Bum can llath o'r Altnaharra Hotel mi ges i byncjiar cynta'r daith. Olwyn ôl hefyd. Damia. Mwy o drafferth na'r olwyn flaen, oherwydd y tsiaen ac ati. Ond dim ots, roedd o'n siŵr o ddigwydd yn hwyr neu'n hwyrach.

Roedd y tîm-wrth-gefn wedi rhannu'n ddau erbyn hyn – dau sgowt wedi mynd yn eu blaenau i ffeindio lle i wersylla, a finna a'r camper fan yn Altnaharra. Ar ôl trwsio'r pyncjiar ymlaen â fi, ond roeddwn i'n flinedig, yn boenus a llwglyd erbyn hynny. Daeth neges gan y sgowtiaid fod yr A836 i Tongue i fyny'r allt yr holl ffordd, ac mai troi i'r dde yn Altnaharra oedd y peth doethaf.

Iawn. Roedd hi'n reid neis ar hyd glannau Loch Naver, ond roeddwn i wedi gwneud dros 100 milltir hyd yma, ac roedd hi'n dechrau nosi. Wedyn daeth neges arall gan y sgowtiaid: fedrwn i gario 'mlaen am 20 milltir arall, i faes gwersylla da? Os oeddan nhw'n deud nad oedd lle addas arall i gampio, doedd gen i fawr o ddewis nag oedd? Ond roeddwn i bron â chrio hefyd.

Chwarae teg, mi ddaeth Robin Penlan efo fi ar gefn y beic sbâr, i roi hwb i mi. Mi oedd o'n edrych yn reit athletaidd yn fy shorts seiclo sbâr i, a jersi binc. Wnes i ddim deud wrtho fo fy mod i wedi bod yn gwisgo'r pâr arbennig hwnnw o shorts am wythnos gyfa!

I ffwrdd â ni yn y gwyll tua'r gogledd – roedd hi'n amlwg yn syth fod Robin yn reidiwr wrth reddf, ac mi oeddan ni'n mynd ar gyflymder da (i lawr allt). Roedd y gwybed bach a'r pryfed yn anhygoel. Dwi'n siŵr 'mod i wedi llyncu miloedd ohonyn nhw, a fedrwn i ddim peidio meddwl tybed oedd 'na ryw ffordd o wneud byrgers neu hyd yn oed selsig gwybed. Mi addewais i mi fy hun y byddwn yn ymchwilio i'r posibiliadau ar ôl cyrraedd adra. Ella gwelwch chi fi ar *Dragon's Den* yn fuan.

Dim ond cwmni Robin oedd yn fy nghadw fi i fynd erbyn hynny, neu mi faswn i wedi cysgu ar y beic filltiroedd ynghynt. Roedd o fel y diafol ar ddwy olwyn, ac ymlaen ac ymlaen yr aethon ni nes cyrraedd Bettyhill. Rŵan, mae'r '*hill*' yn yr enw yn gythraul o allt serth, a bu bron iawn i'r hen Robin ddisgyn yn farw ar ôl cyrraedd y brig. Roeddwn i'n rhagweld seremoni fawr i ailenwi'r lle yn Robinhill er cof amdano.

O'r diwedd mi gyrhaeddon ni'r maes gwersylla, ac fe aethon ni i gysgu'r noson honno efo sŵn tonnau Môr y Gogledd yn taranu ar y creigiau islaw a gwich y gwybed bach yn ein clustiau. Mi gododd hi'n goblyn o wynt yn ystod y nos a bu bron i babell y ddau sgowt gael ei chwythu i'r môr. Mi dreuliais y noson yn effro, yn hel meddyliau am y diwrnod canlynol a'r hanner can milltir olaf. Er fy mod i'n brifo drostaf, doeddwn i ddim isio i'r daith orffen. Treuliodd y sgowtiaid y noson yn dynwared *paragliders*, wrth drio dal y babell i lawr yn y gwynt.

Dydd Iau, 6 Medi
Diwrnod 11: Bettyhill i John O'Groats
Wel dyma ni. Obesa Cantavit * (wel, bron iawn).

Roedd hi'n niwl a glaw mân wrth i mi hitio'r lôn y bore hwnnw, a wir, roedd isio calon i gychwyn. Roedd pob bore wedi bod yn anodd, ond hwn oedd y gwaetha eto, yn dilyn ein hymdrechion y diwrnod cynt. Roedd pob cyhyr a phob gewyn yn brifo. Hanner can milltir i fynd, ac mi oeddwn i'n stryglo go iawn. Mi adewais Robin ac Al Bryn Gwyn ar drugaredd y gwybed boreol (does 'na ddim byd gwaeth na gwybed bach yn eich trôns yn y bore). Roedd y niwl yn codi bob hyn a hyn, ond daliais i frwydro yn fy mlaen – filltir ar ôl milltir, allt ar ôl allt, ar ôl allt ar ôl allt. Roeddwn i'n stopio'n

* mae'r ddynas dew wedi canu

aml, ac am gyfnodau hirach bellach, ond rhywsut fe ddaliais ati.

Cyrraedd Thurso, gadael Thurso, ac wrth lwc roedd y 10 milltir olaf yn wastad, ond roedd y niwl yn dal efo fi. Ac yna, mi gliriodd rhyw fymryn – digon i weld John O'Groats. A doedd hi 'mo'r olygfa harddaf a welais i yn ystod y daith, mae'n rhaid deud. Na, a bod yn blwmp ac yn blaen mae John O'Groats yn dipyn o ddymp. Hetia *Kiss Me Quick* a fawr ddim arall.

Mi ddaeth 'na foi ata i yn y tŷ bach pan oeddwn i'n newid, a deud: '*I've been following you b******* on my bike for the past three days and I've been unable to catch you.*'

Roedd yr emosiynau'n gymysglyd iawn, a wnaeth y siampên ddim helpu mae'n siŵr. Roedd Gwyn Sion Ifan, brawd Nia, wedi rhoi baner draig goch yn anrheg i ni ar gyfer yr achlysur, ac roedd Alwyn wedi dod â photel o siampên efo fo, felly mi gawson ni ddathliad bach yno, oedd yn wych. Do, waeth imi gyfadda, mi gollais ddeigryn bach hefyd.

Doeddwn i ddim isio stopio – hwnnw oedd y teimlad cryfaf oedd gen i ar ôl cyrraedd pen y daith. Doeddwn i ddim isio i'r antur ddod i ben, a 'tasa rhywun wedi rhoi cynnig i mi droi'n ôl a seiclo'n ôl i lawr i Land's End, mi faswn i wedi cythru at y cyfle. Roeddwn i isio dal i fynd gymaint â hynny. Dwi'n gall 'dwch?

Os ydach chi'n hoff o ffigyrau, roeddwn i wedi reidio 943 o filltiroedd i gyd (dim ond brain sy'n gallu ei wneud o yn yr 843 milltir y mae'n honni ar yr arwydd). Mi fues i'n reidio am 73 awr a 14 munud, ar gyfartaledd cyflymder o 13 milltir yr awr. Ychydig fisoedd wedyn mi ges i alwad ffôn heb ei disgwyl, gan Gymdeithas Land's End John O'Groats, yn deud 'mod i wedi ennill rhyw wobr a thlws, ac yn fy ngwahodd i fynd i lawr i Torquay i'w derbyn nhw mewn seremoni. Enw'r wobr oedd The Charlie Hankins Memorial

Trophy. Maen nhw'n dyfarnu'r wobr bob blwyddyn i'r person sydd, ym marn y pwyllgor, yn dangos *'courage, fortitude and determination'* wrth wneud y daith. Neu fel mae Nia'n deud: 'pengaled'! Boi wedi colli'i goesau yn yr Ail Ryfel Byd oedd Charlie Hankins, ac roedd o wedi gwneud y daith ar feic yr oedd o'n ei bedlo efo'i ddwylo. Felly roeddwn i'n teimlo'n anghyfforddus ac yn ostyngedig iawn yn derbyn y ffasiwn wobr, achos doedd yr hyn wnes i yn ddim o'i gymharu â champ rhai o'r enillwyr eraill. Mae'r gwpan yn anferth, ac mae hi'n cael ei chadw mewn gwesty yn Torquay, efo fy enw i arni! Doeddwn i ddim yn meddwl 'mod i'n haeddu'r fath beth, ond wedi deud hynny, mi oedd o'n reit neis a deud y gwir.

Un bwriad wrth wneud y daith oedd cael mwy o sylw i stori Yogi, er mwyn codi ymwybyddiaeth a phres i'r gronfa, achos roedd angen cannoedd o filoedd i wneud y newidiadau i'r tŷ er mwyn iddo fo gael dod adra – lledu drysau ar gyfer y gadair olwyn, gosod lifft a gwahanol offer codi ac ati.

Roeddwn i'n blogio fy hanes bob dydd a'i roi o ar y we – yn fy Saesneg gorau gan feddwl y basa hynny'n cael mwy o sylw. Teimlad braf iawn oedd darganfod ein bod wedi codi tua £12,000 i gyd, heb gyfri'r cyfraniadau at y diesel a'r bwyd a ballu, ac roeddwn i'n falch iawn fod y daith yn llwyddiant.

Roedd Yogi'n ddiolchgar iawn am yr ymdrech hefyd, ac mi gafodd o ddod adra ym mis Tachwedd 2008. Bu'n rhaid iddo fo fynd yn ôl fwy nag unwaith wedyn, ac mi dreuliodd dair blynedd a hanner yn yr ysbyty i gyd, ond roedd o'n rhyw gymaint o gysur i'w deulu mai adra, yng nghwmni ei wraig, Sue, a'i blant, Teleri ac Ilan, y bu farw.

Daeth cannoedd o bobol i'w wasanaeth angladd, ar gae rygbi'r Bala, ond doedd o ddim yn achlysur trist. Wel, oedd mewn ffordd, ond roedd o wedi trefnu popeth ymlaen llaw, ac roedd hynny'n dangos ei synnwyr digrifwch: doedd neb i wisgo du, neb i wisgo crys a thei – crysau rygbi os yn bosib – ac roedd o wedi rhoi llythyr cyffredinol i mi ei ddarllen yn y gwasanaeth, yn Saesneg, gan wybod yn iawn fy mod i'n casáu darllen unrhyw beth yn yr iaith fain yn gyhoeddus. A 'ha ha' wedi'i sgwennu ar y diwedd. Llythyr yn diolch i bawb oedd o: i Sue a'r plant, y bobol oedd wedi gofalu amdano fo, i'r clwb rygbi, ac i bawb am ddod i'r angladd. Roedd o wedi dewis yr emynau – 'Cwm Rhondda' a 'Calon Lân' – a'r anthem genedlaethol i orffen pan oedd o'n cael ei gario allan, efo pawb mewn dwy res yn cymeradwyo, yn union fel mae timau'n wneud ar ddiwedd gêm rygbi. Ac roedd o wedi enwi rhyw 20 o fois nad ydyn nhw'n gallu canu fel aelodau côr. Roeddan nhw'n canu tair cân ar y diwrnod – fersiwn lân yr *'Yogi Bear Song'*, 'Cofio Dy Wyneb' a fersiwn Gymraeg o *'You'll Never Walk Alone'*. Mi oeddan ni wedi dod â rhai oedd yn gallu canu i mewn i'r rhengoedd, neu mi fasa hi wedi bod yn siop siafins go iawn. Mae'r côr yn sôn am ddal ati rŵan!

Mi oedd 'na ambell funud ddoniol yn ystod y pnawn, er nad oeddan nhw i fod yn ddoniol. Mae gan bob clwb rywun sy'n codi canu ar ôl gêm, ac roedd Yogi wedi enwi Rhys Jones i arwain 'Cân Yogi Bear', am mai fo sy'n gwneud hynny yn y Bala. Ond yn lle dod ymlaen i arwain mi gerddodd o i fyny at yr arch a gwneud saliwt fel Capten Mainwaring o *Dad's Army*. Ac mi oeddech chi'n gweld bois y côr yn dechrau piffian chwerthin. Welis i erioed mohono'n gwneud saliwt o'r blaen, a doedd o ddim wedi bod yn y fyddin na dim byd, felly wn i ddim pam y penderfynodd o wneud hynny ar y diwrnod. Dan deimlad mae'n siŵr, ond mi fasa Yogi wedi cael laff iawn.

Roedd hi'n bwrw glaw cyn yr angladd ond mi gliriodd

hi'n weddol pan ddaeth yr arch i'r cae, a jest fel roeddan ni'n canu'r emyn olaf mi ddaeth 'na chwa o wynt a chwythodd y papurau i bob man. Mi oedd o wedi gofyn i'r rheng flaen oedd efo fo, Hywel Rhys ac Arfon Dalgetty, i gario blaen yr arch, ac roedd y ddau'n emosiynol iawn. Ond wrth godi Yogi mi ddaeth handlen yr arch i ffwrdd yn llaw Arfon! Eto, mi fasa Yogi'n rowlio chwerthin wrth gwrs, ond roedd Arfon druan dan deimlad hefyd, ac mi gododd yr handlen i ddangos i bawb be oedd wedi digwydd. Felly roedd o'n gymysgedd o'r dwys a'r doniol, ac roedd o'n ddiwrnod, a gwasanaeth, gwahanol iawn. Mi ddaeth 'na tua 1,000 o bobol yno, nifer ohonyn nhw'n hogia o wahanol glybiau oedd wedi chwarae yn ei erbyn o, a lot o'r hen fois yn eu dagrau. Roedd hynny'n deimladwy iawn. Mi oedd Yogi'n hyfforddi merched y Bala, ac roedd y rheini i gyd yno hefyd, yn eu cit.

Heb os, roedd o'n ddiwrnod i'w gofio, ond roeddwn i'n ei ffeindio fo'n anodd hefyd. Dwi ddim yn siŵr iawn pam, ond felly'r oeddwn i'n teimlo. Mi wnes i ddal yn reit dda, ond mi ddechreuodd fy ngwefus isa grynu yn y diwedd, nes 'mod i'n gwneud sŵn cnadu fel tasa rhywun yn mynd â fi dros grid gwartheg mewn berfa.

Wedyn, yn unol â thraddodiad mae'n debyg, mi gawson ni uffarn o sesiwn – o yfed a chanu – yn y Clwb Golff i ddechrau, cyn symud i lawr i'r Plas Coch yn ddiweddarach. Eto, roedd hynny'n rhywbeth roedd Yogi wedi ei nodi yn y trefniadau.

Ei ddymuniad oedd bod gweddill arian y gronfa a gasglwyd i'w gael o adra, ac unrhyw arian a gasglwyd ar ddiwrnod ei angladd, yn mynd tuag at greu cegin, stafell fwyta a man cyfarfod yn y clwb, achos y Bala ydi'r unig glwb rygbi yng ngogledd Cymru heb adnoddau o'r fath. Hefyd, roedd o isio sefydlu rhyw fath o gronfa i helpu pobol anabl i gael gwyliau teuluol. Roedd o'n ffeindio hynny'n rhwystredig iawn, achos doedd o ddim yn medru mynd efo'r teulu i bob man.

Ia, dyna fo, Bryan 'Yogi' Davies i chi. Diawl o gymêr. Mi fydd colled fawr ar ei ôl.

Pennod 12

Noson dda ...

Yn ystod fy nghyfnod efo'r Urdd yng Nglan-llyn, mi gafodd rhywun funud wan a meddwl y basa fo'n syniad da ffurfio parti noson lawen, neu barti cabarê. Wel, gwahoddiad oedd o, a ddaeth yn sgil Eisteddfod Clwb Golff y Bala.

Mae 'na draddodiad hir o bartïon noson lawen yng Nghymru, a pharti o ardal y Bala oedd un o'r rhai enwocaf, fu'n diddanu cynulleidfaoedd yn y 1930au a'r 40au – Parti Tai'r Felin, efo Bob Roberts, ei ferch Harriet, John Thomas Maesyfedw a'i ferch Lizzie Jane, a Bob Lloyd – Llwyd o'r Bryn.

Am ryw reswm, mi fydda i'n meddwl am y gyfres *It Ain't Half Hot Mum* pan fydda i'n clywed y geiria 'parti noson lawen', achos dyna oedd Windsor Davies a'i griw 'de – *concert party*? Ond roedd Parti Tai'r Felin yn unigryw Gymreig, fel oedd ein parti ninnau mae'n siŵr, er nad ydw i'n cymharu'r ddau chwaith.

Parti Arall oedd ei enw, ac mi fuon ninnau'n diddanu ym mhob cwr o Gymru am gyfnod hefyd.

Eisteddfod ddoniol oedd Eisteddfod y Clwb Golff – eisteddfod i oedolion ond efo cystadlaethau fel adrodd dan 5, unawd dros 100 ac yn y blaen. Pethau hollol blentynnaidd, ond roeddan nhw'n ofnadwy o hwyliog. Roedd 'na griw ohonan ni wedi cael gwahoddiad i fod yn feirniaid yn yr eisteddfod – Robin Glyn Jones, Llanuwchllyn, a oedd yn ddyn bins ar y pryd ond sydd wedi symud ymlaen i borfeydd llawer brasach erbyn hyn, Alwyn *Bacha' Hi O'Ma* Sion, neu Al Sur achos mai Surior oedd enw'i gartref; Arwel Lloyd Jones, Llanuwchllyn, canwr o fri ac un o gonglfeini Côr Godre'r Aran, a threfnydd heb ei ail

(Arwel Insiwrans gan mai dyn gwerthu insiwrans oedd o bryd hynny); Nia, am ei bod hi'n medru cyfeilio a chadw trefn arnon ni ac yn fodlon dreifio bob awr o'r nos, a finna.

Ar ddiwedd yr eisteddfod mi gawson ni her gan griw'r Clwb Golff: 'Be am i chi wneud noson i'n diddanu ni?' Cytunwyd i wneud hynny, ac mi fuon ni wrthi am wythnosau'n sgwennu stwff – sgetshis a jôcs a chaneuon – ac yn ymarfer yn galed fel y gallen ni gynnal awr o noson. Roedd o'n dipyn o waith sgwennu, ac roeddwn i'n gorfod taflu fy hunanbarch allan drwy'r ffenest wrth greu a phortreadu cymeriadau fel Eric y Mul, sef boi yn dysgu mulod oedd yn cyflwyno'i hun fel *donkey trainer and ass handler ...*' Roeddan nhw wedi sgwennu cân i mi am ful oedd wedi marw ar ôl i ddynes rhy dew fynd ar ei gefn o. Y math yna o beth. Roedd Robin Glyn a Nia yn canu ambell gân fwy difrifol ac Alwyn, sy'n bennaeth adnoddau dynol Cyngor Gwynedd, yn gwisgo i fyny fel Dame Edna Everage, ac yn gwneud cymeriad tebyg i'r Dyn Sâl. Pethau difyr a diniwed felly oedd ein deunydd ni.

Er bod traddodiad o bartïon noson lawen yn yr ardal doedd 'na'm llawer yn gwneud y math yma o beth erbyn i ni ddechrau arni, felly roeddan ni'n noson rad i drefnwyr am ein bod ni'n gallu cynnig awr a hanner i ddwy awr o adloniant iddyn nhw. Mwya' sydyn, roeddan ni'n mynd allan bob nos Wener a phob nos Sadwrn. Roedd o'n gyfnod prysur, oherwydd yn ogystal â chynnal nosweithiau'n lleol roeddan ni'n teithio i lawr i Gaerdydd ac ochrau Aberystwyth i gynnal nosweithiau; ac yn gyfnod reit anodd i Nia a finna gan fod Siwan yn fabi ar y pryd. Ond dal i fynd wnaethon ni a dal i sgwennu stwff, ac mi gawson ni gynnig gwneud rhaglen deledu gan S4C: *Noson yng nghwmni'r Parti Arall*. Roeddan ni'n meddwl ein bod ni'n dipyn o fois wedyn, ond mi gafwyd rhyw lythyr yn cwyno am y rhaglen gan weinidog yn rhywle. Roedd hi'n gywilydd wir fod Gwynfor Evans wedi bygwth llwgu ei hun dros y ffasiwn rwtsh, medda fo.

Oeddan, mi oeddan ni'n gwneud sgetshis dipyn bach yn wahanol – o flaen eu hamser ella – am bethau fel gwasanaeth angladd *escapologist* (a hwnnw'n neidio allan o'r bedd ar y diwedd, yn rhydd o'i gadwyni), neu hogan oedd yn helpu consuriwr yn cael ei lladd pan lifiodd o hi yn ei hanner (roedd yr olygfa nesaf yn dangos dwy arch fechan sgwâr – un yn mynd i un twll a'r hanner arall yn mynd i dwll arall). Roedd Parti Arall yn ei anterth rhwng tua 1986 a 1992, ac ar y pryd roedd y math yna o sgetshis yn eitha diarth yng Nghymru.

Alwyn gafodd y llwyddiant mwyaf i ddechrau, achos mi aeth ymlaen i gyflwyno *Bacha' Hi O'Ma* ac arwain y rhaglen deledu *Noson Lawen* (a nosweithiau llawen eraill), ac roeddan ni fel Parti Arall yn cael gwahoddiad i gymryd rhan yn gwneud sgetshis yn ei sgil o. Ychydig yn ddiweddarach mi gefais inna wahoddiad i arwain *Noson Lawen* ar S4C, a dwi wedi bod yn ddigon ffodus i wneud hynny ar bob cyfres ers hynny, felly dwi'n hen stejar erbyn hyn.

Does 'na ddim cymaint o nosweithiau llawen o gwmpas y wlad y dyddiau yma, ond mae 'na ambell gyngerdd o hyd a dwi'n cael gwahoddiad i arwain lot o'r rheini ... oherwydd 'mod i'n rhad ella! Dwi'm yn siŵr be yn union ydi'r gwahaniaeth rhwng cyngerdd a noson lawen p'run bynnag. Ydach chi?

Roedd gwneud unrhyw beth o flaen cynulleidfa'n beth diarth iawn i mi. Ond erbyn hynny roeddwn i wedi dod allan o 'nghragen ac yn dechrau cael boddhad o berfformio. Faswn i ddim yn mynd mor bell â deud fy mod i'n cael pleser ohono fo. Dwi'n nerfus bob tro y bydda i'n mynd o flaen cynulleidfa, yn meddwl: 'pam uffar dwi'n gwneud hyn?' Ond ar ddiwedd noson, mi fydda i'n gwybod yn iawn pam dwi'n ei wneud o, achos mae'r teimlad dwi'n ei gael ar ôl noson lwyddiannus yn anhygoel. Mae'n deimlad da pan fydd pobol yn chwerthin ar eich jôcs chi, a rhwng hynny a'r adrenalin, mae o'n beth braf iawn. Dydi'r teimlad ddim mor braf os nad ydi hi wedi mynd mor dda wrth gwrs, ond mi fedra i ddeud yn hollol onest mai ychydig iawn o nosweithiau felly dwi wedi eu cael. Dwn i ddim pam – oherwydd y math o nosweithiau dwi'n eu gwneud ella, a'r math o gynulleidfa o bosib. Mae pawb fel 'tasan nhw yn disgwyl noson dda beth bynnag, a fedr rhywun ddim methu, bron iawn, ar nosweithiau felly.

Dwi'n mwynhau cyfarfod pobol. Mae hynny'n rhan o apêl mynd allan i ddiddanu. Yn sgil hynny y dechreuais fynd i siarad efo grwpiau fel Merched y Wawr ac yn y blaen, ac mae hynny'n rhoi boddhad mawr i mi hefyd. Hanes fy mywyd maen nhw'n ei gael mewn ffordd – sef y math o bethau sydd yn y llyfr yma. Dwi'n sbio ar nosweithiau felly, pan fydda i'n mynd allan i siarad efo cymdeithasau, fel noson o adloniant.

Gan nad ydw i'n wenwr mawr, dwi'n medru taflu ambell jôc wedi'i haddasu i mewn i unrhyw hanesyn, ac maen nhw'n meddwl ei bod hi'n stori wir a bod hynny wedi digwydd i mi go iawn. Dydyn nhw ddim yn siŵr iawn erbyn y diwedd be sy'n wir a be sydd ddim. Debyg iawn i Nain felly. O ganlyniad i hynny hefyd dwi wedi dechrau cynnal nosweithiau mewn clybiau rygbi. Roedd hynny'n ddatblygiad naturiol. Ella fod y straeon dwi'n eu hadrodd mewn clybiau rygbi fymryn yn fwy coch na'r stwff arferol, ond fyddan nhw ddim yn rhy goch chwaith achos tydw i ddim yn gweld hynny'n ddoniol iawn, yn enwedig am gyfnod hir. Mae rhywun yn blino ar regi parhaus ar ôl rhyw bum munud, ond os ydach chi'n rhegi weithiau pan nad ydi'r gynulleidfa yn ei ddisgwyl o, mae o'n gallu bod yn fwy doniol.

Dwi wedi arwain yn yr Ŵyl Gerdd Dant gwpwl o weithiau erbyn hyn. Roeddwn i'n poeni am y peth ar y cychwyn – teimlo 'mod i'n rhy ysgafn i achlysur o'r fath. Ond maen nhw wedi deud wrtha i mai dyna'n union maen nhw isio, er mwyn ysgafnhau pethau rhwng cystadlaethau. Dwi'n tueddu i siarad efo'r gynulleidfa, holi sut ddiwrnod maen nhw'n ei gael neu sôn am y tywydd – unrhyw beth er mwyn cyfathrebu efo nhw, ac mae pobol yn lecio hynny, yn teimlo eu bod nhw'n fwy o ran o'r digwyddiad.

Mae isio bod yn ofalus o safbwynt yr hiwmor, achos dydi pob dim ddim yn gweddu ym mhob man wrth gwrs. Nabod y gynulleidfa ydi'r peth pwysicaf ym myd comedi ond hyd yn oed wedyn rydach chi'n siŵr o gael un neu ddau sydd ddim yn eich lecio chi. Twyllo'ch hun ydach chi os ydach chi'n meddwl fel arall, a dwi'n teimlo bod cofio hynny'n hollbwysig.

Dwi'n deud rhai straeon nad ydyn nhw efallai yn hollol PC (*politically correct* nid Leslie Wynne). Dwi'n sôn am atal deud er enghraifft, ond drwy sôn am y pwnc o safbwynt fy nheulu fy hun, dwi erioed wedi cael neb yn cwyno.

Mi fydda i hefyd yn arwain nosweithiau mwy ffurfiol. Cyflwyno yn hytrach nag arwain ydi hynny ella, ond mi fydda i'n taflu 'chydig o hiwmor i mewn yma ac acw yn ystod y nosweithiau rheini hefyd, er mwyn amrywio pethau. Er enghraifft, dwi'n arwain Gŵyl Gorawl Gogledd Cymru ers tua deng mlynedd rŵan, ac wedi arwain Seremoni Wobrwyo Chwaraeon Gogledd Cymru fwy nag unwaith. Yr un steil dwi'n ei ddefnyddio ar gyfer y rhain – un ai maen nhw'n fy lecio i neu dydyn nhw ddim. Ond dwi'n ymwybodol mai cyflwyno'r gwobrau neu'r gwesteion ydi fy mhrif rôl i mewn nosweithiau felly, nid gwneud i'r gynulleidfa chwerthin.

Yn fwy diweddar dwi wedi mentro i fyd stand-yp, efo pobol fel Eilir Jones, Beth Angell a rhai felly. Mae hwnnw'n fyd gwahanol – ac eto, dydi o ddim chwaith! Dwi jest yn sefyll yno'n mynd o un peth i'r llall, yn adrodd profiadau gwahanol.

Fel arfer, addasu jôcs fyddai i wrth siarad amdana i fy hun. Dydyn nhw ddim yn hanesion gwir. Dwi'n trio sôn am bethau y mae pobol yn gallu uniaethu efo nhw – fel toiledau a pheiriannau sychu dwylo a phethau felly. Ia, dwi'n gwybod ... hiwmor tolied – ond mae o'n gweithio. Mae pawb yn defnyddio toiled 'tydi? Dwi'n ffeindio weithiau bod tawelwch yn gallu bod yn ddoniol – sefyll ar lwyfan yn deud dim, jest sbio ar y gynulleidfa. Triwch o! Dwi'n siŵr y cewch chi laffs.

Dwi'n gorfod paratoi ar gyfer pob dim dwi'n 'i wneud ar lwyfan. Fedra i ddim jest mynd i fyny a deud stori. Mae'n rhaid i mi fod yn barod. Be dwi'n wneud ydi treulio rhyw awr yn mynd trwy bob dim yn fy mhen, fel 'mod i'n gwybod be sy'n digwydd a phryd. Wedyn mi sgwenna i un gair ar gerdyn, fel pennawd ar gyfer pob stori dwi'n bwriadu ei hadrodd. Mae hynny'n ddigon i mi. Mae gen i focs adra, lle mae pob cerdyn o bob noson dwi'n ei gwneud yn cael eu cadw. Mae 'na gannoedd o gardiau ynddo fo! Wedyn os oes gen i noson yn rhywle, mi dynna i domen o'r rhain allan ac edrych drwyddyn nhw, gan ddeud: 'Ia, mi wneith honna heno ...' ac yn y blaen, nes bod gen i gerdyn newydd. Mae'r gwahanol benawdau yn ymddangos ar sawl cerdyn wedyn wrth gwrs. Mae'n dangos sut mae fy ymennydd i'n ffeilio'r pethau 'ma ar gyfer eu defnyddio nhw eto mae'n siŵr 'tydi. Mae o fel trio cofio llinellau mewn drama mewn ffordd – ac mae'n rhaid gweithio'n galed i ddysgu'r straeon 'ma.

Does 'na ddim byd gwaeth, pan fydda i mewn gêm rygbi neu rywle felly, na rhywun yn dod ata i, yn gafael yn fy mraich a deud: 'Dach chi 'di clywed hon?' Neu mi ga i amrywiad bach weithiau: 'Mae'n siŵr eich bod chi wedi clywed hon o'r blaen ond dwi am ei deud hi beth bynnag ...' Dach chi'n gwybod be dwi'n feddwl dwi'n siŵr? Mae pobol Sir Fôn, efo pob parch iddyn nhw, yn waeth na neb am wneud hyn am ryw reswm. Yna, ar ôl rhyw dair brawddeg mi fyddan nhw'n deud: 'Dach chi *wedi*'i chlywed hi, do?' Ond fydda i byth yn ateb 'Do' chwaith, er fy mod i'n gyfarwydd â'r jôc fel arfer. A naw tro allan o ddeg maen nhw'n gwneud llanast o'i deud hi p'run bynnag!

Wedi deud hynny, dyna sut mae jôcs yn mynd o gwmpas ynte? Mae pob jôc sydd gen i wedi dod o rywle – ac wedi ei dwyn o rywle arall cyn hynny ella! Does 'na'm ffasiwn beth â jôc newydd meddan nhw. Eu haddasu nhw i'r amgylchiadau neu i'w siwtio nhw'u hunain fydd digrifwyr. Dwi'n un garw am brynu llyfrau jôcs – mae gen i ddwsinau ohonyn nhw, ac ella mai dim ond un jôc sy'n addas yn ambell un, ond dyna fo.

Dwi wedi deud ambell stori gymaint o weithia fel nad ydyn nhw'n ddoniol i mi bellach, ac mae rhywun yn tueddu i feddwl fod y gynulleidfa wedi eu clywed nhw hefyd. Ond yn amlach na pheidio dydyn nhw ddim. Mae 'na rywun yn rhywle sydd heb eu clywed nhw. Mae pob un yn newydd i rywun.

Does 'na neb yn gwybod be sy'n gwneud i ni chwerthin – mae'n wahanol i bawb fwy neu lai. Dwi ddim wedi gweithio o gwbl ar fy null o ddeud jôcs – jest bod yn fi ydw i. Doeddwn i ddim yn jocar yn yr ysgol, ddim hyd yn oed yn deud jôcs wrth fy mêts. Rhywbeth diweddar ydi o yn fy mywyd i. Wn i ddim be 'di'r gyfrinach, ond dwi am gario 'mlaen tan fydd pobol wedi cael llond bol arna i!

O safbwynt fy arwyr ym myd comedi, dwi'n reit geidwadol. Fy ffefryn i ydi'r diweddar Victor Borge, y boi 'na oedd yn gallu gwneud i bobol chwerthin wrth chwarae'r piano. Gwaetha'r modd, dwi'm yn gallu canu, dwi ddim yn gallu gwatwar na gwneud gwahanol acenion, a fedra i ddim chwarae'r gitâr yn ddigon da i gynnwys hynny yn fy act. Dyna pam dwi'n edmygu Victor Borge gymaint, achos roedd o'n bianydd clasurol da iawn, ond yn ddyn ofnadwy o ddoniol. Dwi'n treulio oriau'n sbio arno fo ar YouTube. Mae Morecambe and Wise a Les Dawson, wedi gwneud pethau tebyg efo'r piano, ac mae'r rheini hefyd yn arwyr i mi. Dwi ddim mor hoff o rai o'r stand-yps modern – dydyn nhw ddim yn gwneud i mi chwerthin. Ond rhowch raglenni fel *Dad's Army* neu *C'Mon Midffîld* i mi, a dwi wrth fy modd. Mi fedra i wylio'r un bennod drosodd a throsodd, a gweld rhywbeth doniol bob tro. Dyna fy math i o hiwmor.

Mi sgwennais lyfr o fy jôcs a fy straeon fy hun yn 2009, *Hiwmor Dilwyn Morgan*, fel rhan o gyfres *Ti'n Jocan* Y Lolfa. Roeddwn i'n ffeindio hynny'n anodd iawn, oherwydd dedleins yn fwy na dim.

'O, neith o fory ... neith o fory,' felly oeddwn i mae'n ddrwg gen i ddeud. Hefyd, pethau i'w hadrodd ydi jôcs, a dydyn nhw ddim mor ddoniol mewn print yn aml iawn. Neu i'r gwrthwyneb, dydi jôc sy'n gweithio ar bapur ddim o angenrheidrwydd yn gweithio o flaen cynulleidfa, ac mae pob digrifwr yn gorfod arfer efo hynny.

Mi ges i un o brofiadau mawr fy mywyd, o safbwynt comedi, tua phum mlynedd yn ôl. Galwad ffôn ges i, yn fy ngwahodd i wneud sbot comedi mewn noson *Kick Boxing and Exotic Dancing* ... Wna i ddim enwi'r lle, am resymau a ddaw yn amlwg yn y man.

Isio i mi fod yn MC a chyflwyno rhyw 20 munud o jôcs oedd y boi ar y ffôn, a dim ond dau ddiwrnod o rybudd ges i. Ond mi gynigiodd o swm anferthol o bres i mi – nid fy mod i'n ariangar na dim felly, ond roedd o'n gynnig rhy dda i'w wrthod.

I lawr â fi felly ar y noson (a doedd y lle ddim yn bell iawn o'r Bala – ardal Dolgellau, ddeudwn ni). Roedd sgwâr bocsio wedi cael ei osod yng nghanol y stafell. Iawn, dim problem hyd yn hyn.

Mi ddechreuodd y clychau ganu'n ddistaw bach pan sylwais nad oedd 'na system sain yno. Mi ddeudodd y boi wrtha i am wneud pum neu ddeng munud o sbot, ac os oeddan nhw'n gwrando, grêt, os nad oeddan nhw, wel dyna fo. Wedyn roedd o isio i mi gyflwyno'r *kick boxers* 'ma. Iawn, ond pan welais i'r ffeit gyntaf, mi oeddan nhw'n gwneud mwy na bocsio cic, roeddan nhw'n cwffio at waed – roedd eu trwynau nhw'n gwaedu, roeddan nhw'n cicio'i gilydd ar y llawr, penlinio'i gilydd a phob dim. Roeddwn i'n dechrau teimlo'n reit anesmwyth erbyn hynny, ac yn meddwl o ddifri bod rhywbeth o'i le yno.

Wedyn mi ddaeth hi'n amser tynnu'r raffl, a'r gwobrau oedd cyllyll a chleddyfau Samurai, rhai go iawn, a'r rheini'n finiog fel rasal. Roeddwn i'n meddwl y basan nhw'n eu cadw nhw o'r neilltu a'u rhannu nhw allan i'r enillwyr ar ddiwedd y noson. O na. Roeddan nhw'n eu rhoi nhw iddyn nhw fel roedd rhifau'r tocynnau llwyddiannus yn cael eu cyhoeddi. Felly ar ôl y raffl roedd dwsin o fois o gwmpas y stafell efo'r cleddyfau miniog, peryglus 'ma, fasa'n gallu torri papur fel torri drwy fenyn. Roedd y clychau'n fyddarol yn fy mhen erbyn hyn ... ac wedyn daeth yr *Exotic Dancers*.

Merched o Lerpwl oeddan nhw, ac roeddan nhw'n tynnu amdanynt yn ara bach, ac yn gwneud llawer mwy na *exotic dancing*, felly dyma fi'n meddwl ei bod hi'n amser i mi hel fy mhac a mynd am adra. Mi dalodd y boi i mi, ond roedd o'n trio fy mherswadio i aros.

'Aros! Mi fydd 'na bob math o betha'n mynd ymlaen yma

yn nes ymlaen 'sti,' medda fo. Ond adra yr es i yn hogyn da, a dwi'n falch iawn i mi fynd hefyd, achos rhyw ddau ddiwrnod wedyn mi oedd 'na adroddiad yn y *Daily Post* am y noson!

Roedd rhywun wedi cael ei drywanu yno, roedd rhywun arall wedi torri i mewn i stafell efo cleddyf Samurai, a galwyd heddlu arfog a hofrennydd yno gan fod 'na ddyn yn mynd yn wyllt – efo cleddyf Samurai. Y rheswm am y ffaith mai dim ond dau ddiwrnod o rybudd ges i oedd bod yr MC gwreiddiol wedi clywed sut noson oedd hi am fod, ac wedi tynnu allan. Wn i ddim pwy oedd hwnnw.

Lwcus 'mod i wedi mynd adra pan wnes i.

Chefais i ddim anturiaethau mawr eraill yn ystod fy ngyrfa fel comedïwr, ond dwi wedi gwneud un neu ddau o bethau gwirion, ac mi ddeuda i wrthach chi am y mwyaf ohonyn nhw rŵan.

Roeddwn i wedi cael gwahoddiad i gyflwyno Noson Goroni Brenhines y Grug, Rhoshirwaun – brenhines y carnifal. Grêt. Noson fach hwyliog yn fy milltir sgwâr enedigol. Mi es yno'n brydlon, cyn saith, ac eistedd yn y car tu allan i'r cwt sinc sy'n pasio fel neuadd bentref yn Rhoshirwaun, ond doedd 'na ddim golwg o neb.

'Duwcs,' meddyliais, 'ella mai hanner awr wedi saith mae o'n cychwyn. Mi fydd rhywun yma toc.'

Roeddwn i wedi bod yn meddwl yn ystod y dydd tybed pam oeddan nhw'n cynnal y noson 'ma ar nos Fawrth o bob noson, ond wnes i ddim meddwl mwy am y peth chwaith. Hanner awr wedi saith, a dim golwg o neb o hyd.

'Duwcs, peth rhyfedd na fasa'r merched gwneud bwyd wedi cyrraedd. Mae'n rhaid mai wyth mae o'n dechrau 'ta,' medda fi wrtha' i fy hun eto.

Wyth o'r gloch yn dod, a neb o gwmpas – yn llythrennol – 'run enaid byw. Roedd hi'n amlwg 'mod i wedi gwneud camgymeriad, felly yn ôl â fi i'r Bala a sbio yn y dyddiadur. Aha! Roeddwn i fis yn rhy fuan! Mis Gorffennaf oedd y coroni i fod, a finna yno ym Mehefin.

Mewn gwrthgyferbyniad llwyr â'r busnes comedi ac adloniant, dwi hefyd yn Gynghorydd Sir Plaid Cymru ar Gyngor Gwynedd ers blwyddyn bellach. Hmm. Erbyn meddwl, ella nad ydi o'n wrthgyferbyniad llwyr chwaith, achos mae 'na ddigon o hwyl a jôcars yn fan'no hefyd.

Ond mae o'n waith dwi'n ei fwynhau'n arw, er ei fod o'n dal yn newydd i mi.

Mi oeddwn wedi gwneud cyfnod ar Gyngor Tref y Bala ac wedi bod yn Faer y dref, a doeddwn i erioed wedi meddwl am fynd ymhellach a deud y gwir. Ond un o fy nghas bethau ydi pobol sy'n cwyno am bob dim ond nad ydyn nhw'n fodlon gwneud unrhyw beth eu hunain chwaith – pobol ddiog sydd isio bob dim ar blât. Mi oeddwn wedi bod yn eitha llafar am hyn mae'n rhaid, a phan oeddan nhw'n chwilio am enwebiadau ar gyfer y sedd, mi ddywedodd Nia wrtha i: 'Os wyt ti'n teimlo fel'na, pam nad ei di am y Cyngor Sir?' Mi feddyliais am y peth a phenderfynu y baswn i'n lecio rhoi cynnig arni, felly mi rois fy enw ymlaen a chael fy nerbyn gan gangen leol y Blaid. Doedd 'na ddim etholiad, felly mi es i mewn yn ddiwrthwynebiad.

Mae bod yn Gynghorydd Sir yn hollol wahanol i unrhyw beth arall dwi wedi'i wneud. Trio helpu pobol y Bala ydi fy nod penna i – trio sicrhau eu bod nhw'n cael be sy'n deilwng, a thrio'u deffro nhw rhywsut i wneud pethau drostyn nhw'u hunain. Mae o'n mynd â lot mwy o amser nag oeddwn i wedi'i feddwl, o'i wneud o'n iawn – os ydw i'n ei wneud o'n iawn hefyd. Gawn ni weld y tro nesa, os bydd 'na etholiad!

Mae 'na benderfyniadau anodd i'w gwneud ar adegau.

Mae cau ysgolion yn bwnc llosg yma yn ochrau'r Bala ac mewn sawl ardal arall. Ond nid fan hyn ydi'r lle i ymhelaethu am bethau felly.

Un peth sydd yn fy nychryn i ydi cyn lleied y mae'r cyhoedd yn ei wybod am lywodraeth leol a sut mae eu bywydau nhw'n cael eu rheoli a'r gwasanaethau'n cael eu darparu – dyna pam mae niferoedd y rhai sy'n pleidleisio wedi gostwng cymaint. Dwi'n meddwl y dylen ni fod yn addysgu plant lawer mwy am hyn yn yr ysgolion. Mae pobol wedi colli diddordeb, does dim ots ganddyn nhw bellach, felly mae isio addysgu pobol yn gynt am yr hyn sy'n bwysig i'n bywydau dyddiol ni oll.

Yr unig beth arall sy'n fy ngwneud i'n benwan ydi gwleidyddiaeth negyddol, lle mae pobol yn gwrthwynebu pethau ond eto'n cynnig dim byd gwell. Fel arall, dwi'n mwynhau'r profiad yn arw. Gawn ni weld be ddaw.

Be Nesa?

Wn i ddim ydach chi wedi sylwi bellach, ond dwi'n foi sy'n lecio dipyn o gyffro mewn bywyd. Dim byd mawr – rhywbeth i roi her fach i mi fy hun bob hyn a hyn. Mae'n rhaid cael rwbath i'ch cadw chi i fynd, ac i gyffroi'r gwaed 'does?

Deifio scwba ydi fy niléit diweddaraf. Mae'n un o'r pethau dwi wedi bod isio'u gwneud ers pan oeddwn i'n hogyn. Tua blwyddyn yn ôl mi benderfynais fy mod am fynd amdani, ac mi ddechreuais gael hyfforddiant efo Clwb Deifio Llŷn, yn y pwll nofio i ddechrau, ac wedyn yn y môr.

Dwi'n mwynhau'n ofnadwy, er fy mod i ofn dŵr, ac er nad ydi o mor hawdd ag y mae o'n edrych. Dwi un ai'n suddo'n rhy gyflym neu'n methu suddo o gwbl, ond mi ddaw. Dwi'n benderfynol o hynny. Megis dechrau ydw i, felly tydw i ddim wedi dod ar draws dim byd cyffrous fel trysor môr-ladron eto. Rhowch gyfle i mi!

Ond mae gen i un sialens fawr arall i edrych ymlaen ati yn 2014, un sy'n golygu y bydd yn rhaid i mi dyrchio drwy'r Cwpwrdd Cymorth Cyntaf am yr eli pen-ôl eto – y *créme de la derriere*.

Yn ystod gwasanaeth angladd Yogi ym mis Medi, mi benderfynodd criw ohonan ni wneud rhywbeth i roi hwb pellach i gronfa Yogi, ac er mwyn cael gwell adnoddau yn y clwb. A'r syniad ydi taith feics arall o Land's End i John O'Groats. Dwi wedi penderfynu rhoi fy enw i lawr. Ia, dwi'n gwybod ... ond dwi'n edrych ymlaen!

Un o'r prif resymau tu ôl i'r penderfyniad oedd bod Yogi ei hun wedi bwriadu gwneud y daith. Roedd o wedi bod yn ymchwilio i'r syniad yn fanwl, chwarae teg iddo fo, achos roedd cael gwell adnoddau i'r clwb – ac yn arbennig i'r ieuenctid – yn agos iawn at ei galon.

Felly dyna'r cefndir, ond dwi'n meddwl y baswn i'n lecio gwneud y daith y tro nesa gan gario pob dim efo fi. Hynny ydi, heb y tîm-wrth-gefn a heb y camper fan. Mi fydd yn golygu aros mewn llefydd gwely a brecwast neu hosteli yma ac acw, a bwyta mewn caffis am wn i – ond gosod mwy o sialens i mi fy hun ydi'r bwriad yn fwy na dim arall. Mae'n debyg mai cyn y Steddfod y gwnawn ni'r daith, ond ar hyn o bryd does 'na ddim mwy o fanylion.

Syniad arall sy'n corddi yn fy meddwl ydi hwylio i Batagonia. Yn 2015 mi fydd hi'n ganmlwyddiant a hanner mordaith y *Mimosa* a sefydlu'r Wladfa. Felly dwi'n chwarae efo'r syniad o hwylio yno i fod yn rhan o'r dathlu.

O Garnfadryn i Borth Madryn fel petai, efo stop bach yn y canol ar Ynysoedd yr Azores. Fedra i ddim disgwyl ...

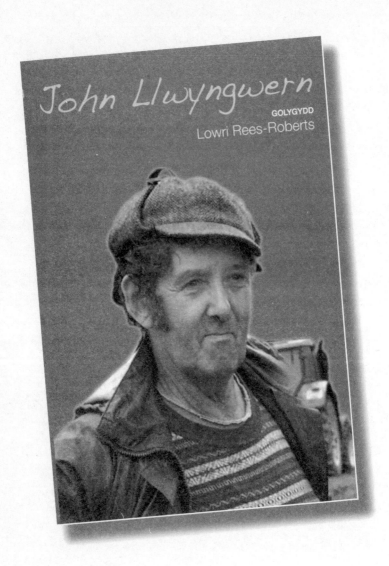

John Llwyngwern

GOLYGYDD
Lowri Rees-Roberts

O'R OCHOR ARALL
Neil 'Maffia' Williams

melysgybolfa mari

straeon ac
atgofion
mewn sawl
arddull a ffurf
- mewn gair:
melysgybolfa!

mari gwilym